JN001849

事業者必携

入管法・出入国管理申請と外国人雇用の法律知識

行政書士 服部 真和　社会保険労務士 小島 彰［監修］

三修社

本書に関するお問い合わせについて

　本書の記述の正誤に関するお問い合わせにつきましては、お手数ですが、小社あてに郵便・ファックス・メールでお願いします。大変恐縮ですが、お電話でのお問い合わせはお受けしておりません。内容によっては、お問い合わせをお受けしてから回答をご送付するまでに1週間から2週間程度を要する場合があります。

　なお、本書でとりあげていない事項についてのご質問、個別の案件についてのご相談、監修者紹介の可否については回答をさせていただくことができません。あらかじめご了承ください。

はじめに

　近年、日本では、少子高齢化の影響により、働き手を確保することが難しい状況になっています。今後、さらに少子高齢化が進むと考えられており、働き手がさらに不足するかもしれません。このような人材不足の解消として、注目されているのが、外国人雇用です。

　日本を出入国する外国人を管理する規定を設けた法律が入管法です。入管法には、「在留資格」という一定の制限を設けて、適正な活動を行う外国人に限って、入国を認めるという制度が整えられています。来日している外国人の権利を保障する必要があることはもちろんのこと、出入国管理の公正性・透明性を考慮しながら不法に日本国内で活動を行っている外国人への規制を徹底しているわけです。

　外国人雇用により、人材を確保し、事業を安定・拡大させることを考えている事業者は、外国人が入国してから、働くまでの法律関係について十分に理解しておく必要があります。また、外国人の行動や言動は、職場におけるトラブルに発展する場合があります。トラブルを防止し、外国人労働者が、職場において能力や専門性を発揮して業務を行うことができるように、労務管理にまつわる法律についても十分に理解する必要があります。

　本書は、会社経営者（事業者）が、外国人を雇用し、管理する際に必要となる手続きや、法律知識を解説した入門実務書です。

　出入国に関する手続きでは、在留資格認定証明書交付申請書などのおもな手続きの基本書式のサンプルを掲載し、書き方を解説しました。

　さらに、外国人を雇用管理する上で、注意するべき労働法や社会保険の知識と法律問題についても解説しています。

　退去強制や難民認定などについての令和5年の入管法改正や技能実習制度の見直しの問題についても対応しています。

　本書をご活用いただき、皆様のお役に立てていただければ監修者として幸いです。

監修者　行政書士　　服部　真和

社会保険労務士　小島　彰

Contents

第2章　出入国管理の申請手続き

第3章　雇用や労務管理の法律問題

第5章　トラブルになった場合の相談先と解決法

第1章

入管法のしくみ

1 入管法の全体像について知っておこう

出入国や在留外国人の公正な管理や難民の認定手続きに関する法律

どんな法律なのか

　入管法とは、正式名称を「出入国管理及び難民認定法」といい、日本に入国または出国するすべての人の出入国と、日本に在留するすべての外国人の在留を公正に管理するとともに、難民の認定手続きを整備することを目的とする法律です。

　入管法の内容は、大きく分けて、出入国の管理に関する規定と、難民に関する規定に分類することができます。このうち難民に関する規定については、「難民の地位に関する条約」を批准するにあたり、難民認定を受けた者の在留に関する規定などが整備されました。

　入管法はおもに、入国・上陸、上陸の手続き、在留・出国、退去強制の手続き、出国命令、日本人の出国・帰国に関する規定から構成されています。

　入管法は、日本に入国または出国するすべての人を適用対象にしており、出国または帰国する日本人にも適用されます。また、来日している外国人の権利を保障する必要があることはもちろんですが、入管業務の公正性・透明性を考慮しながら、不法に日本国内で活動を行っている外国人への規制を徹底しています。たとえば、法務大臣には、入国の是非や在留資格付与の有無の決定、退去強制などの強い権限が認められています。

　以下、入管法が定める「公正な出入国在留管理」「外国人の退去強制」「難民の認定」について、概要を説明します。

公正な出入国在留管理

　入管法は、外国人がどのような目的で来日するのか等について確認した上で、外国人の日本への入国や在留を許可すべきかどうかを判断するとしています。入国や在留が許可された外国人は、認められた在留資格や在留期間の範囲内でのみ日本で活動することができ、在留資格を変更したいときや、在留期間を超えて滞在したいときは、その都度、あらためて許可を受けなければならないとされています。

外国人の退去強制

　日本に在留する外国人のうち、不法入国をした者や、許可された在留期間を超えて日本に滞在している者（不法残留）、許可なく日本で就労している者（不法就労）など、入管法で定めた事由に該当する者については、原則として、強制的に国外に退去させられることになっています。この退去強制によって、日本に入国・在留するすべての外国人に対して、日本のルール・決まりを守らせるようにしているのです。

　ただし、退去強制を行うかどうかの判断に際しては、その外国人ごとのさまざまな事情が考慮されるため、家族関係や生活状況等を理由に、在留が特別に許可されるケースもあります（在留特別許可）。

難民の認定

　日本にいる外国人から難民認定申請が行われた場合には、難民であるか否かの審査が行われ、難民であると認定したときは、原則として定住者の在留資格を許可するなど、難民条約に基づく保護が与えられます。また、難民に該当しない場合であっても、法務大臣の裁量によって、人道上の配慮から日本への在留が認められるケースもあります。

2 令和5年の入管法改正について知っておこう

退去強制や難民認定などに関して一層適切なものにするための改正が行われた

従来の入管法の問題点

　入管法には、従来から以下のような問題点があり、日本からの退去を拒む外国人を強制的に退去させることの妨げとなっていました。

・送還忌避問題

　入管法に定められた退去を強制する理由（退去強制事由）に該当し、日本から退去すべきことになった外国人の中には、退去すべきことが確定したにもかかわらず退去を拒む外国人（送還忌避者）もいます。

　退去を拒む外国人を強制的に退去させるときは、本国政府は、国際法上、自国民を受け取る義務がありますが、一部に、退去を拒む自国民の受取を拒否する国があり、現行法下では、退去を拒む者をそのような国に強制的に退去させる手段がありません。

　また、現行入管法では、退去すべきことが確定した外国人については、原則として、退去までの間、収容施設に収容することになっています。そのため、外国人が退去を拒み続け、かつ、難民認定申請を誤用・濫用するなどの事情があると、退去させることができず、収容が長期化しかねません。現行入管法下で、収容の長期化を防止する制度として、仮放免制度があります。仮放免制度は、もともと、健康上の理由等がある場合に一時的に収容を解除する制度であり、逃亡等を防止する手段が十分ではありません。そのため、仮放免された外国人が逃亡する事案も多数発生しています。

・紛争避難民などを確実に保護する制度が不十分である

　難民とは、人種、宗教、国籍若しくは特定の社会的集団の構成員であることまたは政治的意見のいずれかの理由により迫害を受けるおそ

れがあること、という難民条約で定められている５つの理由のいずれかによって、迫害を受けるおそれがある外国人です。

　日本にいる外国人から難民認定の申請があった場合には、難民であるか否かの審査を行い、難民と認定した場合、原則として定住者の在留資格を許可するなど、難民条約に基づく保護を与えています。難民に該当しない場合であっても、法務大臣の裁量で、人道上の配慮を理由に、日本への在留を認めることもあります。

　しかし、紛争避難民は、迫害を受けるおそれがある理由が、前述した５つの理由に必ずしも該当せず、条約上の「難民」に該当しない場合もあります。現在の入管法では、条約上の「難民」ではないものの、「難民」に準じて保護すべき紛争避難民などを確実に保護する制度がありません。たとえば、わが国では、令和４年（2022年）３月以降、令和５年（2023年）２月末までの間に、2300人余りのウクライナ避難民を受け入れていますが、現状は、人道上の配慮に基づく緊急措置として、法務大臣の裁量により保護している状況にあり、こうした紛争避難民などを一層確実に保護する制度の創設が課題となっています。

令和５年の入管法改正の内容

　このような従来の入管法の問題点を解消するために、令和５年７月に改正入管法が成立し、同年８月１日から施行されました。

　改正法は、①保護すべき者を確実に保護し、その上で、②在留が認められない外国人は、すみやかに退去させる、③退去までの間も、不必要な収容はせず、収容する場合には適正な処遇を実施する、という考え方に基づいています。具体的には以下のような施策を講じています。

①　保護すべき者の保護

　紛争避難民など、難民条約上の難民ではないものの、難民に準じて保護すべき外国人を「補完的保護対象者」として認定し、保護する手続（補完的保護対象者の認定制度）を設けました。補完的保護対象者

と認定された者は、難民と同様に安定した在留資格（定住者）で在留できるようになっています。また、在留特別許可の申請手続が創設され、一層適切なものとなりました。具体的には、在留特別許可の判断にあたって考慮する事情を法律上明確化しています。在留特別許可がされなかった場合は、その理由を通知することになっています。

② 送還忌避問題の解決

難民認定手続きを行っている間は、一律に送還が停止されるという効力（送還停止効）が生じますが、改正法では、難民認定手続き中の送還停止効に例外を設け、ⓐ３回目以降の難民認定申請者、ⓑ３年以上の実刑に処された者、ⓒテロリスト等については、難民認定手続中であっても退去させることを可能にしました。ただし、３回目以降の難民認定申請者でも、難民や補完的保護対象者と認定すべき「相当の理由がある資料」を提出すれば、送還は停止します。

また、強制的に退去させる手段がない外国人に退去を命令する制度を設けています。退去を拒む外国人のうち、ⓓ退去を拒む自国民を受け取らない国を送還先とする者、ⓔ過去に実際に航空機内で送還妨害行為に及んだ者については、強制的に退去させる手段がなく、現行法下では退去させることができないので、これらの者に限り一定の要件の下で、定めた期限内に日本からの退去を命令する制度を設けました。

命令の対象は必要最小限に限定されており、送還忌避者一般を処罰するものではありませんが、罰則を設け、命令に従わなかった場合には、刑事罰が科されるとすることで、退去を拒む上記の者に、自発的な帰国を促します。さらに、退去すべき外国人のうち一定の要件に当てはまる者については、日本からの退去後、再び日本に入国できるようになるまでの期間（上陸拒否期間）を短縮します。これにより、より多くの退去すべき外国人に、自発的に帰国するよう促しています。

③ 収容をめぐる諸問題の解決

親族や知人など、本人の監督等を承諾している者を「監理人」とし

て選び、その監理の下で、逃亡等を防止しつつ、収容しないで退去強制手続を進める監理措置制度を設けました。

　原則収容である現行入管法の規定を改め、個別事案ごとに、逃亡等のおそれの程度に加え、本人が受ける不利益の程度も考慮した上で、収容の要否を見極めて収容か監理措置かを判断します。

　監理措置に付された本人や監理人には、必要な事項の届出や報告義務があります。あわせて収容の長期化を防止するため、収容されている者については、3か月ごとに必要的に収容の要否を見直し、収容の必要がない者は監理措置に移行するしくみを導入しています。

　また、監理措置制度の創設に伴い、仮放免制度については、健康上または人道上の理由等により収容を一時的に解除する措置とし、監理措置との使い分けを明確にしました。とくに健康上の理由による仮放免請求については、医師の意見を聴くなどして、健康状態に配慮すべきとされています。

　さらに、収容施設における適正な処遇の実施を確保するための措置を講じています。常勤医師を確保するため、その支障となっている国家公務員法の規定について特例を設け、兼業要件などを緩和しました。

　その他、収容されている者に対し、3か月ごとに健康診断を実施することや、職員に人権研修を実施することなど、収容施設内における適正な処遇の実施の確保のために必要な規定を整備しています。

Q 難民として日本に滞在している外国人について、日本の会社などで働くことはできるのでしょうか。

A 難民とは、人種、宗教、国籍、特定の社会的集団の構成員であることまたは政治的意見という、難民条約で定められている5つの理由のいずれかによって、迫害を受けるおそれがあり、国籍国の保護を受けられない、あるいは国籍国の保護を望まずに国籍国の外にいるなどの外国人のことをいいます。

難民であるという立場に基づき、必ずしも日本で働くことが許されるわけではありません。難民であっても、日本で働くためには就労可能な在留資格を保有していることが必要です。難民としての地位の取得と、日本に在留するための根拠になる在留資格の取得とは、別の問題です。

難民であっても、在留資格を持たない者や在留資格に基づく在留期間が経過した者は、不法滞在者として退去強制手続の対象になる場合があります。

このように、適法な在留資格を持たない外国人労働者は、日本で就職することができません。したがって、難民のうち日本で就業することが可能な者は、適法で就労可能な在留資格を持つ者に限られるといえます。もっとも、たとえば「短期滞在」の在留資格で日本に滞在していた外国人が、在留期間満了直前に、難民認定申請手続きをとる場合があります。その場合には、難民認定申請手続きを行うことを「特定活動」として、在留資格が認められます。この難民認定申請手続き中の者については、原則として就労活動は認められていません。難民認定申請手続き中の者が、日本で働くためには、資格外活動の許可を得ている必要があります。そこで、使用者側は、難民認定申請手続き中の者を雇い入れる場合には、必ず資格外活動の許可を得ているのかを確認する必要があります。

Q 外国人労働者に対して退去強制手続きがとられるのは、どのような場合でしょうか。また、救済方法などはありますか。

A 在留外国人について、国家にとって好ましくない事情が認められた場合には、おもに入国審査官の判断により、強制的に国外に退去させることが認められています。これを退去強制といいます。退去強制手続きの対象になる事由には、おもに以下の事由があります。

・不法入国・不法残留（オーバーステイ）・不法就労・資格外活動を行ったなど、入管法が規定する入国や在留に関するルールに違反した場合

・日本に在留する外国人が犯罪を犯し、一定の刑が科せられた場合や有罪判決を受けた場合

・他の外国人の不法入国や不法在留の手助けをした場合

・日本の安全や国益・公安を害する行為を行った場合（行うおそれがある場合を含みます）

　退去強制手続きは、おもに①入国警備官による違反調査、②違反調査により容疑者として、外国人の身柄の引渡しを受けた入国審査官による審査という手続きを経ます。そして、退去強制事由に該当すると認定された場合に、退去強制令書が発布され、退去強制令書の執行に基づき、強制的に国外に送還されます。

　入国審査官による認定に不服がある場合には、まず、特別審理官に対して口頭審理の請求を行うことができます。そして、口頭審理の判定に対しても、異議がある場合には、法務大臣に対して異議の申立てを行うことができます。原則として、異議の申し出に理由がなければ、退去強制が行われます。しかし、外国人が永住許可を受けているなど一定の条件を満たす場合には、法務大臣の裁量により在留特別許可が認められ、退去強制を免れることができる場合があります。

在留資格について知っておこう

日本に在留し、活動するための資格

在留資格とは

　在留資格とは、外国人が、日本に在留して一定の活動を行うことができることを示す資格のことです。外国人が来日した際には、出入国港（港や空港）において、入国審査官からの上陸許可を得なければなりません。その際には、①パスポートを所持していること、②パスポートに査証（ビザ）が記載されていること、③上陸許可基準のある在留資格についてはその基準を満たしていること、④外国人が希望している在留期間が適正で虚偽がないこと、⑤外国人が上陸拒否事由にあたらないことに加えて、⑥入国目的がいずれかの「在留資格」にあたり、それが虚偽ではないことが必要になります。そのため、外国人が入国する上で、適正な在留資格を持っていることは、非常に重要なものだといえます。

在留資格とビザは別物

　在留資格制度は、日本国に在留できる資格を法律で定め、外国人の入国、在留を管理する制度です。入管法では、日本に在留する外国人は、入管法や他の法律に規定がある場合を除き、「在留資格」をもって在留すると規定しています。これを受けて、入管法の「別表第一」「別表第二」に29の在留資格を定めています。別表第一においては、技能実習や特定技能の1号、2号などをまとめて1種類の在留資格に分類していますが、これらを別種類であると数えると33の在留資格になります。

　このように、日本に入国、在留する外国人は、別表第一または別表

第二で定める在留資格から１つを付与され、その在留資格の範囲内の活動が許されることになっています。なお、この「在留資格」のことを、「ビザ（査証）」（たとえば、就労ビザ、結婚ビザなど）という言葉で説明する人がいますが、「在留資格」と「ビザ（査証）」はまったく異なるものです。

　在留資格は、数ある在留資格のうちの１つを在留資格として付与され、その在留資格の範囲内での活動が認められるもので、日本に滞在し、活動するための根拠となるものです。

　一方、ビザ（査証）は、その人物の所持する旅券（パスポート）が有効で、その人物が入国しても差し支えないと示す証書のことです。多くの国では入国を保証するものではなく、入国許可（上陸許可）申請に必要な書類の一部として理解されています。

■ **在留資格の種類** ……………………………………………………

日本国内で一定の活動を行うための在留資格	① 雇用・就労が可能な在留資格	外交、公用、教授、芸術、宗教、報道、高度専門職１号、高度専門職２号、経営・管理、法律・会計業務、医療、研究、教育、技術・人文知識・国際業務、企業内転勤、介護、興行、技能、特定技能１号、特定技能２号、技能実習１号、技能実習２号、技能実習３号
	② 雇用・就労が認められない在留資格	文化活動、短期滞在、留学、研修、家族滞在
	③ 特定の活動に限って認められる在留資格	特定活動
原則として日本国内で活動制限がない在留資格（雇用・就労は可能）		永住者、永住者の配偶者等、日本人の配偶者等、定住者

4 在留資格を分類別に見ておこう

入管法別表に在留資格の分類が記載されている

在留資格ごとに就労に関する在留資格が異なる

　ここでは、日本国内で一定の活動を行うための在留資格について詳しく見ていきましょう。

　日本国内で一定の活動を行うための在留資格は、以下のように、大きく分けて、活動内容に関するものと身分地位に関するものに分かれます。また、在留資格を「就労」というキーワードをもとに分類すると、雇用・就労が認められる在留資格、雇用・就労が認められない在留資格、雇用・就労が認められるかどうか個々の許可内容による在留資格、活動に制限のない在留資格に分けることができます。

① 雇用・就労が可能な在留資格

　雇用・就労が可能な在留資格は、以下のとおりです。

・外交

　外国政府の外交使節団などとしての活動などが挙げられます。

・公用

　外交に該当する以外の活動で、たとえば外国政府などの公務に従事する際の活動が挙げられます。

・教授

　日本の大学などにおける研究・研究の指導・教育などの活動が挙げられます。

・芸術

　収入を得る目的で行う音楽、美術、文学などに関する活動が挙げられます。

・宗教

外国の宗教団体から派遣された宗教家が行う、特定の宗教の布教活動などが挙げられます。

・**報道**

　外国の報道機関に所属する者が行う、取材活動などが挙げられます。

・**高度専門職**

　高度で専門的な能力を活用する活動を行う場合の在留資格です。高度専門職は1号、2号に分類され、1号はさらに3種類（イ・ロ・ハ）に分類されます。たとえば、高度専門職1号イには、法務大臣が指定する公私の機関との契約に基づき研究、研究指導、教育をする活動などが挙げられます。

・**経営・管理**

　貿易などの事業の経営または管理に従事する活動が挙げられます。在留資格の「経営・管理」を取得するには、原則として「2人以上の常勤職員が従事する規模」または「資本金や出資金の額が500万円以上」の事業について経営または管理に実質的に参画している者でなければなりません。

・**法律・会計業務**

　外国法事務弁護士、外国公認会計士などが行う法律または会計に関する活動が挙げられます。

・**医療**

　外国の医師・歯科医師などが行う医療活動などが挙げられます。

・**研究**

　教授に該当する人以外で、特定の機関で行う研究活動などが挙げられます。

・**教育**

　小・中学校、高等学校などで行う語学教育活動などが挙げられます。

・**技術・人文知識・国際業務**

　理学・工学などの自然科学または法律学・経済学・社会学などの人

文科学に関する活動などが挙げられます。一定水準以上の技術や知識を要する業務で、現場作業などの活動では許可を受けることはできません。一般的に、日本の大学を卒業した外国人材が申請することが多く、また、そういった新卒者であっても許可されやすい在留資格です。

・企業内転勤

日本に本店のある企業の職員が転勤により本店で業務に就く場合などが挙げられます。

・介護

日本の公私の機関との契約に基づいて介護福祉士の資格を持つ者が行う介護や介護指導などが挙げられます。

・興行

演劇などの芸能活動やスポーツに関する活動などが挙げられます。

・技能

日本の公私の機関との契約に基づいて産業上の特殊で熟練した技能が必要な業務に就く場合などが挙げられます。

・技能実習

技能実習制度に基づく活動を行う場合をいいます。1号（イ・ロ）、2号（イ・ロ）、3号（イ・ロ）の計6種類に分類可能です。

・特定技能1号

令和元年（2019年）4月施行の改正入管法により新設された在留資格です。詳細は後述（32ページ）します。

・特定技能2号

令和元年（2019年）4月施行の改正入管法により新設された在留資格です。詳細は後述（32ページ）します。

② 雇用・就労が認められない在留資格

原則として雇用・就労が認められない在留資格は、以下のとおりです。

・文化活動

収入を伴わない学術上・芸術上の活動などが挙げられます。

・短期滞在

　短期間の滞在の中で行う観光、親族の訪問、スポーツなどが挙げられます。

・留学

　一定の期間、日本の大学などで教育を受ける活動などが挙げられます。

・研修

　技能実習1号や留学に含まれない分野について、日本の公私の機関で技能などの修得を行う活動などが挙げられます。

・家族滞在

　たとえば「教授」の在留資格を持つ者の配偶者や子として日常的な活動を行う場合などが挙げられます。

③　特定の活動に限って認められる在留資格（特定活動）

　特定の活動に限って認められる在留資格として「特定活動」があります。たとえば、休暇中に来日した者が一定の就労に就くワーキングホリデーなどが挙げられます。

④　活動制限のない在留資格

　日本国内で活動制限がない在留資格は、以下のとおりです。

・永住者

　法務大臣が永住を認めた者をいいます。

・日本人の配偶者等

　具体的には、日本人と結婚した者、日本人の特別養子、日本人の子として出生した者が該当します。

・永住者の配偶者等

　永住者の在留資格を持つ者の配偶者や子（日本で出生後、継続して日本に在留している者）が該当します。

・定住者

　法務大臣が特別の事情を考慮して、一定期間の在留期間を指定して居住が認められた者をいいます。

■ 在留資格の分類 ·······································

【活動に基づく在留資格】

・就労が可能なもの（在留資格の範囲内）

在留資格	日本において行うことができる活動	在留期間
外　交	外国政府の大使、公使、総領事、代表団の構成員等及び その家族などの活動	「外交活動」 を行う期間
公　用	外国政府の大使館・領事館の職員、国際機関等から公の 用務で派遣される者等及びその家族などの活動	5年、3年、1年、3月、 30日又は15日
教　授	大学教授などの大学や大学に準ずる機関、高等専門学校 において研究、研究の指導又は教育をする活動	5年、3年、 1年又は3月
芸　術	作曲家、画家、著述家などが行う収入を伴う音楽、美術、 文学その他の芸術上の活動	5年、3年、 1年又は3月
宗　教	外国の宗教団体から派遣される宣教師等が行う布教その 他の宗教上の活動	5年、3年、 1年又は3月
報　道	外国の報道機関との契約に基づいて行う取材その他の報 道上の活動	5年、3年、 1年又は3月
高度 専門職	1号…「研究・教育」、「自然科学・人文科学」、「経営」 の3つの分野で日本における公私の機関（会社等） においての就労活動や関連業務として自ら経営を する活動 2号…「研究・教育」、「自然科学・人文科学」、「経営」 の3つの分野に加え、芸能活動や会社経営、芸術 活動などさまざまな就労活動も認められる	5年（2号の 場合は無期限）
経営・ 管理	日本における貿易その他の事業の経営を行い又は当該事業 の管理に従事する活動（下記、法律・会計業務の活動を除く。）	5年、3年、1年、 4月又は3月
法律・ 会計業務	外国法事務弁護士、外国公認会計士その他法律上資格を 有する者が行うこととされている法律又は会計に係る業 務に従事する活動	5年、3年、 1年又は3月
医　療	医師、歯科医師その他法律上資格を有する者が行うこと とされている医療に係る業務に従事する活動	5年、3年、 1年又は3月
研　究	政府関係機関や私企業等の研究者など、日本の公私の機 関との契約に基づいて研究を行う活動	5年、3年、 1年又は3月
教　育	日本の学校教育機関（小学校、中学校、高等学校、専修学校、 各種学校など）において、語学教育その他の教育をする活動	5年、3年、 1年又は3月
技術·人文知識· 国際業務	日本の公私の機関との契約に基づいて行う理学、工学そ の他の自然科学の分野や法律学、経済学、社会学、その 他の人文科学の分野に属する技術・知識・思考・感受性 を必要とする業務に従事する活動	5年、3年、 1年又は3月

企業内転勤	外国にある本店、支店等の事業所から日本にある本店、支店に期間を定めて転勤して行う、「技術」「人文知識・国際業務」の在留資格に該当する活動	5年、3年、1年又は3月
介護	介護福祉士の資格を有する外国人が介護施設等との契約に基づいて介護（又は介護の指導）の業務に従事する活動	5年、3年、1年又は3月
興行	演劇、演芸、演奏、スポーツ等の興行に係る活動又はその他の芸能活動	3年、1年、6月、3月又は15日
技能	日本の産業上の特殊な分野に属する熟練した技能（外国料理の調理、外国食品の製造、毛皮の加工等）を要する業務に従事する活動	5年、3年、1年又は3月
特定技能	1号…介護、ビルクリーニング、素形材・産業機械・電気電子情報関連製造、建設、造船・舶用工業、自動車整備、航空、宿泊、農業、漁業、飲食料品製造業、外食業など、法務大臣が指定する本邦の公私の機関との雇用に関する契約に基づいて行う特定産業分野であって法務大臣が指定するものに属する法務省令で定める相当程度の知識又は経験を必要とする技能を要する業務に従事する活動 2号…建設、造船・舶用工業など法務大臣が指定する本邦の公私の機関との雇用に関する契約に基づいて行う特定産業分野であって法務大臣が指定するものに属する法務省令で定める熟練した技能を要する業務に従事する活動	・特定技能1号 1年、6月、4月（通算で上限5年まで） ・特定技能2号 3年、1年、6月（上限なし）
技能実習	1号…「講習による知識修得活動」及び「雇用契約に基づく技能等修得活動」 2号…技能実習1号に従事し、技能等を修得した者が当該技能等に習熟するため、雇用契約に基づき修得した技能等を要する業務に従事する活動 3号…技能実習2号に従事し、技能等を修得した者が当該技能等に熟達するため、雇用契約に基づき修得した技能等を要する業務に従事する活動	・技能実習1号 法務大臣が個々に指定する期間（1年を超えない範囲） ・技能実習2号 法務大臣が個々に指定する期間（2年を超えない範囲） ・技能実習3号 法務大臣が個々に指定する期間（2年を超えない範囲）

・就労はできないもの

在留資格	日本において行うことができる活動	在留期間
文化活動	収入を伴わない学術上、芸術上の活動、又は日本特有の文化、技芸について専門的な研究を行うなどの活動	3年、1年又は6月又は3月

短期滞在	日本に短期間滞在して行う観光、保養、スポーツ、親族の訪問、見学、講習又は会合への参加、業務連絡その他これらに類似する活動	90日、30日又は15日
留　　学	本邦の大学、高等専門学校、高等学校（中等教育学校の後期課程を含む）若しくは特別支援学校の高等部、中学校（義務教育学校の後期過程及び中等教育学校の前期課程を含む）若しくは特別支援学校の中学部、小学校（義務教育学校の前期過程を含む）若しくは特別支援学校の小学部、専修学校若しくは各種学校又は設備及び編制に関してこれらに準ずる機関において教育を受ける活動	4年3月、4年、3年3月、3年、2年3月、2年、1年3月、1年、6月又は3月
研　　修	日本の公私の機関により受け入れられて行う技術、技能又は知識の修得をする活動	1年又は6月又は3月
家族滞在	「教授」から「文化活動」までの在留資格をもって在留する者、又は「留学」「就学」「研修」の在留資格をもって在留する者の扶養を受ける配偶者又は子として行う日常的な活動（「特定技能」「技能実習」を除く）	5年、4年3月、4年、3年3月、3年、2年3月、2年、1年3月、1年、6月又は3月

・許可の内容により就労の可否が決められるもの

在留資格	日本において行うことができる活動	在留期間
特定活動	法務大臣が個々の外国人についてとくに指定する活動 ※該当例…外交官等の家事使用人、ワーキング・ホリデー、経済連携協定に基づく外国人看護師等	5年、3年、1年、6月、3月又は法務大臣が個々に指定する期間（5年を超えない範囲）

【身分又は地位に基づく在留資格】
・活動に制限がないもの

在留資格	日本において行うことができる活動	在留期間
永住者	法務大臣が永住を認めるもの	無期限
日本人の配偶者等	日本人の配偶者、日本人の子として出生した者、特別養子（民法第817条の2の規定によるもの）	5年、3年、1年又は6月
永住者の配偶者等	永住者の在留資格をもって在留する者、特別永住者の配偶者、子として日本で出生しその後引き続き日本に在留している者	5年、3年、1年又は6月
定住者	第三国定住難民、日系2世、3世など法務大臣が特別な理由を考慮し一定の在留期間を指定して居住を認める者	5年、3年、1年、6月又は法務大臣が個々に指定する期間（5年を超えない範囲）

Q 外国人労働者を、できる限り長く雇用するために、在留期間や在留資格についてどのような点が重要となるのでしょうか。

A 各々の在留資格に定められた在留期間の長さはまちまちですが、在留期間の満了が近づいた場合、在留期間を更新することができます。そのため、外国人労働者を長く雇い続けるためには、在留期間が適正に更新されることが重要です。在留期間が更新される場合、通常はもともとの在留資格に基づく在留期間と同一の期間について更新を求めることになります。在留期間の更新手続きにおいて、許可するか否かについて法務大臣が比較的広い範囲の裁量を持っています。なお、在留期間の更新のガイドラインが法務省出入国在留管理庁により示されています。ガイドラインでは、在留期間の更新が認められるための、いくつかの要件が示されています。中でも、外国人の素行が不良でないことが挙げられており、退去強制事由に該当するような行為を行っていた場合には、更新が認められ難くなってしまうため、注意が必要です。また、雇用・労働条件が適正であることも挙げられており、使用者は、労働関係の法令に違反することなく、着実に外国人労働者のキャリアを積み上げていくことが、更新許可を得る上で重要といえます。

さらに、在留資格を「永住者」や「特定技能2号」に変更することで、在留期間の制限のない在留資格に変更することも可能です。通常、外国人の在留期間については、長くても5年を超えることができませんが、これらの場合、使用者としては、在留期間を気にすることなく、外国人労働者を継続して雇い続けることが可能になります。永住許可についてもガイドラインが示されており、素行が良好であることの他、原則として10年以上在留していることなどが挙げられています。

留学生を新たに採用しましたが、入社日の段階で「留学」の在留資格のまま、就業させても問題はないのでしょうか。

留学生は、「留学」の在留資格を持って、日本に滞在しており、「留学」に基づく在留資格は、原則として就労が制限されています。その一方で、留学生が日本での就職を望み、就職活動を経て日本の企業で働くことが決定し、入社日までに時間が短い場合には、いまだに、在留資格が「留学」のままになっていることが少なくありません。とくに、年度末ギリギリになって留学生の就職が決まり、使用者が4月1日の年度替わりから入社するという扱いを行う場合には、入社日の段階では、在留資格の変更が間に合わないという事態が生じやすくなっています。

「留学」の在留資格から、「技術・人文知識・国際業務」への在留資格の変更は、最大で2か月の時間を要する場合もあります。しかし、外国人労働者は、就業が可能な在留資格を持たない時点で、日本の会社などで働き始めることは許されません。未だに在留資格の変更が済んでいない外国人労働者については、他の日本人労働者などとは異なり、入社日を後ろに先延ばしして、あくまでも在留資格の変更が終了した後に入社するという扱いにしなければなりません。

したがって、本ケースにおいて、在留資格の変更が予定されているからといって、「留学」の在留資格の状態で、留学生を入社させることはできません。在留資格の変更によって、新たに認められた在留期間の始期以降が、入社日ということになります。また、在留資格が変更されると、改めて在留カードが交付されることになりますので、使用者側としては、在留カードについても就労可能な在留資格の記載に変更されているかを確認しましょう。

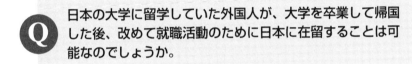

Q 日本の大学に留学していた外国人が、大学を卒業して帰国した後、改めて就職活動のために日本に在留することは可能なのでしょうか。

A 日本の大学などの教育機関に「留学」の在留資格で来日していた外国人は、卒業後は基本的に本国に帰国して、日本で修得した専門知識・技能を活用することが想定されています。しかし、留学生の中には日本の企業などに就職を望む者もいますが、「留学」の在留資格における在留期間が満了してしまうと、日本に在留する根拠を失うため、在留期間の変更が必要になります。

　その際に、変更する在留資格は「特定活動」です。特定活動は、日本で行う活動として法務大臣が指定した活動を指し、そのうちの1つに継続就職活動大学生・専門学生があります。つまり、大学や専門学校に在学していた留学生が卒業前から行っていた就職活動について、卒業後も継続するために必要な在留資格を指します。「留学」の在留資格において認められていた在留期間が満了する前に、「特定活動」に在留資格を変更することで、引き続き日本で就職活動を行うことができます。なお、この場合には2週間程度の一時帰国は認められると考えられます。就職活動を再開するためには再入国の許可を得る必要があります。しかし、帰国している期間があまりにも長い場合には、正当な理由もなく在留資格に基づく活動を行っていないと判断されるおそれがあるため、注意が必要です。

　したがって、本ケースのように、留学生が一時帰国の後に日本で就職活動を行うためには、あらかじめ「留学」の在留資格を「特定活動」に変更しておく必要があります。「留学」の在留資格のまま帰国して、在留期間が経過してしまうと、その後、就職活動のために再入国は認められません。

Q 料理人として働くことを希望する外国人の場合、どんな在留資格が必要となるのでしょうか。

A 　在留資格のひとつに「技能」があります。「技能」の在留資格を取得した外国人は「産業上の特殊な分野に属する熟練した技能を要する業務」に就くことが可能です。そして、本ケースのように料理人として働くのを希望する外国人労働者は「技能」に基づく在留資格を持つ者でなければなりません。

　「技能」の在留資格が認められるためには、いくつか注意すべきポイントがあります。ポイントは、①日本人が従事する場合に受ける報酬と同等額以上の報酬を受けること、②技能の在留資格に該当する職が熟練していること、です。②の熟練した技能を有するかの判断基準として、「技能」の在留資格を取得する際に、一定期間の実務経験があることです。料理人の場合には、一般に10年の実務経験が必要です。ただし、タイ料理の料理人は、例外的に実務経験が5年に軽減されています。

　他の注意点としては、過去に短期滞在などで入国経験がある外国人について、在留カードに職業を記載する欄がありますが、その欄に料理人以外の職業を記載していた場合、在留資格の許可が認められなかったケースがあります。また、実務経験があることは、一般に職歴証明書を提出して示します。この際に職歴証明書の発行日が記載されていない場合があります。書類の発行日の記載漏れは、小さな書類不備のようにも思われますが、とくに在留資格に職歴の期間に関する要件が設けられている場合には、発行日の記載がないことを理由に在留資格が得られないことがあります。さらに、現在も勤務中の職歴を示す場合には、発行日は申請日の3か月以内でなければなりません。

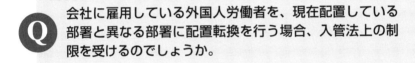

Q 会社に雇用している外国人労働者を、現在配置している部署と異なる部署に配置転換を行う場合、入管法上の制限を受けるのでしょうか。

A 在留資格の許可は、個別具体的な判断を受ける必要があります。たとえば、在留資格のうち、「技術、人文知識、国際業務」の許可を得て、日本の企業で働く場合、その外国人が実際に就労する業務に照らし合わせて、業務に必要な知識・技術を持っているか否か、という観点から、在留資格の許可の有無が判断されます。原則として、在留資格の判断において認められた範囲の業務以外の業務に就く場合には、資格外活動にあたる可能性があります。

そのため、外国人労働者について配置換えを行う場合には、使用者は在留資格に配慮して行う必要があります。たとえば、「技術、人文知識、国際業務」の在留資格を得ていた外国人労働者について、元々、機械工学に関する技術者として雇っていたところ、国際マーケティング部門に配置換えを行うという事例で考えてみましょう。この場合は、資格外活動の許可や、在留資格の変更許可を得る必要はないものと考えられます。なぜならば、配置換え後の国際マーケティング部門は、「技術、人文知識、国際業務」の在留資格において、日本で行うことができる活動のうち、「外国の文化に基盤を有する思考若しくは感受性を必要とする業務」に該当すると考えられるため、同一の在留資格の範囲に含まれる業務といえるためです。ただし、在留資格の許可にあたっては、個別具体的な判断に基づいているため、あくまでも、当初の在留資格の許可は、機械工学に関する技術者として、在留資格が認められたにすぎません。そのため、在留期間の更新の際に、国際マーケティングに関する技量が不足していると判断された場合には、在留期間の更新が拒否される可能性があります。

特定技能１号・２号について知っておこう

18歳以上の外国人が対象で、特定の産業分野の業務に従事できる

■ 特定技能１号・特定技能２号の該当基準

　令和元年（2019年）４月から在留資格として追加された特定技能１号・２号は、人材不足が予測される産業分野において、即戦力の外国人労働者を確保するための方策の一環として機能することが期待されています。

　特定技能１号は、特定の産業分野について、相当程度の知識や経験を持つと認められる場合に付与されます。特定技能２号は、特定の産業分野について、熟練した技能を持つ場合にのみ認められ、技能のレベルは、特定技能１号に比べて高度な内容が要求されます。なお、特定技能１号・特定技能２号は、ともに18歳以上の外国人のみが対象になりますので、注意が必要です。

　特定技能１号は、12分野の産業分野について認められます。これに対し、特定技能２号は、建設分野と造船・舶用工業分野の２分野に限って認められます（次ページ図）。なお、令和５年（2023年）６月９日の閣議決定で、従来からの２分野に加え、介護分野以外の産業分野９分野を特定技能２号の対象分野とすることが決定しました。在留資格として「介護」があるため、介護分野は特定技能２号の対象分野とはしていません。

■ 必要な技能や日本語能力水準等について

　前述したように特定技能１号においては、特定の産業分野に関する相当程度の知識や経験が要求されます。そこで、必要な技能の有無を試験等により確認を行います。技能評価試験は分野ごとに異なる学科試験と実技試験をクリアしなければなりませんが、実技試験を一定の

実務経験で代替することも可能です。技能評価試験の概要は、それぞれの産業分野を所管する行政機関が決定します。さらに、日本語能力水準についても、生活や業務に必要な日本語能力の有無について、同様に試験等により確認を行います。基本的な日本語を理解できるレベル（N4）以上の能力が問われる試験内容となっています。なお、技能実習2号を良好に修了した者は、これらの試験が免除されます。

　特定技能2号についても、熟練した技能の有無が要求されており、試験等により確認を行います。特定技能2号については、日本語能力水準に関する試験等の通過は要求されていません。

▌在留期間（在留期限）はどうなっているのか

　特定技能1号の在留期間は1年・6か月・4か月のいずれかで設けられ、更新可能ですが、通算5年が在留期間の上限です。原則として家族の帯同は認められません。これに対し、特定技能2号の在留期間は、3年・1年・6か月のいずれかで設けられ、更新可能であり、在留期間の上限がありません。家族の帯同も認められています。

■ 特定技能1号・2号の対象になる特定の産業分野 ……………

特定技能1号（12分野）		特定技能2号（2分野）
介護	航空※	建設
ビルクリーニング※	宿泊※	造船・舶用工業
素形材・産業機械・電気電子情報関連製造※	農業※	
	漁業※	
建設	飲食料品製造業※	
造船・舶用工業	外食業※	
自動車整備※		

※令和5年（2023年）6月9日の閣議決定で特定技能2号の対象分野（現行2分野）に新たに9分野が追加されることが決定（令和5年8月末現在追加日未定）

特定技能の在留資格制度の適正な運用に関する基本方針について知っておこう

政府による基本方針が示されている

制度を運用するための政府の基本方針

前述した特定技能 1 号・2 号の在留資格の制度運用について、政府は、基本方針（特定技能の在留資格に係る制度の適正な運用に関する基本方針について）を示しています。基本方針は、おもに以下の 5 項目で構成されます。

① **制度の意義に関する事項**

在留資格として特定技能 1 号・2 号を追加することで達成しようとする目的を示しています。具体的には、とくに中小企業において日本国内による確保が困難で、人材不足が予想される産業について、一定の専門的な技能や知識を持った即戦力になる外国人を受け入れるしくみを構築することであると明示されています。

② **対象になる特定の産業分野に関する事項**

特定技能 1 号・2 号の対象になる特定の産業分野は、生産性の向上や国内における人材確保の努力によっては、人材の確保が困難である分野に該当することが必要です。基本方針では、制度を運用する上で、以下の点に対する留意を求めています。

・地域における偏りの防止

特定技能 1 号・2 号を取得した外国人の就労が、大都市などに過度に集中することを避けるよう努めることが求められます。

・外国人の受入れ見込人数

日本人の雇用とのバランスに注意して、過度な外国人の受入れにつながらないよう配慮することが求められています。

③　雇入れにあたって求める人材に関する事項

　特定技能1号・2号を取得した雇い入れる外国人は、一定の技能・知識を持っていることが前提とされています。そこで、技能・知識の他に、日本語の運用能力などに関して試験等を用いて必要な能力を担保するしくみがとられています。

④　関係行政機関同士の調整に関する事項

　関係行政機関同士の調整に関する事項については、国内での取り組みと国外での取り組みに大別されます。おもに法務省と厚生労働省に対して措置を講じることを求めています。

・国内での取り組みについて

　外国人の受入れにあたって、悪質な国内の仲介業者などを排除するための方策を講じなければなりません。外国人の労働条件、安全衛生、社会保険の他、行方不明者への対応、治安悪化の防止など、雇用管理に必要な事項について、必要な指導・監督を行うことが求められています。とくに治安上の問題が生じた場合に備えて、外務省や警察庁などと連携した情報の連携・把握が重要です。

・国外での取り組みについて

　外国人の雇用に関して、保証金を徴収するなどの悪質な仲介業者（ブローカー）などが、国内外において介在するケースが多く報告されています。そこで、国際的に、このような仲介業者などの介在を防ぐため、二国間取決めなど政府間で取り交わす文書を作成するなどして、実効的な対策を講じることが求められています。

⑤　その他制度運用上の重要事項

　特定技能の外国人を雇い入れる企業などに対しては、日本人労働者と同等以上の雇用条件（賃金など）の確保を求めています。さらに、特定技能1号の外国人には、職業生活上、日常生活上、社会生活上の支援を実施する他、在留期間終了に伴い確実な帰国までの措置を行うことが求められています。

分野別の運用方針

特定技能1号・2号の対象になる特定の産業分野（33ページ図）においては、基本方針に沿って、さらに産業分野ごとに基本方針が示されています。分野別の基本方針では、おもに以下の事項が示されています。

・5年間の最大受入れ見込数（上限に達すると一時的に受入れ停止が行われる可能性もある）
・人材基準（技能試験や日本語試験に関する事項）
・特定産業分野ごとの外国人が従事する業務の内容
・外国人労働者の雇用形態について（直接雇用か否か）
・その他、雇用に関して特別に課される条件など

入国審査

外国人が入国する際には、入国審査官による入国審査をクリアする必要があります。入国審査のおもな審査項目は、有効なパスポートや査証（ビザ）の所持をはじめ、次ページ図のとおりです。

なお、一見すると有効に見える査証にも注意を払わなければなりません。というのも、形式的には有効な査証であっても、外国人の在留目的と合致していない場合があります。たとえば、入国する外国人が、介護職で長期間の就労を予定しているにもかかわらず、短期滞在査証のみを受けている場合などが挙げられます。このような場合には、本来は就業査証の発給を受ける必要があるため、上陸目的に適った査証を受けているとはいえません。したがって、形式的には有効な査証を受けていても、上陸に必要な査証を受けていないと判断されます。

また、特定技能1号については、受入れ機関が作成する1号特定技能外国人支援計画が一定の基準を満たしていることも、入国審査をクリアするための条件になっています。

日本にいる外国人の受入れ

　すでに日本に在留している外国人であっても、特定技能1号・2号の対象に含まれます。この場合は、在留資格の変更許可を取得する必要があります。その際には、原則として、外国人本人が変更許可の申請を行わなければなりません。

受入れ機関による届出など

　特定技能1号・2号の適用対象の外国人は、認定の際に受けた技能試験などにおいて共通性が認められる範囲で、転職などが認められます。その他、受入れ機関の名称変更や消滅、特定技能外国人との雇用契約の締結や終了など、一定の場合には、受入れ機関から出入国在留管理庁への届出が必要になる場合があるため、注意が必要です。

■ 入国審査のおもな審査項目 ···

審査項目	内容など
有効なパスポートを所持していること	有効期限が経過していないか など
有効な査証（ビザ）を所持していること	上陸目的に合致していること など
国内で行う活動が正当で在留資格に対応する活動であること	※特定技能1号の場合は、受入れ機関が作成する1号特定技能外国人支援計画が一定の基準を満たしていること
在留期間が法務省令に適合していること	在留資格ごとの在留期間に適合していること
上陸拒否事由がないこと	5年以内（あるいは10年以内）に退去強制手続きがとられた者ではないこと　など

受入機関の支援体制について知っておこう

外国人労働者を受け入れる側が負う義務などがある

受入れ機関による特定技能1号外国人への支援

　特定技能の資格を持つ外国人（特定技能外国人）を受け入れる企業などは受入れ機関（特定技能所属機関）と呼ばれ、特定技能1号にあたる外国人労働者の職業生活・日常生活・社会生活について必要な支援を行う義務を負います（支援義務）。支援義務を果たさない場合、出入国在留管理庁から指導・助言・改善命令を受ける他、罰則が科される場合もあります。なお、特定技能2号にあたる外国人労働者については、受入れ企業などに支援義務は課されていません。受入れ機関は、特定技能1号にあたる外国人労働者の在留に関する諸申請の時点で、支援計画（1号特定技能外国人支援計画）を作成しなければなりません。そして、実際に支援計画に従って、特定技能1号にあたる外国人労働者の支援を行わなければなりません。支援の内容については、支援計画に定められている内容の確認が重要です。支援計画において定めなければならない事項は、支援責任者や支援担当者の氏名・役職など、支援の実施について第三者に委託する場合には、その第三者の氏名や住所などを記載します。また、支援計画の作成などを登録支援機関に委託する場合には、登録支援機関についても記載する必要があります。

　その他に、省令で定められている事項として、以下の10項目に関する実施内容や方法などを記載する必要があります。

① **事前のガイダンスの提供**

　対象の外国人労働者との間で雇用契約を締結後、在留資格に関する手続きの申請を行う前に、労働条件や日本での活動内容、入国手続きなどに関して、対面などの方法により説明しなければなりません。

② 出入国の際の送迎

　外国人労働者が空港などから入国する際には、受入れ機関は、事業所あるいは日本での住居まで送迎しなければなりません。なお、外国人の帰国（出国）時にも送迎を行い、とくに空港の保安検査場に入場するまで確実に見届けなければなりません。

③ 住居の確保など必要な契約の支援

　外国人労働者が適切な住居を確保することを支援します。具体的には、外国人労働者が自ら住居の賃貸借契約を締結する場合に受入れ機関が連帯保証人になることや、受入れ機関が所有する社宅を外国人労働者に提供することなどが挙げられます。その他にも、水道・ガス・電気などのライフラインに関する契約や、銀行口座の開設などの手続きについても補助を行う必要があります。

④ 生活に関するオリエンテーションの実施

　外国人労働者が円滑に社会生活を送ることができるよう、日本での生活上のマナーや基本的なルールの説明などを行います。

⑤ 公的な手続きなどの補助

　外国人労働者について、社会保険や税務に関する手続きが必要になる場合があります。その際に、受入れ機関が外国人労働者に同行して、手続きに必要な書類作成の補助などを行います。

⑥ 日本語の学習機会の提供

　外国人労働者の日本語運用能力向上のため、日本語学校などへの入学案内や、教材の提供などを行う必要があります。

⑦ 相談・苦情への対応（窓口の設置）

　職業生活の他にも、日常生活などに関して、相談・苦情を受け付ける窓口を設置しなければなりません。とくに外国人労働者が十分に理解できる言語での対応が可能であることが必要です。

⑧ 日本人との交流促進の支援

　地域住民との交流の場に関する情報の提供や、地域の自治会などの

案内の他、地域の行事に関する案内などを行う必要があります。

⑨　転職の支援

　受入れ機関の側の事情で、外国人労働者との間の雇用契約を維持することが困難な場合があります。その際に、転職先のあっせんの他、必要な手続きの補助を行う義務を負います。

⑩　定期的な面談や行政機関への通報など

　受入れ機関は、支援責任者などを選任します。そして、支援責任者などは、定期的に外国人労働者や外国人労働者を監督する立場にある者と面談を行い、労働基準法などの労働関係法令に違反する事実が判明した場合には、行政機関に対して報告する義務を負います。

特定技能雇用契約の締結

　受入れ機関と特定技能1号・2号の外国人労働者との間で締結する雇用契約は、特定技能雇用契約と呼ばれます。特定技能雇用契約については、以下の満たすべき基準があります。

・外国人労働者が従事する業務について、特定技能が必要な業務であること

・所定労働時間について、受入れ機関で働く他の労働者と同等であること

・賃金の額について、日本人労働者と同等以上の金額であること

・賃金の決定、教育訓練の実施、福利厚生施設の利用その他の待遇で、外国人労働者であることを理由に差別的な取扱いをしないこと

・外国人労働者が一時帰国を希望する場合、必要な有給休暇を取得させること

・労働者派遣契約の形式をとる場合に、派遣先や派遣期間が定められていること

・外国人労働者が円滑に出国できるように、受入れ機関が必要な措置や費用負担を行うこと

・受入れ機関が外国人労働者の健康状況・生活状況を把握するために
　必要な措置を講じること
・特定産業分野ごとに必要な基準を満たしていること

受入れ機関に求められる体制

　受入れ機関が外国人労働者を受け入れる際には、労働法や税法など
各種法令を遵守していることはもちろん、外国人労働者を支援するの
に必要な体制を整備していることが必要です。
　具体的な基準については次ページ図のとおりです。

登録支援機関について

　登録支援機関とは、出入国在留管理庁の登録を受けており、受入れ
機関から特定技能１号にあたる外国人労働者に対する支援の全部ある
いは一部の委託を受ける機関です。個人の場合もあれば、法人の場合
もあります。登録支援機関は、受入れ機関との間で、外国人労働者の
支援に関する委託契約を締結します。なお、受入れ機関は、特定技能
１号にあたる外国人労働者に対する支援体制の整備が義務づけられて
いますが、受入れ機関が登録支援機関に支援の全部を委託した場合は、
支援体制に関する基準を満たしていると扱われます。
　登録支援機関は、登録拒否事由に該当する場合には、出入国在留管
理庁の登録を受けることができません。おもな登録拒否事由として、
以下のような事由が挙げられます。
・入管法などの関係法律により刑罰に処せられ、その執行が終わった
　日から５年を経過していない者
・心身の故障によって支援業務を適正に処理することができない者
・登録支援機関としての登録を取り消された後５年を経過していない者
・登録の申請日前の５年以内に出入国あるいは労働に関する法令につ
　いて不正な行為などを行った者

・受入れ機関や技能実習制度の実習実施者などとして、過去1年間に自らの落ち度で行方不明者を発生させたことがある者
・外国人労働者が十分に理解できる言語によって情報提供や相談支援を行う体制を整えていない者

受入れ機関・登録支援機関の届出

　受入れ機関、登録支援機関ともに、出入国在留管理庁に対して、随時あるいは定期的に、必要事項について届出を行う必要があります。定期的な届出は3か月ごとに行う必要があり、受入れ機関、登録支援機関ともに、原則として届出が必要な事項が発生した後、14日以内に届け出る必要があります。

■ 受入れ機関が整えるべき支援体制 ……………………………………

いずれかに該当すること	①過去2年間に中長期在留者の受入れ・管理を適正に行った実績があり、支援責任者・支援担当者を選任している
	②役職員の中で過去2年間に中長期在留者の生活相談などに従事した経験がある者の中から、支援責任者・支援担当者を選任している
	③上記①・②と同程度の支援業務を適正に実施できる者で、役職員の中から支援責任者・支援担当者を選任している

外国人が十分に理解できる言語で支援を実施する体制を持っている
支援状況について文書を作成し、雇用契約終了後1年以上備え置くこと
支援責任者・支援担当者が支援計画を中立に実施することができるなど
特定技能雇用契約締結前5年以内またはそれ以降に支援計画に基づく支援を怠ったことがないこと
支援責任者・支援担当者が外国人を監督する立場にある者と定期的な面談を実施することができる体制があること
特定産業分野ごとに特有の基準を満たすこと

8 外国人留学生の就職と在留資格

一定の在留資格への変更が必要

外国人留学生が日本の企業に就職する場合における在留資格の変更

日本の大学などの教育機関を卒業した外国人留学生は、本国に帰国し、本国において日本で得た知識や技能を活かして本国の企業などで活躍する場合の他に、日本の教育機関の卒業後、引き続き日本に残り、日本の企業などに就職することを望む場合もあります。

留学生が日本で就職しようとする場合、「留学」の在留資格を「研究」「教育」「技術・人文知識・国際業務」などの就労可能な在留資格への変更許可を得る必要があります。以下では、おもに「技術・人文知識・国際業務」の在留資格に変更を希望する一方で、直接的に専門知識や技術を用いることが予定されていない職種に就職を希望する場合について見ていきます。

このような職種で日本の企業に就職する場合として、総合職などとして就職を希望するケースが考えられます。この際に、注意しなければならないのは、「技術・人文知識・国際業務」の在留資格が認められるためには、留学生が修得した知識と就業する際の業務との間に、一定程度の適合性が必要だということです。

そこで、留学生が「技術・人文知識・国際業務」の在留資格に変更が認められるか否かについて、「留学生の在留資格『技術・人文知識・国際業務』への変更許可のガイドライン」が示されています。ガイドラインでは、「技術・人文知識・国際業務」の在留資格に基づき、就職することができる職種について、以下の業種が挙げられています。

・理学、工学その他の自然科学の分野
・法律学、経済学、社会学その他の人文科学の分野

本ケースのように、総合職での就職を希望する場合には、就業する業務が上記の分野に該当するか否かを判断する必要があります。

　ガイドラインでは、「技術・人文知識・国際業務」にあたるか否かは、業務全体を通して判断を行うとされています。つまり、総合職と称している場合に、「技術・人文知識・国際業務」に関する活動が業務のごく一部にすぎないときは、「技術・人文知識・国際業務」の在留資格に基づき、外国人が就職することは認められません。ガイドラインには別紙として、実際に「技術・人文知識・国際業務」への在留資格の変更許可が認められた事例が掲載されています。

　具体的には、観光・レジャーサービス学科で、観光地理や旅行業務などに関する知識を修得した留学生が、大型リゾートホテルにおいて総合職として採用される際に、フロント業務や客室業務などに就業する場合があるといった例が挙げられています。この事例では、一部に在留資格に関する活動以外の業務が含まれているものの、総合職として雇用されており、おもに就業する業務がフロントでの翻訳・通訳業務などであり、他の総合職の日本人労働者と同様の業務に就くことが明らかになったことから、「技術・人文知識・国際業務」の在留資格への変更が認められました。したがって、本ケースにおいても、留学

■ 留学生が日本で総合職などで就職する場合の注意点 …………

留学生 ：「留学」の在留資格に基づき日本の大学などで教育を受ける

↓ **大学などを卒業後…**

帰国せずに日本の企業への「総合職」に就職を希望する

⇒ 在留資格を「留学」から「技術・人文知識・国際業務」
にする変更許可が認められなければならない

↓

留学生が修得した知識と就業する際の業務との間に
一定程度の適合性が必要
⇒ **業務全体を通して判断が行われる**

生が総合職として就職が認められる場合があります。

専門的、技術的な仕事にあたる場合の具体例

　では、留学生が日本の教育機関を卒業後に、在留資格の変更許可が認められるのは、具体的にはどのような職種なのでしょうか。

　基本的には、教育機関で修得した専門知識や技能を活用できる職種でなければ、在留資格の変更は認められません。以下では、各種教育機関ごとに変更許可に関するガイドラインに基づき、教育機関ごとに在留資格の変更が認められる職種について見ていきましょう。

① 　留学生が大学を卒業した場合

　留学生が就職する企業などで従事しようとする業務に必要な技術・知識に関連する科目を専攻して卒業している場合に、在留資格の変更許可が認められています。たとえば、以下のケースで変更許可が認められています。

・工学部の卒業者が、電気製品の製造会社において、技術開発業務に就く場合

・経営学部の卒業者が、コンピュータ関連の企業において、翻訳や通訳に関連する業務に就く場合

・法学部の卒業者が、法律事務所などで、弁護士補助業務に就く場合

② 　留学生が専門学校を卒業した場合（専門士の称号が付与された場合）

　留学生が専門学校を卒業し、専門士の称号が付与された場合には、おもに以下のケースで在留資格の変更許可が認められています。

・マンガ・アニメーション科におけるゲーム理論、CG、プログラミングなどの履修者が、コンピュータ関連の企業で、ゲーム開発業務に就く場合

・電気工学科の卒業者が、電気通信設備工事などを行う企業で、工事施工図の作成や作業現場における指揮・監督の業務に就く場合

・自動車整備科の卒業者が、自動車の点検・整備を行う企業で、サー

ビスエンジニアとして自動車の点検・整備の業務に就く場合
・翻訳・通訳学科で通訳・言語学・翻訳技法などの履修者が、出版社
において、出版物の翻訳業務に就く場合
　なお、専門学校の卒業者については、翻訳や通訳の業務に就く場合、
他の業務とは判断基準が異なる点に注意が必要です。具体的には、専
門学校において専攻していた学科の内容と就職希望の職種との関連性
が要求される他に、実際に通訳や翻訳の業務を遂行するだけの言語能
力を持つことが要求されます。とくに専門学校において「日本語」と
いう科目を履修していたとしても、留学生の実際の日本語運用能力が、
日本語の会話や読解などについて基礎的な能力に留まる場合には、通
訳や翻訳に必要な専門知識や技能を持つ者とは認められません。

■ 専門的、技術的な仕事にあたる場合の具体例 …………………

	留学生の学部・専攻内容など	従事する業務の内容（例）
留学生が大学を卒業した場合	工学部の卒業者	電気製品の製造会社における技術開発業務
	経営学部の卒業者	コンピュータ関連の企業における翻訳や通訳に関連する業務
	法学部の卒業者	法律事務所における弁護士補助業務
留学生が専門学校を卒業した場合（専門士の称号が付与された場合）	マンガ・アニメーション科（ゲーム理論、CG、プログラミングなどの履修者）	コンピュータ関連の企業におけるゲーム開発業務
	電気工学科の卒業者	電気通信設備工事会社における工事施工図の作成・作業現場の指揮・監督業務
	自動車整備科の卒業者	自動車の点検・整備に関する企業におけるサービスエンジニア
	翻訳・通訳学科（通訳・言語学・翻訳技法などの履修者）	出版社における出版物の翻訳業務

Q 家事労働者として外国人を雇い入れることには法律上問題があるのでしょうか。

A 外国人労働者を家事労働者（家事代行サービスやハウスキーパーなど）として雇い入れる際には、まず雇い入れる外国人の在留資格に注意する必要があります。外国人が持っている在留資格が、就労について制限がない「永住者」などの場合には、家事労働者として雇い入れることにとくに問題はありません。

これに対して、たとえば「技術、人文知識、国際業務」などの在留資格を持つ外国人労働者など、就労が可能な在留資格を持っている外国人であっても、原則として、家事労働者として就業することは認められないという点に、注意が必要です。なぜならば、原則として日本で就業可能な在留資格については、家事労働は対象に含まれていないためです。

そこで、外国人労働者が家事労働に従事するためには、「特定活動」の在留資格を得ていることが必要になります。しかもこの場合、原則として日本の会社などが使用者になることはできませんので注意が必要です。「特定活動」の在留資格を持つ外国人労働者は、たとえば「外交」の在留資格や一部の高度な専門性を持った在留資格を持つ外国人労働者が使用者である場合に、例外的に家事労働者として従事することが認められています。そのため、「特定活動」の在留資格を持つ外国人労働者であっても、日本の会社などが家事労働者として雇用することは認められません。

現在では例外的に一部の地域（東京都や大阪府などの国家戦略特区に指定された地域）においては、例外的に「特定活動」の在留資格を持つ外国人労働者について、掃除や子どもの面倒をみてもらうなどの、家事労働に従事させることが認められています。

外国人労働者を看護師や介護職として雇用する場合

人材不足の解消として積極的な雇用が見込まれている

どのような法律上の制限があるのか

　外国人労働者を看護師として雇い入れる場合については、外国人労働者の持っている在留資格によって、扱いが異なる点に注意が必要です。

　まず、「永住者」などの就労制限がない在留資格を得ている外国人労働者については、在留期間の制限も気にすることなく、日本で看護師として働くことができます。「医療」の在留資格を持つ人が、在留資格を変更して、「永住者」としての在留資を取得する場合についても同様といえます。次に「医療」の在留資格を得て、5年、3年、1年、3か月のうち、認められた在留期間の中で、看護師として日本で働く場合もあります。この場合、「医療」の在留資格が認められるための条件として、外国人労働者が、あらかじめ日本で看護師として働くための資格を取得している必要がある点に注意が必要です。

　また、2国間の経済連携協定（EPA協定）に基づいて、日本で看護師として働くことも可能です。具体的には、「特定活動」の在留資格に基づき、日本で看護師としての資格取得に必要な知識・技能を修得した上で、資格を取得し、その後引き続き看護師として働き続けることができるしくみが整えられています。EPA協定を締結している国としては、インドネシア、フィリピン、ベトナムなどが挙げられます。

　外国人労働者が介護職に就く場合にも、基本的には看護師の場合と同様で、持っている在留資格に応じて取扱いが異なります。

　具体的には、就労制限がない「永住者」の資格を持つ外国人労働者は、在留期間の制限などもなく、介護職に就くことが可能です（「介護」の在留資格から変更許可を得た場合も同様です）。

「介護」の在留資格を得て、日本で介護職に就くケースもあります。具体的には、5年、3年、1年、3か月のうち、認められた在留期間の中で、日本で介護職に就くことが認められますが、在留資格が認められるための要件として、介護福祉士の資格を保有している外国人労働者が対象になります。さらに、看護師の場合と同様に、EPA協定を締結している国の外国人労働者については、「特定活動」の在留資格に基づき、介護福祉士の資格取得に必要な知識・技能の修得から、資格取得後の就労まで継続的に行うことが可能です。

　介護分野における人材は、令和7年度（2025年度）までに34万人の人材が不足することが見込まれています。不足する介護分野における人材について、外国人労働者によりカバーする方針が政府により示されています。そのために、平成29年（2017年）には「技能実習」の対象職種に介護が加えられ、令和元年（2019年）には新たな在留資格として、「特定技能1号」が創設されました。特定技能1号は12分野の事業に限って認められますが、介護分野はそのうちのひとつに含まれています。「技能実習」や「特定技能1号」においては、「介護」の在留資格で要求される、介護福祉士の資格取得が、在留資格取得の要件ではありませんので、より多数の外国人労働者が、介護職に従事することが可能になります。

■ 介護看護と外国人雇用 ………………………………………

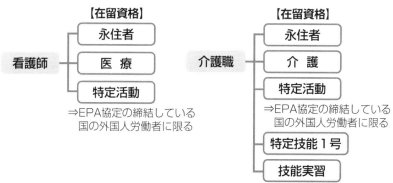

10 技能実習制度について知っておこう

外国人労働者が技能などを習得するための制度

技能実習制度とは

　技能実習制度とは、外国人が技能・技術・知識（技能など）の修得・習熟・熟達を図ることを目的に日本の企業に雇用され、対象の業務に従事する制度です。建設業や食品製造業など、86種類に及び、最長5年間、働きながら技能を学ぶことができます。出入国在留管理庁によると、技能実習生は昨年6月末時点で約33万人です。技能実習を行う外国人には、次のような3つのステップを修了することが求められます。

　第1段階では、技能などを「修得」することを目的に、外国人が対象の業務に従事します。第2段階では、第1段階の修了者を対象に、技能などに「習熟」するために業務に従事することが求められます。最後の第3段階では、第2段階の修了者を対象に、技能などについて「熟達」するレベルまで引き上げることを目的に、対象の業務に従事することが求められます。

　技能実習制度と同様に、外国人が技能などを修得することを目的に設けられている制度として研修制度があります。これは「研修」の在留資格を取得して来日している外国人が対象になりますので、研修生は業務に従事している企業から報酬を受け取ることができません。これに対し、技能実習制度においては、外国人は「技能実習」の在留資格に基づいて、日本の企業と雇用契約を結んだ上で業務に従事します。したがって、就業の対価としての報酬を受け取ることが可能です。

どんな種類があるのか

　技能実習制度は、大きく「企業単独型の技能実習」と「団体監理型の技能実習」に分類することができます。そして、技能実習制度に基づいて、外国人は以下の6種類の活動を行うことができます。これらの活動は、後述する在留資格に対応している点に留意する必要があります。

①　第1号企業単独型技能実習

　日本の企業の支社や現地法人などが外国にある場合に、その職員である外国人が、技能などの修得のため、その日本の企業との間で雇用契約を結んで、講習や技能修得のための業務に従事する場合を指します（講習期間中は雇用契約が締結されません）。

②　第2号企業単独型技能実習

　第1号企業単独型技能実習の修了者が、第1号と同一の技能などに習熟する目的で、原則として第1号と同一の日本の企業との間で雇用契約を結び、業務に従事する場合を指します。

③　第3号企業単独型技能実習

　第2号企業単独型技能実習の修了者が、第2号と同一の技能などに熟達する目的で、日本の企業（第2号と異なる企業でもよい）との間で雇用契約を結び、業務に従事する場合を指します。

■ 技能実習制度の構造 ………………………………………

技能実習制度

【熟 達】⇒ 第3号企業単独型技能実習・第3号団体監理型技能実習

↑

【習 熟】⇒ 第2号企業単独型技能実習・第2号団体監理型技能実習

↑

【修 得】⇒ 第1号企業単独型技能実習・第1号団体監理型技能実習

④ 第1号団体監理型技能実習

　外国人が技能などを修得する目的で、日本の非営利の管理団体により受け入れられた後、必要な講習を受ける場合です。外国人は、その管理団体の傘下の企業との間で雇用契約を結び、業務に従事します（講習期間中は雇用契約が結ばれません）。実習監理とは、日本の非営利の管理団体が、団体監理型技能実習を実際に実施する企業と外国人との間の雇用契約の成立をあっせんしたり、技能実習の管理・指導を行うことをいいます。

⑤ 第2号団体監理型技能実習

　第1号団体監理型技能実習の修了者が、第1号と同一の技能などに習熟する目的で、原則として第1号と同一の企業との間で雇用契約を結び、業務に従事する場合を指します。

⑥ 第3号団体監理型技能実習

　第2号団体監理型技能実習の修了者が、第1号と同一の技能などに熟達する目的で、技能実習を監理する団体から実習監理を受ける企業（第2号と異なる企業でもよい）との間で、雇用契約を結び、業務に従事する場合を指します。

技能実習計画の策定と認定

　技能実習制度においては、技能実習制度を実施する会社などは、技能実習計画を策定して、厚生労働大臣や法務大臣といった主務大臣に提出した上で、その技能実習計画が適正であることについて認定を受ける必要があります。

　技能実習計画の認定にあたって、技能実習の目的と内容が、技能実習の区分に応じて定められた基準に適合している必要があります。さらに、技能検定あるいは技能実習評価試験の合格に関する目標が達成されている必要があります。たとえば、第2号企業単独型技能実習は、第1号企業単独型技能実習の技能実習計画で定めた技能検定などの合

格に関する目標が達成されている必要があります。

また、団体監理型技能実習においては、技能実習の実習監理を担う、非営利の管理団体によって、技能実習計画作成段階で指導を受けること、そして、報酬の額が日本人が従事する場合の報酬の額と同等以上、技能実習の実施責任者が選任されていること、などが、技能実習計画の認定における要件になっています。

在留資格の種類

日本に入国する際には、在留資格が必要です。技能実習制度を利用する外国人は「技能実習」の在留資格に基づいて、技能実習を受けます。技能実習の在留資格は、以下のように技能実習の種類に応じて1号から3号に分類され、それぞれが2種類に分かれるため、合計6種類の在留資格になります。

---

① **技能実習1号イ**

　第1号企業単独型技能実習に基づいて講習を受講し、技能などに関する業務に従事する活動を指します。

② **技能実習1号ロ**

　第1号団体監理型技能実習に基づいて講習を受講し、技能などに関する業務に従事する活動を指します。

③ **技能実習2号イ**

　第2号企業単独型技能実習に基づいて技能などに関する業務に従事する活動を指します。

④ **技能実習2号ロ**

　第2号団体監理型技能実習に基づいて技能などに関する業務に従事する活動を指します。

⑤ **技能実習3号イ**

　第3号企業単独型技能実習に基づいて技能などに関する業務に

従事する活動を指します。

⑥　技能実習３号ロ

　第３号団体監理型技能実習に基づいて技能などに関する業務に従事する活動を指します。

　在留資格は外国人が上陸の際に、備えていなければならない条件ですので、上陸許可基準が設けられています。技能実習に関する在留資格の上陸許可基準は、個々の外国人について技能実習計画の認定を受けていることです。また、在留資格には期間も設けられており、これを在留期間といいます。技能実習１号イ・ロについては、１年を超えない範囲で法務大臣が在留期間の指定を行います。これに対し、技能実習２号イ・ロ、技能実習３号イ・ロの場合は、２年を超えない範囲で法務大臣が指定した期間が在留期間になります。

┃技能実習法は従来までの制度とはどう違うのか

　技能実習法は、技能実習の適正な実行や技能実習生の保護を考慮し

■ 技能実習法のおもな規定事項 ……………………………………

技能実習法のおもな規定事項
技能実習の基本理念
実習実施者・監理団体・技能実習生などの責務
技能実習計画の策定に関する事項
実習実施者の届出に関する事項
実習実施者の義務に関する事項
監理団体などの許可に関する事項
監理団体などの義務に関する事項
技能実習生の保護に関する事項

て、おもに人材育成という観点から国際協力を推進することを目的とする法律です。

　入管法は、外国人の不正入国を防止するとともに、在留資格を拡大して、外国からの人材の確保の適正性を保護することを目的としており、この入管法の目的を具体化した法律が、技能実習法です。技能実習法では、入管法の他に、日本の労働基準法をはじめとする労働法令とのバランスにも考慮しながら、技能実習生の保護などに関して必要な事項を規定しています（前ページ図）。

技能実習実施の届出など

　外国人に対して技能実習を受けさせる企業（実習実施者）は、技能実習開始時に、技能実習開始日などを主務大臣に届け出なければなりません。そして、実習実施者は、技能実習について技能実習生ごとに帳簿を作成して、事業所に備え付ける義務を負います。さらに、技能実習の実施状況について報告書を作成し、主務大臣に提出しなければなりません（実際の届出先・提出先は外国人技能実習機構です）。

監理団体の許可制

　技能実習法では、団体監理型技能実習において実習監理を行う非営利の管理団体は、主務大臣の許可を得なければならないと規定しています（実際には外国人技能実習機構が許可します）。これを監理許可といいます。監理許可については、一般監理事業に関する許可と、特定管理事業（第1号・第2号団体監理型技能実習の実習監理のみを行う場合）に関する許可があります。

在留資格の変更・特定技能との関係

　技能実習は制度の目的が国際貢献で、日本で学んだ技術を本国で生かしてもらうことを念頭に置いています。一方で特定技能は日本にお

ける特定業種の人手不足解消を目的としています。在留資格を基礎づける事実に変更がある場合には、在留資格を変更しなければ、日本で活動を行う根拠を失うおそれがありますが、技能実習の在留資格を別の在留資格に変更することが許可される場合もあります。つまり、従来よりも高度な技能を持つ外国人労働者を、技能実習も含めて比較的長期間に渡り日本で雇用するという方向もありえます。ただし、注意が必要なのは、技能実習の在留資格を持つ者について、特定技能の在留資格への移行を必ずしも保証していない点です。技能実習の対象業種と特定技能の対象業種における業務区分が完全には対応していないためです。

　たとえば、技能実習2号の対象業種に「型枠施工」があり、作業内容として型枠工事を行う業種となります。この業種については、特定技能1号の対象業種における業務区分に「建設（型枠施工）」が含まれていますので、技能実習2号から特定技能1号への移行が可能です。

　これに対し、技能実習2号の対象業種に含まれる「建築板金」は、ダクト板金や内外装板金を作業内容とする業種ですが、この業種に対応する作業区分が、特定技能1号の対象業種には存在しません。したがって、この場合には、技能実習2号から特定技能1号への移行ができません。

　なお、技能実習2号を良好に修了した外国人は、特定技能1号で必要な技能試験や日本語能力試験が免除されます。

Q 現在、進められている技能実習制度の見直しについて教えてください。

A 技能実習制度については、入管法や労働関係法令の違反が絶えず、以前から制度目的と運用実態がかけ離れていることなどが指摘されていました。法務省は、令和5年（2023年）10月に、「技能実習制度および特定技能制度の在り方に関する有識者会議」が取りまとめた現行の技能実習制度の廃止を提言するなどした「最終報告書（たたき台）」を公表しています。

　現在の日本では、外国人の労働力が貴重な担い手となっていることから、現行の技能実習制度を発展的に解消することで実習制度の転換を図り、人手不足分野における人材確保と未熟練労働者の人材育成を目的とする実態に即した「新たな制度」を創設することが示されました。「新たな制度」は、未熟練労働者として受け入れた外国人を、基本的に3年間の就労を通じた育成期間で、特定技能1号の技能水準の人材に育成することをめざすものとしています。

　なお、特定技能制度は、人手不足分野において即戦力となる外国人を受け入れるという現行制度の目的を維持しつつ、制度の適正化を図った上で引き続き存続させるものとしています。

　また、技能実習生と受入れ企業の間に入る監理団体や登録支援機関については、これを存続させる一方で、不適切な就労を放置する悪質な団体を排除するため、認定要件（許可要件・登録要件）を厳格化することなどを盛り込んでいます。たとえば、監理団体の場合は、監理団体と受入れ企業等の役職員の兼職に係る制限の強化または外部者による監視の強化などによる独立性・中立性要件の強化などが、厳格化する許可要件のひとつとして盛り込まれています。

　この他、現行制度では、実習生が同じ職種の他企業に移る「転籍」を原則として認めていませんが、転籍を原則認めていないことで劣悪

な労働環境から逃れられず、技能実習生の人権侵害を助長しているとの指摘がされていました。そのため、「新たな制度」では、原則認めないとする転籍制限の規定を緩和する方向性を示しています。たとえば、一定の条件の下に、本人の意向による転籍を認めることが盛り込まれています。

　そして、外国人が成長しつつ、中長期に活躍できる制度（キャリアパス）を構築するため、特定技能制度と対象職種や分野を一致させ、移行しやすくするなど、中長期的な視点から制度の充実を図ることとしています。

　政府は、最終報告書を踏まえ、早ければ令和6年の通常国会に関連法案を提出する見通しです。

■ 技能実習制度見直しと特定技能制度の関係 ⋯⋯⋯⋯⋯⋯⋯⋯⋯⋯

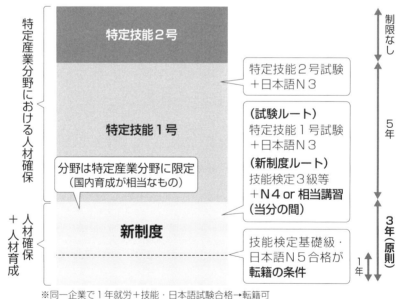

※同一企業で1年就労＋技能・日本語試験合格→転籍可
※試験に不合格となった者には再受験のための最長1年の在留期間を認める

出典：令和5年10月18日最終報告書（たたき台）（技能実習制度及び特定技能制度の在り方に関する有識者会議）

■ 技能実習制度見直しの概要（最終報告書〈たたき台〉） ………

問題点	現在の制度	新制度のおもな内容
制度のあり方	人材育成を通じた国際貢献	・現行の技能実習制度を発展的に解消し、人手不足分野の人材確保と人材育成を目的とする新制度の創設 ・未熟練労働者として受け入れた外国人を、基本的に3年の育成期間で、特定技能1号の水準の人材に育成 ・特定技能制度は、制度の適正化を図った上で現行制度を存続
新制度の受入れ対象分野や人材育成機能の在り方	職種が特定技能の分野と不一致	・受入れ対象分野は、特定技能制度における「特定産業分野」の設定分野に限定 ・従事できる業務の範囲は、特定技能の業務区分と同一とし、「主たる技能」を定めて育成・評価
受入れ見込数の設定等のあり方	受入れ見込数の設定のプロセスが不透明	・特定技能制度の考え方と同様、新制度でも受入れ分野ごとに受入れ見込数を設定（受入れの上限数として運用） ・受入れ見込数や対象分野は経済情勢等の変化に応じて柔軟に変更、有識者等で構成する会議体の意見を踏まえ政府が判断
転籍のあり方（技能実習）	原則不可	・「やむを得ない場合」の転籍の範囲を拡大・明確化し、手続を柔軟化。これに加え、一定の条件の下に、本人の意向による転籍も認める ・監理団体・ハローワーク・技能実習機構等による転籍支援を実施
監理・支援・保護の在り方等	・監理団体、登録支援機関、技能実習機構の指導監督や支援の体制面で不十分な面がある ・悪質な送出機関が存在	・技能実習機構の監督指導・支援保護機能を強化し、特定技能外国人への相談援助業務を追加 ・監理団体の許可要件厳格化（監理団体と受入れ企業の役職員の兼職に係る制限又は外部監視の強化、受入れ企業数等に応じた職員の配置、相談対応体制の強化等） ・受入れ企業につき、育成・支援体制等に係る要件を整備 ・登録支援機関の登録要件や支援業務委託の要件を厳格化 ・入管、機構、労基署等が連携し、不適正な受入れ・雇用を排除 ・送出国と連携し、不適正な送出機関を排除
日本語能力の向上方策	本人の能力や教育水準の定めなし	・継続的な学習による段階的な日本語能力向上（ex. 就労開始前にA1相当以上のレベル又は相当講習受講） ・日本語教育機関認定法の仕組みを活用し、教育の質の向上を図る

出典：令和5年10月18日最終報告書（たたき台）（技能実習制度及び特定技能制度の在り方に関する有識者会議）

Q 会社が受け入れている技能実習生に対して、その会社の社員が暴力を使って技能実習を強制的に行っています。この社員や会社には法律上何らかの制裁が加えられるのでしょうか。

A 技能実習法は、技能実習を適正に実施することと、技能実習生を保護するために、違法行為に対して罰則規定を設けています。本ケースのように、技能実習生に対する暴力・脅迫・監禁などを行って技能実習を強制的に実施した場合には、1年以上10年以下の懲役あるいは20万円以上300万円以下の罰金が科せられるとの罰則規定があります。したがって、技能実習生に暴行を加えた受入れ機関の企業の社員は、罰則の対象になります。

　また、技能実習法が定める多くの罰則には、両罰規定が置かれています。両罰規定とは、受入れ機関の代表者、代理人、使用人その他の従業員が、技能実習法による罰則規定の対象になる行為をした場合、その行為者に加えて、受入れ機関にも罰金刑を科すという規定です。そして、罰則規定は両罰規定の対象ですから、本ケースで暴行行為を働いた社員に懲役刑か罰金刑が科せられると同時に、会社にも罰金刑を科すことが可能です。

　本ケースの他にも、技能実習生に意向に反してパスポートや在留カードを強制的に保管した場合や、解雇や制裁金などの不利益を与えることを示して技能実習時間外の外出や外部との通信を禁止した場合には、6か月以下の懲役か30万円以下の罰金刑が科せられます（これらの場合も両罰規定の対象となります）。

　なお、技能実習生に対して不利益を与える以外にも、受入れ機関が必要な許可や届出を怠ったり、主務大臣の命令などに従わない場合も罰則の対象になりますが、これらの場合は両罰規定の対象外です。

留学生をアルバイトや社員として雇う場合の注意点

留学生は資格外活動の許可を得ることでアルバイトに従事できる

留学生を雇えない業種もる

　留学生がアルバイトに従事することが許されない業種もあります。

　「留学」の在留資格に基づき来日している留学生は、資格外活動の許可を得てアルバイトなどに従事することが可能です。その場合、雇用の形態についてはとくに規制はなく、常用されるアルバイトであってもかまいませんし、臨時雇用の形態で働くことも認められています。

　ただし、入管法施行規則では、本ケースのような留学生を含め外国人が資格外活動として従事することができない業種として、以下のような業種に就くことを禁止しています。日本の教育機関での「教育を受ける」ことが本来の目的である留学生の身分にとって、相応しくない業種が規制の対象になっています。

・風俗営業（バーやスナックでの接客など）
・店舗型性風俗特殊営業（ソープランドなど）
・特定遊興飲食店営業（キャバクラなど）
・無店舗型性風俗特殊営業（デリヘルなど）
・映像送信型性風俗特殊営業（有料のアダルトサイトなど）
・店舗型電話異性紹介営業（テレクラ）
・無店舗型電話異性紹介営業（伝言ダイヤル形式のテレクラなど）

　上記業種のうち、風俗営業についてはやや対象が広いため注意が必要です。たとえば、パチンコ店でのアルバイトやゲームセンターでのアルバイトなども風俗営業に含まれており、注意が必要です。

　入管法施行規則で禁止されている業種について、留学生がアルバイトに従事することは不法就労に該当します。また、これらの業種に留

学生を従事させた使用者も不法就労助長罪により処罰される可能性も
あります。

■ オーバーワーク・オーバーステイと在留資格更新

　日本に滞在する外国人は、それぞれ認められた在留資格に定められ
た在留期間の範囲内で、日本に滞在することが可能です。そして、在
留期間は更新を申請することができ、許可されると、引き続き同一の
在留資格に基づき、日本で活動を継続することができます。

　本ケースのように、「留学」に基づく在留期間の更新を希望してい
る留学生について、在留中に素行に問題がある場合、在留資格に関す
る活動において一定の成果を上げていない場合には、在留期間の更新
が認められない可能性があります。そのような時は、在留期間の更新
が認められない原因として、資格外活動の許可を得て行っているアル
バイトが原因である可能性があります。

　具体的には、留学生は資格外活動の許可を得ることでアルバイトに
従事することができますが、従事することができる労働時間は、原則
として1週間に28時間以内です。しかし、28時間を超えてアルバイト
に従事していると判明した場合（オーバーワーク）には、不法就労に
あたります。場合によっては、不法就労罪に問われるケースもありま
すが、不法就労罪にあたらない場合であっても、素行に問題があると
して、在留期間の更新を得ることができない場合があります。

　在留期間の更新が認められない場合には、継続して日本に在留する
根拠を失いますので、帰国しなければなりません。引き続き日本に在
留を続けると、不法滞在（オーバーステイ）として退去強制の対象に
含まれる可能性があります。

留学生が日本の大学を中退した場合にアルバイトを行うことは可能なのか

　留学生は、入管法別表第一の「留学」という在留資格に基づいて、入国が許可されていますので、原則として、日本において就労することはできません。例外的に資格外活動の許可を得ている場合に、就労が認められているにすぎません。

　したがって、本ケースのように留学生が通っている日本の大学を中退した場合、留学生としての身分を失うことになりますので、当然に資格外活動として許可されていたにすぎないアルバイトなどの就労活動を継続することも許されません。

　むしろ、留学生が大学を中退することによって、在留資格を基礎づける学生としての身分を失った場合、大学などの日本の教育機関で「教育を受ける」という活動を行っていない状態になります。入管法では、正当な理由がなく、在留資格として認められて活動を3か月以上継続して行っていない場合には、在留資格取消しの対象になります。在留資格が取り消された場合には、アルバイトなどの就労活動ができないだけでなく、日本に滞在することも不法滞在になるおそれが高くなります。

　では、大学を中退した外国人が、在留資格を変更して日本の企業に就職するのは可能でしょうか。外国人留学生が日本の企業に就職する場合には、在留資格を変更することになります。しかし、大学の卒業（学位取得）または免許取得などを要件としている在留資格が多いため、大学を中退した外国人が直ちに日本の企業に就職するのは困難と考えられます。さらに、在留資格を取り消されると「留学」の在留資格の変更もできなくなります。

観光目的で来日している外国人を短期間のアルバイトとして雇うことは可能なのか

　観光目的で来日している外国人は、「短期滞在」に基づく在留資格で、日本に滞在しています。「短期滞在」の在留資格は、本ケースのように、外国人が観光の他、保養やスポーツ、親族の訪問、見学、講習などへの参加など、特定の活動を行う場合に認められる在留資格です。在留期間も、90日間、30日間あるいは15日間のいずれかの範囲で認められています。

　また、日本国内で行うことが可能な活動も、あくまでもこれらの特定の目的の範囲内に限定されており、就労活動を行うことはできません。

　そのため、「短期滞在」の在留資格で来日した外国人は、正社員などとして日本の会社で働くことは許されません。アルバイトなどの期間限定での雇用の場合であっても、同様に許されません。

　このように、「短期滞在」に基づく在留資格を持つ外国人が、日本の会社などで働く行為は、資格外収入活動と判断されます。したがって、資格外収入活動を行った外国人は、不法就労外国人として、場合によっては退去強制手続きの対象にも含まれる可能性があります。

　使用者の中には、「短期滞在」の在留期間のうちの短期間のアルバイトであれば可能であると判断して、外国人労働者をアルバイトに従事させることも少なくありません。しかし、この場合には、使用者は不法就労外国人を働かせたことになります。不法就労外国人であると知ってアルバイトに従事させた場合はもちろん、仮に不法就労であることを知らなかった場合でも、不法就労助長罪（入管法73条の2第2項）に問われる可能性があるため、十分注意が必要です。

アルバイト留学生を社員として雇う場合の問題点

　たとえば、以前からアルバイトとして雇っていた外国人留学生について、日本の学校を卒業した後も引き続き正社員などとして雇い入れ

ることは可能なのでしょうか。

　留学生は、「留学」に基づく在留資格に基づき、大学や専門学校などの日本の教育機関において、就労ではなく「教育を受ける」ことを目的に在留が許されています。そのため、原則として留学生は就労を行うことができません。例外的に資格外活動の許可を得た場合に、アルバイトを行うことが可能です。

　本ケースのように、アルバイトをさせていた外国人留学生について、すでにその職場である程度の業務に慣れているため、新たな労働者を雇い入れるよりもスムーズに会社の業務を行うことができることなどから、社員として雇い入れようと考える会社も少なくありません。

　しかし、留学生が日本の会社などで就職する場合には、在留資格を「研究」「教育」「技術・人文知識・国際業務」といった就労可能な在留資格に変更する必要があります。とくに、一般の企業に就職する場合には、基本的に「技術・人文知識・国際業務」に基づく在留資格への変更許可が認められる必要があります。

　本ケースのように、留学生がアルバイトとして働いていた会社において、「技術・人文知識・国際業務」の在留資格に変更が認められることは、通常は難しいといえます。

　留学生が日本の会社などで「技術・人文知識・国際業務」の在留資格に基づいて働くためには、原則として、大学などの教育機関で得た自然科学や人文科学などの専門知識や技能を活用することが前提になります。しかし、留学生がアルバイトとして従事していた業務は、たとえば、スーパーのレジ打ち、接客、清掃、商品陳列など、単純労働と呼ばれる業務であることが一般的です。そのため、留学生が大学などで修得した専門知識や技能を活用する業務とはいえません。留学生がアルバイトをしていた会社などで正社員として雇用するとしても、従事する業務の内容がアルバイトのときと同種の場合には、在留資格の変更許可が認められることはないといえます。

これに対し、アルバイトのときと異なる業務に従事するという雇用契約で雇い入れるとしても、まったく問題がないとはいえません。「技術・人文知識・国際業務」に基づく在留資格の変更が認められるためには、留学生が大学などで修得した分野と一定程度の適合性がある職種でなければならないためです。

なお、在留資格の変更許可が認められるかどうかは、留学生が身につけている専門知識や技能の優劣によって決まるわけではありません。したがって、非常に有能な知識や技能を修得した留学生であっても、在留資格変更許可が認められなければ、すみやかに本国への帰国準備をしなければならず、「留学」に基づく在留期間の経過後は不法滞在になる可能性が高くなります。

■ アルバイトの留学生を正社員などとして雇う場合 ‥‥‥‥‥‥

アルバイトとしての雇用契約

正社員などの雇用契約に変更するためには

アルバイト先の
雇用主

留学生

★ 在留資格を「留学」から「技術・人文知識・国際業務」に
　変更する必要がある

【問題①】アルバイトで従事する業務は、単純労働であることが多いので、同じ業務のままだと「技術・人文知識・国際業務」の対象に含まれる職種に該当しない場合が多い

【問題②】アルバイトのときと異なる業務であっても、留学生が修得した専門知識・技能と一定程度の適合性を持たない場合、在留資格変更許可を受けることが難しい

第 2 章

出入国管理の申請手続き

1 在留手続について知っておこう

外国人が日本国内に在留（滞在）するための在留資格に関する手続き

在留手続とは

　外国人が日本に入国する際には、出入国在留管理庁で入国審査を受けます。その際、在留資格を取得するために書類などを作成、準備した上で、それを提出しなければなりません。在留資格については、「出入国管理及び難民認定法」（入管法）に定められています。

　在留資格は、在留の目的により29種類に分類されています。したがって、これらの在留資格に該当しない外国人は、原則として入国できないことになります。そのため在留手続は外国人が入国する際に大変重要な手続きです。また、入国後も、就学、就職・転職、結婚・離婚、起業などによる在留資格の変更や在留期間の更新、あるいは永住者の相続問題など入国の際の手続きに留まらず、在留する外国人にはさまざまな手続きが必要となります。

在留手続の支援

　本来は、外国人本人が、在留資格取得などの手続きを行うのが原則ですが、在留資格の種類が多数あり、申請書類が複雑なため、本人による準備、作成が困難な場合があります。そこで、行政書士をはじめとして弁護士、受入れ機関職員（招へい企業職員）などが、外国人の取次者として在留資格取得などの手続きを手伝うことになります。

　この際、外国人本人の話をよく聞き、29種類の在留資格のうちどの在留資格に該当するのか、どんな書類を準備、作成して提出すれば許可が下りて入国できるかなどの判断を行い、申請書類の準備、作成や出入国在留管理庁への提出をサポートすることになります。

なお、登録支援機関（登録支援機関の職員）も、特定技能1号の申請に限り申請の取次ぎが行えますが、外国人本人の代わりに申請書類を作成することはできないとされています。

▌手続きにもいろいろある

　在留手続きには、適法に在留するための手続きの他、「非正規滞在者」（在留資格のないまま日本に暮らす外国人）の在留特別許可、仮放免などの手続きがあります。以下、適法に在留するためのおもな8つの手続きについて説明します。

①　在留資格認定証明書交付申請

　在留資格認定証明書は、日本に入国しようとする外国人が、在留資格に該当しているか（在留資格該当性）、あるいは、日本に上陸するための条件に適合しているかどうか（上陸許可基準適合性）について、事前に申請書類を提出し、これを法務大臣が審査して、上記要件に適合していると認定した場合に交付されるものです。

　ただし、「短期滞在」「永住者」の在留資格は、この制度の対象外となっており、適用されません。

②　在留期間更新許可申請

　日本に在留する外国人は、在留資格認定の際に、在留期間を定められ、その期間内の在留を許されています。しかし、認定された在留期間以内に、必ずしも在留活動の目的を達成するとは限りません。その場合は、在留期間の延長をする必要が生じます。

　このような場合、在留期間更新許可申請を行い、法務大臣の許可を得れば、在留期間を更新することができます。この手続きは、原則として在留期間の満了する日の3か月前からできます。

③　在留資格変更許可申請

　在留資格のある外国人が、その在留目的を変更して別の在留資格に該当する活動を行おうとする場合、在留資格を新しい内容へ変更する

ための在留資格変更許可申請を行う必要があります。

　たとえば、在留資格が「留学」の外国人大学生が、卒業後に日本の会社へ就職が決定し、就労のできる在留資格（「介護」「教育」「医療」「報道」など）に変更する場合などです。

④　在留資格取得許可申請

　日本での出生や日本国籍の離脱などの理由から、上陸の手続きを経ることなく日本に在留することになる外国人が、その理由が発生した日から60日間を超えて引き続き日本に在留しようとする場合に、在留資格取得許可申請を行います。出生または日本国籍離脱などの理由が発生した日から30日以内に行う申請手続きです。

⑤　資格外活動許可申請

　日本に在留する外国人は、認定された在留資格の範囲外の活動を行うことにより、報酬などを得ることは認められていません。それを行うためには、許可が必要になります。この許可を得るための手続きが、資格外活動許可申請です。

　ただし、許可される活動は、臨時的または副次的に収益活動を行う場合に限ります。たとえば、留学生が、学費、生活費などを補う目的でアルバイトすることは、認められています。

⑥　就労資格証明書交付申請

　就労資格証明書は、就労することができる在留資格を有していることを法務大臣が証明する文書です。企業が外国人を雇用しようとする場合や本人の就職、転職などにおいて、日本で就労する資格があることをこの証明書で確認、証明できるものです。

　使用者が外国人労働者を雇い入れる場合、就労可能な在留資格を持っているのかを確認することは、実際には困難なケースも少なくありません。そこで、外国人労働者が就労資格証明書を提出することにより、就労可能であることを証明することが容易になり、スムースな雇入れにつながります。

⑦　再入国許可申請

　日本に在留する外国人が一時的に外国へ出国し、日本に再入国する際、あらかじめ日本政府の再入国の許可を受けておけば、出国前と同じ在留資格のまま再入国することができます。ただし、再入国許可の期限は、在留許可の在留期限を超えず、かつ5年を超えない範囲内となっています。有効な旅券と在留カードを所持する外国人が、出国後1年以内に再入国する場合、原則として再入国許可を受ける必要はありません（みなし再入国許可）。

⑧　永住許可申請

　永住者の在留資格への変更を希望する外国人が行う申請手続きです。「永住者」は在留活動、在留期間の制限がなく、国籍はそのままで日本に在留できます。そのため、他の在留資格より審査が厳しく、「素行が善良であること」「独立の生計を営むに足りる資産や技能を有すること」「日本の利益と合致する」といった条件が必要で、おおむね10年以上の日本での在留実績と5年以上の勤務実績が必要になります。

┃在留手続専門家と言われる行政書士とは

　日本に在留している外国人が、出入国在留管理庁に対して各種申請を行う場合、原則として外国人本人が出入国在留管理庁に出頭して行わなければなりません。しかし、例外的に外国人に代わって手続きを行うことが認められる場合があります。

　まず、外国人労働者が働いている会社などの使用者が、本人に代わり各種手続きを行うことが可能です。たとえば、在留期間更新や資格外活動許可について、外国人に代わり使用者が手続きを行うことができます。ただ、使用者は手続きに詳しくないことが一般的で、必要な書類をそろえることが困難な場合も少なくありません。

　また、特定技能1号の外国人に関して、在留中に安定的・円滑な活動を行うことができるようにするための支援を行う登録支援機関とい

う制度が新設されました。登録支援機関は、特定技能外国人を雇用する企業等の受入れ機関から委託を受けて在留手続きの支援も行うことができますが、業務として書類の作成を行うことはできませんし、特定技能2号外国人への支援も対象とされていません。

　これらを踏まえて、在留資格に関する手続きの専門家として、外国人本人に代わり申請書の提出を行えるのは「申請取次行政書士」の資格を取得している行政書士ということになります。なお、行政書士以外に、弁護士も申請取次に関する資格を取得することで、申請取次業務を取り扱うことが可能です。

　申請取次行政書士の取扱業務には、①在留資格認定証明書の交付申請、②在留期間の更新申請、③在留資格の変更申請、④在留資格の取得申請、⑤永住許可申請、⑥再入国の許可申請、⑦資格外活動の許可申請、⑧就労資格証明書の交付申請などがあります。

▌出入国在留管理庁へ申請する

　申請する在留資格に基づいて、必要書類をそろえて出入国在留管理庁に申請をすることになりますが、在留資格や申請の内容、外国人個々の事情により必要書類の内容が異なることに留意が必要です。

　本書では、在留資格が「技術・人文知識・国際業務」の場合と「特定技能」の在留資格認定証明書交付申請、在留資格が「技術・人文知識・国際業務」の場合の「在留期間更新許可申請」「留学」から「技術・人文知識・国際業務」への在留資格変更許可申請、永住資格許可申請（申請資格が「日本人の配偶者等」の場合）について手続きと必要書類を解説します（75、95、103、113ページ）。

　これらの手続きを行う場合、まず、申請にあたり、法律で求められる要件が適切にクリアできるかをしっかりと検討します。次に、在留資格に基づいて必要書類を収集します。補強する資料や証明書が必要な場合などにも対処しておきます。さらに、事情に合わせ、必要書類

を基に、申請書を作成します。最後に出入国在留管理庁に申請書を提出します。

　出入国在留管理庁が申請を受理すると、申請番号が記載された申請受理票を交付します。その後、申請案件の追加対応や進捗の確認などについて、申請番号が必要になります。

申請予約をする

　出入国在留管理庁では、窓口が混雑している場合が多く、申請するまでの待ち時間が2、3時間に及ぶことがあります。そこで出入国在留管理庁では、届出済証明書を有する申請取次者については、予約制度を設けて、申請を受け付けています（制度を導入していない出入国在留管理庁もあります）。たとえば、東京出入国在留管理局では、あらかじめ時間を予約（指定）して申請ができます。予約の申込みは、申請したい日の前日（前日が祝日の場合はその前の開庁日）の12時までとなっています。

■ 入国を希望する外国人と申請取次者の関係 ……………………

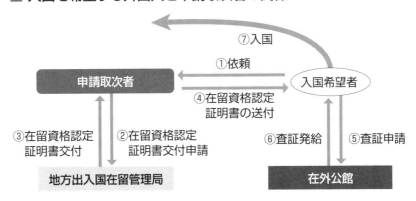

Q オンラインによる在留申請手続について教えてください。

A 出入国在留管理庁では、令和元年7月より、所属機関の職員等を対象に、在留申請オンラインシステムによる在留手続の受付を開始しています。システムを利用できる対象者は、①所属機関の職員、②弁護士または行政書士、③外国人の円滑な受入れを図ることを目的とする公益法人の職員、④登録支援機関の職員、⑤外国人本人、⑥法定代理人、⑦親族（配偶者、子、父または母）です。令和4年3月からは、①〜④の者に限定されていた、在留申請オンラインシステムの利用について、マイナンバーカードと公的個人認証機能を活用することで、⑤〜⑦の者が自宅やオフィスのパソコンからオンライン上で在留手続きを直接申請できるようになりました。システムが利用可能な在留資格（対象範囲）は、「外交」「短期滞在」を除くすべての在留資格です。対象となっている在留資格手続きは以下のとおりです。

在留資格認定証明書交付申請 、在留資格変更許可申請、在留期間更新許可申請 、在留資格取得許可申請 、就労資格証明書交付申請 、再入国許可申請、資格外活動許可申請

なお、⑤〜⑦の者が在留手続のオンライン申請をするには、マイナンバーカード、パソコン（スマートフォンは非対応）、公的個人認証サービスのJPKIクライアントソフト、ICカードリーダライタを準備し、会社や事務所を管轄する最寄りの地方出入国管理署に行き、事前に在留申請オンラインシステムから利用者情報登録を行う必要があります。詳細は、出入国在留管理庁のホームページ（https://www.moj.go.jp/isa/applications/guide/onlineshinsei.html）を参照してください。

2 在留資格認定証明書交付申請書の書き方

海外にいる外国人技術者を日本に呼び寄せる

■ 手続きの概要をおさえる

　外国人を雇用する場合、当該外国人を機械設計者や、システムエンジニア、プログラマなどといった技術者として雇い入れるためには、「技術・人文知識・国際業務」という在留資格を取得してもらう必要があります。

　外国人が日本に入国しようとする場合、外国人本人が海外にある日本の在外公館（大使館または総領事館）に直接ビザ（査証）の申請をすることもできますが、雇用しようとする企業が地方出入国在留管理局に在留資格認定証明書（技術・人文知識・国際業務）の交付申請をすることが一般的です。この場合の手続きの全体像としては、①雇用しようとする企業（または依頼を受けた行政書士）が、企業を管轄する地方出入国在留管理局の窓口に申請書を提出、②地方出入国在留管理局より在留資格認定証明書の交付を受ける、③在留資格認定証明書を外国人本人や企業に送付する、④外国人本人が在外公館よりビザ（査証）の発給を受ける、⑤外国人本人が上陸（空港空の入国審査官に対する上陸申請）する、という流れになります。在留資格認定証明書交付申請には、手数料はかかりません。

　在留資格認定証明書交付を申請する場合の提出書類には大きく分けて、①申請書、②外国人本人に関する書類、③雇用しようとする企業に関する書類があります。③については、企業（所属機関）の条件によって４種類にカテゴリー分けされ、カテゴリーごとに提出書類が異なります。カテゴリー１は所属機関が以下の@～①の場合です。

ⓐ日本の証券取引所に上場している企業、ⓑ保険業を営む相互会社、ⓒ日本または外国の国・地方公共団体、ⓓ独立行政法人、ⓔ特殊法人・認可法人、ⓕ日本の国・地方公共団体認可の公益法人、ⓖ法人税法別表第1に掲げる公共法人、ⓗイノベーション創出企業　ⓘ一定の条件を満たす企業等

　カテゴリー2は、前年分の給与所得の源泉徴収票等の法定調書合計表中、給与所得の源泉徴収票合計表の源泉徴収税額が1000万円以上ある団体・個人です。カテゴリー3は、カテゴリー2を除く前年分の職員の給与所得の源泉徴収票等の法定調書合計表が提出された団体・個人です。また、カテゴリー4はカテゴリー1～3のいずれにも該当しない団体・個人です。カテゴリー分けされるのは、上場企業や、年間1000万円以上の所得税を支払っている会社などは、提出書類が少なくて済むという取扱いをするためです。

　提出書類についてはカテゴリー1～4のいずれの場合であっても、在留資格認定証明書交付申請書（1通）、写真（1葉）、返信用封筒（1通）が必要になります。その他の必要書類は78ページ図表のとおりです。

　78ページ図表中の「申請人の活動の内容等を明らかにする資料」とは、ⓐ労働契約を締結する場合は労働条件を明示する文書（1通）、ⓑ日本法人である会社の役員に就任する場合は役員報酬について定める定款または株主総会の議事録の写し（1通）、ⓒ外国法人内の日本支店に転勤する場合及び会社以外の団体の役員に就任する場合は、地位（担当業務）、期間及び支払われる報酬額を明らかにする所属団体の文書（1通）です。

　「申請人の学歴及び職歴その他経歴等を証明する文書」とは、申請についての技術・知識を要する職務に従事した機関・内容・期間を明示した履歴書（1通）と、大学等の卒業証明書や「情報処理技術」に

関する試験・資格の合格証書・資格証書（1通）などです。

「事業内容を明らかにする資料」とは、勤務先等の沿革、役員、組織、事業内容等が詳細に記載された案内書1通（またはそれに準じる文書）と、法人登記事項証明書（1通）です。

また、「前年分の職員の給与所得の源泉徴収票等の法定調書合計表を提出できない理由を明らかにする資料」とは、給与支払事務所等の開設届出書の写し（1通）と、直近3か月分の給与所得・退職所得等の所得税徴収高計算書（納期の特例を受けている場合は、その承認を受けていることを明らかにする資料）1通です。ただし、源泉徴収の免除を受ける機関の場合には、外国法人の源泉徴収に対する免除証明書その他の源泉徴収を要しないことを明らかにする資料（1通）を提出することになります。

▌書類の入手方法とダウンロード

在留資格認定証明書交付申請書は、入国目的（該当する在留資格の種類）によって提出書類の様式が異なるため、注意が必要です。それぞれの申請書様式は法務省のホームページ（https://www.moj.go.jp/isa/applications/status/gijinkoku.html）よりダウンロードすることができます。なお、多くの申請書様式は、「申請人等作成用」「所属機関（または扶養者）等作成用」に分かれています。

▌申請における注意点

在留資格認定証明書交付申請に限りませんが、在留手続は他の許認可業務に比べて、地方出入国在留管理局長の裁量が大きく、許可を取得できるか否かが事前に判断しにくいものとなります。したがって、申請をする時点で適合性の高い在留資格を正確に導くことはもちろんですが、許可取得の可能性を上げるための材料を可能な限りたくさん検討する必要があります。そして、必要書類の収集、適切な理由

書・質問書の作成など、立証に必要な資料を1つでも多くそろえることが重要です。なお、在留資格の審査基準は機械的に判断できるものと、許可をすることが国益に合致するかという抽象的な判断をあわせて検討する必要があります。

　また、申請者の事情によって許可取得を急がなければならない場合があります。在留資格認定証明書交付申請は、標準処理期間が1～3か月とされていますが、これは一概に言えないところがあり、事情によってはさらに数か月かかることもあります。

■ 在留資格認定証明書交付申請提出書類一覧 ……………………

	カテゴリー1	カテゴリー2	カテゴリー3	カテゴリー4
・四季報の写し・証券取引所に上場していることを証明する文書（写し） ・主務官庁から設立の許可を受けたことを証明する文書（写し）	●			
専門士又は高度専門士の称号を付与された者は、これを証明する文書	●	●	●	●
前年分の職員の給与所得の源泉徴収票等の法定調書合計表（受付印のあるものの写し）		●	●	
申請人の活動の内容等を明らかにする資料			●	●
申請人の学歴及び職歴その他経歴等を証明する文書			●	●
事業内容を明らかにする資料			●	●
直近の年度の決算文書の写し 新規事業の場合は事業計画書　1通			●	●
前年分の職員の給与所得の源泉徴収票等の法定調書合計表を提出できない理由を明らかにする資料				●

手続き後の関連手続き

在留資格認定証明書交付申請を完了した場合、許可を取得すれば、それで終わりというわけではありません。在留手続では、おもに8つの申請手続きがあります。たとえば、日本で技術者として就労することになった外国人の在留期間の満了が近づいた場合、在留期間更新許可申請（95ページ）をする必要があります。

この手続きが可能な期間満了の約3か月前から期間満了が近づいていることを把握することが大変重要です。

この他にも、外国人が転職することになった場合の就労資格証明書交付申請や、在留資格変更許可申請はもちろん、日本人と婚姻することになった場合、子どもが生まれた場合（外国人同士の子どもの場合）など、前述した8つの申請手続きのいずれかを検討する場面はたくさんあります。

在留資格認定証明書交付申請書（技術・人文知識・国際業務）の書き方

「技術・人文知識・国際業務」の在留資格で在留資格認定証明書交付申請をする場合で、おもな提出書類に関する記載上の注意点は以下のとおりです。

在留資格認定証明書交付申請書 申請人等作成用1（書式1、84ページ）

本様式には、申請人自身の基本的な事項を記載します。公的な証明書通りに正確に記載する必要があります。

① 「写真欄」には、提出日の前6か月以内に撮影したものを貼付しますが、念のために裏面に氏名・生年月日を記入しておきます。

② 生年月日は西暦で記載します。国籍・出生地・本国における居住地はカタカナでもかまいませんが、3の氏名欄はローマ字で記載します。本書では、Murugesh Rangarajan（ムルゲーシュ　ランガラージャン）氏についての在留資格認定証明書の交付申請を想定し

て書式を作成しています。中国や韓国など漢字圏で漢字表記を希望する場合は、漢字とローマ字を併記します。

③ 「旅券欄」ですが、パスポートがなくても申請はできますので、発行手続中の場合は空白でもかまいません（この場合、取得後に連絡が必要となります）。

④ 入国予定日は予定する活動（事例では就職）より１か月程度の猶予を持って、申請日から３か月後程度を記載するとよいでしょう。

在留資格認定証明書交付申請書 申請人等作成用２（書式１、85ページ）

在留資格によって様式が異なり、日本での活動内容に関する詳細を記載します。ここでは「高度専門職（１号イ・ロ）」「研究」「技術・人文知識・国際業務」「技能」「特定活動（研究活動等）」「介護」用の様式を例とします。

① 予定勤務先について記載しますが、所在地や電話番号は勤める予定地のものを記載します。

② 最終学歴や専攻・専門分野をチェックし、記載します。勤務先で行う職務に関連するものになるはずです。

③ 学校卒業後の職歴があれば記載します。複数の職歴がある場合、すべて記載します。

④ 本様式には、必ず本人の署名が必要です。記載された内容に間違いがないことを証明するための署名です。

在留資格認定証明書交付申請書 所属機関等作成用１～２（書式１、86～87ページ）

前述した２つの様式と違い、この様式は所属機関等（事例では雇用しようとしている企業）側の立場で作成するものになります。

① 「申請人等作成用１」同様、氏名はローマ字で記載します。

② 雇用しようとしている企業の名称や、法人番号、資本金、年間売上、従業員数等を記載し、事業内容を選択します。

③ 雇用予定の外国人について、就労予定期間、雇用開始日、給与（税引き前の給与）、職務上の地位などを記載します。職務内容は外

国人の最終学歴や所有資格と関連するものになるはずです。

④　所属機関等作成用２にある「派遣先等」は、人材派遣の場合または勤務地が「３所属機関等契約先」と異なる場合のみ、派遣先等の詳細を記載する必要があります。

⑤　所属機関等作成用２の最後には、必ず所属機関等契約先の名称や代表者氏名の記名と、申請書作成日の記載が必要となります。

在留資格認定証明書交付申請書（特定技能）の必要書類と書き方

　令和元年（2019年）４月に新設された特定技能は、わが国の人手不足が深刻な建設・介護など14分野（現在は12分野）について、一定の専門性・技能を有する外国人材を幅広く受け入れていく目的で新設されたものです。したがって、該当する分野の専門性や技能を有することを証する書類や、各分野ごとに定めている技能試験や日本語試験の合格証、外国人の業務内容や報酬水準、雇用形態が特定技能の基準を満たしているかを示すものなどが必要になります。さらに、受入れ企業等が外国人支援を行う体制を備えているかなどの条件も審査されるため、受入れ企業側に用意が求められる書類も膨大です。具体的な必要書類は83ページのとおりです。以上を踏まえた「特定技能」在留資格認定証明書交付申請をの記載上の注意点は以下のとおりです。

在留資格認定証明書交付申請書 申請人等作成用１（書式２、88ページ）

　おもな記載箇所は、「技術・人文知識・国際業務技術」在留資格における在留資格認定証明書交付申請（84ページ）と同様です。

在留資格認定証明書交付申請書 申請人等作成用２（書式２、89ページ）

　本様式は、「特定技能」用の様式となっています。

①　雇用しようとする企業（受入れ機関・特定技能所属機関）の名称、所在地、電話番号を記載します。

②　分野別運用方針（https://www.kantei.go.jp/jp/singi/gaikokujinzai/kaigi/dai3/siryou2-1.pdf）に定められた各省庁の人材基準に沿っ

た試験の合格歴、日本語能力（1号の場合）、技能実習2号の修了（1号の場合）などを記載します。

③　過去に特定技能1号による在留歴がある場合は、通算在留期間を記載します（1号の場合）。

在留資格認定証明書交付申請書 申請人等作成用3（書式2、90ページ）

　本様式は、申請者と受入れ機関との契約内容や、申請者自身の状況についての確認と、記載された内容に間違いがないことを証するための申請者自身の職歴、署名等を記載します。

在留資格認定証明書交付申請書 所属機関等作成用1～4（書式2、91～93ページ）

　雇用しようとする企業側の立場で作成する書式です。

①　「1雇用する外国人の氏名」「2特定技能雇用契約」「3特定技能所属機関（10）まで」の記載内容は、「技術・人文知識・国際業務」在留資格における在留資格認定証明書交付申請（84ページ）と同様、業務内容、労働時間、報酬額、法人番号、業種、資本金、売上、従業員数などを記載しますが、特定技能の場合は、さらに社会保険等労働環境も高い基準が求められるため、それらをクリアしていることを証明します。

②　「3特定技能所属機関（11）以降」では、雇用しようとする企業の欠格事由などがないか、受入れ機関としての要件を満たすかを確認する様式です。本様式上で要件をクリアしているように記載するだけでは足りず、それぞれを疎明する資料の添付が必要です。

③　所属機関等作成用3の後半～4にかけては、特定技能1号の場合に記載する項目が中心です。登録支援機関に関する情報についても記載し、1号特定技能外国人支援計画の詳細を記載します。

④　末尾には、所属機関等の名称、代表者氏名の記名と、申請書作成日の記載が必要です。

■ 在留資格認定証明書交付申請（特定技能）提出書類一覧 ……

	特定技能1号	特定技能2号
在留資格認定証明書交付申請書（特定技能）	●	●
特定技能外国人の報酬に関する説明書	●	●
特定技能雇用契約書の写し	●	●
雇用条件書の写し	●	●
事前ガイダンスの確認書	●	
支払費用の同意書・費用明細書	●	●
徴収費用の説明書	●	●
履歴書（特定技能外国人のもの）	●	●
分野別運用方針に定める技能試験や技能水準を満たすことを証明する資料	●	●
分野別運用方針に定める日本語試験や技能評価試験（実技）の合格証	●	
技能実習生に関する評価調書	●	
健康診断個人票	●	●
通算在留期間に係る誓約書	●	
技能移転申告書		●
特定技能所属機関の概要書	●	●
受入れ機関の登記事項証明書（法人の場合）	●	●
受入れ機関の役員の住民票の写し（法人の場合）	●	●
受入れ機関の役員の誓約書（法人の場合）	●	●
決算文章（損益計算書及び貸借対照表）の写し	●	●
労働保険に関する資料	●	●
社会保険に関する資料	●	●
納税に関する資料	●	●
支援計画書	●	
支援委託契約書（登録支援機関に委託する場合）	●	
支援担当者の履歴書・就任承諾書・誓約書（受入れ機関自らが支援する場合）	●	

※その他、申請内容に応じて別の書類の提出を求められる場合があります。

別記第六号の三様式（第六条の二関係）
申請人等作成用 1
For applicant, part 1

日本国政府法務省
Ministry of Justice, Government of Japan

在 留 資 格 認 定 証 明 書 交 付 申 請 書
APPLICATION FOR CERTIFICATE OF ELIGIBILITY

法 務 大 臣 殿
To the Minister of Justice

　出入国管理及び難民認定法第7条の2の規定に基づき、次のとおり同法第7条第1項第2号に掲げる条件に適合している旨の証明書の交付を申請します。
Pursuant to the provisions of Article 7-2 of the Immigration Control and Refugee Recognition Act, I hereby apply for the certificate showing eligibility for the conditions provided in 7, Paragraph 1, Item 2 of the said Act.

写 真
Photo
40mm×30mm

1 国籍・地域
Nationality/Region
インド

2 生年月日
Date of birth
1992 年 Year　10 月 Month　1 日 Day

3 氏名
Name
Murugesh　Rangarajan

4 性別
Sex
男・女
Male / Female

5 出生地
Place of birth
タミルナードゥ、インド

6 配偶者の有無
Marital status
有 ・ 無
Married / Single

7 職業
Occupation
システムエンジニア

8 本国における居住地
Home town/city
タミルナードゥ、インド

9 日本における連絡先
Address in Japan
東京都千代田区□□1丁目1番ITビル101号室　株式会社ライプニッツ

電話番号
Telephone No.
03-0101-0101

携帯電話番号
Cellular phone No.
090-0101-0101

10 旅券
Passport
(1)番号
Number
ZZ-000000

(2)有効期限
Date of expiration
○○○○ 年 Year　1 月 Month　11 日 Day

11 入国目的（次のいずれか該当するものを選んでください。） Purpose of entry: check one of the followings

☐ I「教授」 "Professor"
☐ I「教育」 "Instructor"
☐ J「芸術」 "Artist"
☐ J「文化活動」 "Cultural Activities"
☐ K「宗教」 "Religious Activities"
☐ J「報道」 "Journalist"

☐ L「企業内転勤」 "Intra-company Transferee"
☐ N「研究（転勤）」 "Researcher (Transferee)"
☐ M「経営・管理」 "Business Manager"
☐ N「研究」 "Researcher"
☑ N「技術・人文知識・国際業務」 "Engineer / Specialist in Humanties / International Services"

☐ N「介護」 "Nursing Care"
☐ N「技能」 "Skilled Labor"
☐ N「特定活動（研究者又はIT技術者等）」 "Designated Activities (Researcher or IT engineer of a designated org)"
☐ N「特定活動（本邦大学卒業者）」 "Designated Activities (Graduate from a university in Japan)"

☐ V「特定技能（1号）」 "Specified Skilled Worker (i)"
☐ V「特定技能（2号）」 "Specified Skilled Worker (ii)"
☐ O「興行」 "Entertainer"
☐ P「留学」 "Student"
☐ Q「研修」 "Trainee"

☐ Y「技能実習（1号）」 "Technical Intern Training (i)"
☐ Y「技能実習（2号）」 "Technical Intern Training (ii)"
☐ Y「技能実習（3号）」 "Technical Intern Training (iii)"
☐ R「家族滞在」 "Dependent"

☐ R「特定活動（研究活動等家族）」 "Designated Activities (Dependent of Researcher or IT engineer of a designated org)"
☐ R「特定活動（EPA家族）」 "Designated Activities(Dependent of EPA)"
☐ R「特定活動（本邦大学卒者家族）」 "Designated Activities(Dependent of Graduate from a university in Japan)"

☐ T「日本人の配偶者等」 "Spouse or Child of Japanese National"
☐ T「永住者の配偶者等」 "Spouse or Child of Permanent Resident"
☐ T「定住者」 "Long Term Resident"

☐ 「高度専門職（1号イ）」 "Highly Skilled Professional(i)(a)"
☐ 「高度専門職（1号ロ）」 "Highly Skilled Professional(i)(b)"
☐ 「高度専門職（1号ハ）」 "Highly Skilled Professional(i)(c)"
☐ U「その他」 Others

12 入国予定年月日
Date of entry
2019 年 Year　4 月 Month　1 日 Day

13 上陸予定港
Port of entry
成田、東京

14 滞在予定期間
Intended length of stay
3年

15 同伴者の有無
Accompanying persons, if any
有・無
Yes / No

16 査証申請予定地
Intended place to apply for visa
チェンナイ

17 過去の出入国歴
Past entry into / departure from Japan
有・無
Yes / No

（上記で「有」を選択した場合）(Fill in the followings when the answer is "Yes")

回数 time(s)　回　直近の出入国歴 The latest entry from　年 Year　月 Month　日 Day　から to　年 Year　月 Month　日 Day

18 過去の在留資格認定証明書交付申請歴
Past history of applying for a certificate of eligibility
有・無
Yes / No

（上記で「有」を選択した場合）(Fill in the followings when the answer is "Yes")　回数 time(s)　回　（うち不交付となった回数）(Of these applications, the number of times of non-issuance)　回 time(s)

19 犯罪を理由とする処分を受けたことの有無（日本国外におけるものを含む。）※交通違反等による処分を含む。
Criminal record (in Japan / overseas) ※Including dispositions due to traffic violations, etc.
有（具体的内容　　　　　　　　　　　　　　　　　　　　　　　　　　　　　　　　）・無
Yes (Detail　　　　　　　　　　　　　　　　　　　　　　　　　　　　） / No

20 退去強制又は出国命令による出国の有無
Departure by deportation /departure order
有・無
Yes / No

（上記で「有」を選択した場合）(Fill in the followings when the answer is "Yes")　回数 time(s)　回　直近の送還歴 The latest departure by deportation　年 Year　月 Month　日 Day

21 在日親族（父・母・配偶者・子・兄弟姉妹・祖父（伯父・叔父）・祖母（伯母・叔母）など）及び同居者
Family in Japan (father, mother, spouse, children, siblings,grandparents, uncle, aunt or others) and cohabitants
有（「有」の場合は、以下の欄に在日親族及び同居者を記入してください。）・無
Yes (If yes, please fill in your family members in Japan and co-residents in the following columns) / No

続柄 Relationship	氏名 Name	生年月日 Date of birth	国籍・地域 Nationality/Region	同居予定の有無 Intended to reside with applicant or not	勤務先名称・通学先名称 Place of employment/school	在留カード番号 特別永住者証明書番号 Residence card number Special Permanent Resident Certificate number
				有・無 Yes / No		
				有・無 Yes / No		
				有・無 Yes / No		
				有・無 Yes / No		

※ 3について、有効な旅券を所持する場合は、旅券の身分事項ページのとおりに記載してください。
Regarding item 3, if you possess your valid passport, please fill in your name as shown in the passport.
21については、記載欄が不足する場合は、別紙に記入してください。なお、「研修」「技能実習」に係る申請の場合は、「在日親族」のみ記載してください。
Regarding item 21, there is not enough space to write in all of your family in Japan, fill in and attach a separate sheet.
In addition, take note that it is only necessary to fill in your family members in Japan for applications pertaining to "Trainee" or "Technical Intern Training"

（注）裏面参照の上、申請に必要な書類を作成して下さい。
Note : Please fill in forms required for application. (See notes on the reverse side.)
（注）申請書に事実に反する記載をしたことが判明した場合には、不利益な扱いを受けることがあります。
Note : In case of to be found that you have misrepresented the facts in an application, you will be unfavorably treated in the process.

申請人等作成用 2　　N（「高度専門職（1号イ・ロ）」・「研究」・「技術・人文知識・国際業務」・「介護」・
「技能」・「特定活動（研究活動等）、（本邦大学卒業者）」）
For applicant, part 2　N ("Highly Skilled Professional(i)(a/b)" / "Researcher" / "Engineer" / Specialist in Humanities / International Services * /
"Nursing Care" / "Skilled Labor" / "Designated Activities(Researcher or IT engineer of a designated organization), (Graduate from a university in Japan)")

在留資格認定証明書用
For certificate of eligibility

22　勤務先　　　　　　　※ ⑵及び⑶については、主たる勤務場所の所在地及び電話番号を記載すること
　　Place of employment　　　　For sub-items (2) and (3), give the address and telephone number of your principal place of employment.
　(1)名称　　　　　　　　　　　　　　　　　　　　支店・事業所名　　　　　　　　　　　　　　　　　　　　
　　Name　　　株式会社ライプニッツ　　　Name of branch　　　　　　　　本店
　(2)所在地　　　東京都千代田区□□1丁目1番ITビル101号室　　　(3)電話番号　　　03-0101-0101
　　Address　　　　　　　　　　　　　　　　　　　　　　　　　　Telephone No.

23　最終学歴（介護業務従事者の場合は本邦の介護福祉士養成施設について記入）
　　Education (if you engage in activities of nursing care or teaching nursing care, fill in details about the certified care worker training facility in Japan)
　(1) ☐ 本邦　　✓ 外国
　　　　　Japan　　　foreign country
　(2) ☐ 大学院（博士）　☐ 大学院（修士）　☐ 大学　　　☐ 短期大学　　　☐ 専門学校
　　　　　Doctor　　　　　　Master　　　　　　　Bachelor　　　Junior college　　　College of technology
　　　　☐ 高等学校　　　☐ 中学校　　　☐ その他（　　　　　　　　　　　　）
　　　　　Senior high school　　Junior high school　　Others
　(3)学校名　National University of Singapore　(4)卒業年月日　○○○○年　7　月　30　日
　　Name of school　　　　　　　　　　　　　　　　Date of graduation　　　Year　　Month　　Day

24　専攻・専門分野　　　　Major field of study
　（23で大学院（博士）～短期大学の場合）　　　（Check one of the followings when the answer to the question 23 is from doctor to junior college）
　☐ 法学　　　　☐ 経済学　　☐ 政治学　　☐ 商学　　　　☐ 経営学　　　　　　☐ 文学
　　Law　　　　　Economics　　Politics　　Commercial science　Business administration　　Literature
　☐ 語学　　　　☐ 社会学　　☐ 歴史学　　☐ 心理学　　☐ 教育学　　　　　☐ 芸術学
　　Linguistics　　Sociology　　History　　Psychology　　Education　　　　Science of art
　☐ その他人文・社会科学（　　　　　　　　）　☐ 理学　　　☐ 化学　　　　　✓ 工学
　　Others(cultural / social science)　　　　　Science　　Chemistry　　Engineering
　☐ 農学　　　　☐ 水産学　　☐ 薬学　　　☐ 医学　　　☐ 歯学
　　Agriculture　　Fisheries　　Pharmacy　　Medicine　　Dentistry
　☐ その他自然科学（　　　）☐ 体育学　☐ 介護福祉　☐ その他（　　　　　　　）
　　Others(natural science)　　Sports science　Nursing care and welfare　Others
　（23で専門学校の場合）　　　（Check one of the followings when the answer to the question 23 is college of technology）
　☐ 工業　　　　☐ 農業　　　☐ 医療・衛生　　☐ 教育・社会福祉　　☐ 法律
　　Engineering　　Agriculture　Medical services / Hygienics　Education / Social welfare　Law
　☐ 商業実務　　☐ 服飾・家政　☐ 文化・教養　　☐ 介護福祉　　　☐ その他（　　）
　　Practical commercial business　Dress design / Home economics　Culture / Education　Nursing care and welfare　Others

25　情報処理技術者資格又は試験合格の有無（情報処理業務従事者のみ記入）　　　　　有　・　無
　　Does the applicant have any qualifications for information processing or has he / she passed the certifying examination?　　Yes　　　No
　（when the applicant is engaged in information processing）
　（資格名又は試験名）
　（Name of the qualification or certifying examination.）　Certification in IT Project Management

26　職　歴　　　（外国におけるものを含む）　　Work experience (including those in a foreign country)

入社		退社		勤務先名称	入社		退社		勤務先名称
Date of joining the company		Date of leaving the company		Place of employment	Date of joining the company		Date of leaving the company		Place of employment
年 Year	月 Month	年 Year	月 Month		年 Year	月 Month	年 Year	月 Month	
				None					

27　申請人、法定代理人、法第7条の2第2項に規定する代理人
　　（Applicant, legal representative or the authorized representative, prescribed in Paragraph 2 of Article 7-2.）
　(1)氏　名　　　　　　　　　　　　　　　　　　(2)本人との関係
　　Name　　　　　　　　　　　　　　　　　　　Relationship with the applicant
　(3)住　所
　　Address
　　電話番号　　　　　　　　　　　　　　　　携帯電話番号
　　Telephone No.　　　　　　　　　　　　　Cellular Phone No.

以上の記載内容は事実と相違ありません。　　I hereby declare that the statement given above is true and correct.
申請人（代理人）の署名／申請書作成年月日　　Signature of the applicant (representative) / Date of filling in this form
　　　　Murugesh Rangarajan　　　　　　　　○○○○年　2　月　5　日
　　　　　　　　　　　　　　　　　　　　　　　　　Year　　Month　　Day

注　意　申請書作成後申請までに記載内容に変更が生じた場合、申請人（代理人）が変更箇所を訂正し、署名すること。
　　　　申請書作成年月日は申請人（代理人）が自署すること。
Attention　In cases where descriptions have changed after filling in this application from up until submission of this application, the applicant (representative) must correct the part concerned
　　　　and sign their name.
　　　　The date of preparation of the application form must be written by the applicant (representative).

※ 取次者　　　　Agent or other authorized person
　(1)氏　名　　　　　　　　　　　　　　(2)住　所
　　Name　　　　　　　　　　　　　　Address
　(3)所属機関等　　Organization to which the agent belongs　　　　　電話番号　Telephone No.

所属機関等作成用 1　　N（「高度専門職（1号イ・ロ）」・「研究」・「技術・人文知識・国際業務」・「介護」・
「技能」・「特定活動（研究活動等）」,(本邦大学卒業者)」）

For organization, part 1 N ("Highly Skilled Professional(i)(a/b)" / "Researcher" / "Engineer / Specialist in Humanities / International Services" /
"Nursing Care" / "Skilled Labor" / "Designated Activities(Researcher or IT engineer of a designated organization)", (Graduate from a university))

在留資格認定証明書用
For certificate of eligibility

1 契約又は招へいする外国人の氏名
　Name of foreign national being offered a contract or invitation

Murugesh Rangarajan

2 契約の形態　　✓ 雇用　　　　□ 委任　　　　　□ 請負　　　　□ その他(　　　　　　　)
　Type of contract　　　Employment　　　Entrustment　　　Service contract　　Others

3 所属機関等契約先　　The contracting organization such as the organization of affiliation

※(1), (3), (4), 及び(9)については、主に勤務させる場所について記載すること。
For sub-items (1),(3),(4),(6) and (9),fill in the information of principal place of employment where foreign national is to work
※国・地方公共団体、独立行政法人、公益財団・社団法人及び特定非営利法人の場合は(7)及び(8)の記載は不要。
In cases of a national or local government, incorporated administrative agency, public interest incorporated association or foundation or some other nonprofit corporation, you are not required to fill in sub-items (7) and (8)

(1)名称　　　　　　**株式会社ライプニッツ**　　　(2)法人番号(13桁)（combination of 13 numbers and letters）Corporation no.
　Name

1 2 3 4 5 6 7 8 9 0 1 0 1

(3)支店・事業所名　　　　　　**本店**　　　(4)雇用保険適用事業所番号(11桁)※非該当事業所は記入省略
　Name of branch　　　　　　　　　　　　　Employment insurance application office number (11 digits) *If not applicable, it should be omitted

(5)業種　　　Business type
　○主たる業種を別紙「業種一覧」から選択して番号を記入（1つのみ）
　　Select the main business type from the attached sheet "a list of business type " and write the corresponding number (select only one)
　○他に業種があれば別紙「業種一覧」から選択して番号を記入（複数選択可）　　　　　　　　**32**
　　If there are another other business types, select from the attached sheet "a list of business type" and write the corresponding number　(multiple answers possible)

(6)所在地　　　　　　　　　　　　　　　　　　　　　　　　　　　　電話番号
　Address　　　　　　　　　　　　　　　　　　　　　　　　　　　　Telephone No.

(7)資本金　　　　　　　　　　　円　　(8)年間売上高(直近年度)　　　　　　　　円
　Capital　　　　　　　　　　　Yen　　　Annual sales (latest year)　　　　　　　Yen

(9)従業員数　　　　　　　　　　　　　　　　名
　Number of employees

うち外国人職員数　　　　　　　　　　　名　（このうち技能実習生）　　　　　　名
Of which number, the number of foreign staff　　　　　Of which number, technical intent rainees

4 研究室（「高度専門職（1号イ）」、「研究」又は「特定活動」(特定研究等活動(告示36号))であって、研究室に所属する場合に記入）
　Research room (Fill in if you belong to a research room (limited to "Highly Skilled Professional(i)(a)" ,"Researcher"or "Designated Activities(Researcher or IT engineer of a designated organization)")

(1)研究室名　　　　　　　　　　　　　　　　　(2)指導教員氏名
　Name of research room　　　　　　　　　　　　Name of mentoring professor

5 就労予定期間　　□ 定めなし　　□ 定めあり　（期間　　　　年　　　月）　**6 雇用開始(入社)年月日**
　Period of work　　　　Non-fixed　　　Fixed　　　　Period　　Year　　Month　　The start date of employment (entering a company)

年　　　　月　　　　日
Year　　Month　　Day

7 給与・報酬(税引き前の支払額)　　※　各種手当(通勤・住宅・扶養等)・実費弁償の性質を有するものを除く。
　Salary/Reward (amount of payment before taxes)　　　Excludes various types of allowances (commuting,housing,dependents,etc.) and personal expenses.

円（　□ 年額　　□ 月額　）
Yen　　　Annual　　　Monthly

8 実務経験年数　　　　年　　**9 職務上の地位(役職名)**　　　□ あり(　　　　　)　　□ なし
　Business experience　　　　　　　　Position(Title)　　　　　　　Yes　　　　　　　No

10 職種　　Occupation
　○主たる職種を別紙「職種一覧」から選択して番号を記入（1つのみ）
　　Select the main type of work from the attached sheet "a list of occupation ", and fill in the number (select only one)

　○「技術・人文知識・国際業務」「高度専門職」又は「特定活動」での入国を希望
　　する場合で、他に職種があれば別紙「職種一覧」から選択して番号を記入（複数選択可）

　If the applicant wishes to enter Japan with the status of residence of "Engineer / Specialist in Humanities / International Services", "Highly Skilled Professional" or "Designated Activities", and will also
　engage in other occupation, select from the attached sheet "a list of occupation " and write the corresponding number (multiple answers possible)

(注意)　Attention
・「研究」での入国を希望する場合は、別紙「職種一覧」の3.42～44,999から選択してください。
　Those who wish to enter Japan with "Researcher" should select from 3, 42 to 44 and 999 on the attached "a list of occupation"

・「技術・人文知識・国際業務」での入国を希望する場合は、別紙「職種一覧」の2～18,24～31,51～54,999から選択してください。
　Those who wish to enter Japan with "Engineer / Specialist in Humanities / International Services" should select from 2 to 18, from 24 to 31, from 51 to 54 and 999 on the attached "a list of occupation"

・「技能」での入国を希望する場合は、別紙「職種一覧」の32～40,999から選択してください。
　Those who wish to enter Japan with "Skilled Labor" should select from 32 to 40 and 999 on the attached "a list of occupation"

・「介護」での入国を希望する場合は、別紙「職種一覧」の「41 介護福祉士」を選択してください。
　Those who wish to enter Japan with "Nursing Care" should select "41 Certified care worker" on the attached "a list of occupation"

・「特定活動」(特定研究等活動(告示36号))及び特定情報処理活動(告示37号))での入国を希望する場合は、別紙「職種一覧」の
　12,42～44,999から選択してください。
　Those who wish to enter Japan with "Designated Activities" (Designated Academic Research Activities (Public Notice No. 36) or Designated Information Processing Activities (Public Notice No. 37) should select from 12, 42 to 44 and 999 on the attached "a list of occupation"

・「特定活動」(本邦大学卒業者(告示46号))での入国を希望する場合は、別紙「職種一覧」の2,4～18,24～31,51～54,999から選択してください。
　Those who wish to enter Japan with"Designated Activities"(Graduated from a university) should select from 2,4 to 18,from 24 to 31, from 51 to 54 and 999 on the attached "a list of occupation"

・「高度専門職」での入国を希望する場合は、別紙「職種一覧」の2～18,24～44,999からも主な職務内容として選択した上で、併せて関連する事業を自ら経営する活動を行う場合、
　他の職種として「1 経営」を選択してください。
　Those who wish to enter Japan as "Highly Skilled Professional" should select from 2 to 18, from 24 to 44 and 999 on the attached "List of Job Types" as the main contents of their duties and concurrently select "1 Business Management" as another job type if they carry out activities to operate a
　related business themselves.

11 活動内容詳細　Details of activities

所属機関等作成用 2　N　（「高度専門職（1号イ・ロ）」・「研究」・「技術・人文知識・国際業務」・「介護」・
「技能」・「特定活動（研究活動等），(本邦大学卒業者)」）

For organization, part 2 N ("Highly Skilled Professional(i)(a/b)" / "Researcher" "Engineer / Specialist in Humanities / International Services " /
Nursing Care / "Skilled Labor" / "Designated Activities(Researcher or IT engineer of a designated organization), (Graduate from a university in Japan)")

在留資格認定証明書用
For certificate of eligibility

12　派遣先等（人材派遣の場合又は勤務地が3と異なる場合に記入）
Dispatch site (Fill in the following if your answer to question 3-(4) is "Dispatch of personnel" or if the place of employment differs from that given in 3)

(1) 名称　　　　　　　　　　　　　　　　　　　　(2)法人番号（13桁）　Corporation no. (combination of 13 numbers and letters)
Name

(3) 支店・事業所名
Name of branch

(4) 雇用保険適用事業所番号（11桁）※非該当事業所は記入省略
Employment insurance application office number (11 digits) *If not applicable, it should be omitted.

- ‐ | | | | ‐ | | | | ‐ | |

(5) 業種　　Business type
○ 主たる業種を別紙「業種一覧」から選択して番号を記入（1つのみ）
Select the main business type from the attached sheet "a list of business type " and write the corresponding number (select only one)
○ 他に業種があれば別紙「業種一覧」から選択して番号を記入（複数選択可）
If there are other business types, select from-the attached sheet "a list of business type " and write the corresponding number (multiple answers possible)

(6) 所在地
Address

電話番号
Telephone No.

(7) 資本金　　　　　　　　　　　　　　　　　円
Capital　　　　　　　　　　　　　　　　　　Yen

(8) 年間売上高（直近年度）　　　　　　　　　　　　　　　円
Annual sales (latest year)　　　　　　　　　　　　　　　Yen

(9) 派遣予定期間
Period of dispatch

以上の記載内容は事実と相違ありません。　　　I hereby declare that the statement given above is true and correct.
所属機関等契約先の名称，代表者氏名の記名／申請書作成年月日
Name of the contracting organization such as the organization of affiliation and representative of the organization　／　Date of filling in this form

株式会社ライプニッツ　代表取締役　一条進二　　○○○○年　2　月　10　日
　　　　　　　　　　　　　　　　　　　　　　Year　　　　Month　　　Day

注意　　Attention
申請書作成後申請までに記載内容に変更が生じた場合，所属機関等が変更箇所を訂正すること。
In cases where descriptions have changed after filling in this application form up until submission of this application, the organization must
correct the changed part .

※　所属機関等作成用2の申請書は，11に該当しない場合でも，提出してください。
Note : Please submit this sheet, even if you are not required to fill in item 11.

別記第六号の三様式（第六条の二関係）
申請人等作成用 1
For applicant, part 1

日本国政府法務省
Ministry of Justice, Government of Japan

在 留 資 格 認 定 証 明 書 交 付 申 請 書
APPLICATION FOR CERTIFICATE OF ELIGIBILITY

法 務 大 臣 殿
To the Minister of Justice

　　出入国管理及び難民認定法第7条の2の規定に基づき、次のとおり同法第7条第1項第2号に
掲げる条件に適合している旨の証明書の交付を申請します。
Pursuant to the provisions of Article 7-2 of the Immigration Control and Refugee Recognition Act, I hereby apply for
the certificate showing eligibility for the conditions provided for in 7, Paragraph 1, Item 2 of the said Act.

写 真
Photo
40mm×30mm

1 国籍・地域　　ベトナム
　Nationality/Region

2 生年月日　1988 年 4 月 1 日
　Date of birth　　Year　Month　Day

3 氏名　Nguyen Thi Thuy
　Name　Family name　Given name

4 性別　男・（女）
　Sex　Male / Female

5 出生地　ハノイ
　Place of birth

6 配偶者の有無　有・（無）
　Marital status　Married / Single

7 職業　客室係
　Occupation

8 本国における居住地　ハノイ
　Home town/city

9 日本における連絡先　東京都港区○○○2丁目○-○
　Address in Japan

電話番号　03-0000-0000
Telephone No.

携帯電話番号　090-0000-0000
Cellular phone No.

10 旅券　(1)番号　AE0000000
　Passport　Number

(2)有効期限　2028 年 4 月 18 日
Date of expiration　Year　Month　Day

11 入国目的（次のいずれか該当するものを選んでください。）　Purpose of entry: check one of the followings
□「教授」 □「教育」 □「芸術」 □ J「文化活動」 □ K「宗教」 □「報道」
　"Professor" 　"Instructor" 　"Artist" 　"Cultural Activities" 　"Religious Activities" 　"Journalist"
□ L「企業内転勤」 □ L「研究（転勤）」 □ M「経営・管理」 □ N「技術・人文知識・国際業務」
　"Intra-company Transferee" 　"Researcher (Transferee)" 　"Business Manager" 　"Engineer / Specialist in Humanities / International Services"
□ N「介護」 □ N「技能」 □「特定活動（研究活動等）」 □ N「特定活動（本邦大卒者等）」
　"Nursing Care" 　"Skilled Labor" 　"Designated Activities (Researcher or IT engineer of a designated org)" 　"Designated Activities (Graduate from a university in Japan)"
☑ V「特定技能(1号)」 □ V「特定技能(2号)」 □ O「興行」 □ P「留学」 □ Q「研修」
　"Specified Skilled Worker (i)" 　"Specified Skilled Worker (ii)" 　"Entertainer" 　"Student" 　"Trainee"
□ Y「技能実習(1号)」 □ Y「技能実習(2号)」 □ Y「技能実習(3号)」 □ R「家族滞在」
　"Technical Intern Training (1)" 　"Technical Intern Training (2)" 　"Technical Intern Training (iii)" 　"Dependent"
□ R「特定活動（研究活動等家族）」 □ R「特定活動（EPA家族）」 □ R「特定活動（本邦大卒者家族）」
　"Designated Activities (Dependent of Researcher or IT engineer of a designated org)" 　"Designated Activities (Dependent of EPA)" 　"Designated Activities (Dependent of Graduate from a university in Japan)"
□ T「日本人の配偶者等」 □ T「永住者の配偶者等」 □ T「定住者」
　"Spouse or Child of Japanese National" 　"Spouse or Child of Permanent Resident" 　"Long Term Resident"
□「高度専門職(1号イ)」 □「高度専門職(1号ロ)」 □「高度専門職(1号ハ)」 □ U「その他」
　"Highly Skilled Professional(i)(a)" 　"Highly Skilled Professional(i)(b)" 　"Highly Skilled Professional(i)(c)" 　Others

12 入国予定年月日　○○○○ 年 10 月 1 日
　Date of entry　　Year　Month　Day

13 上陸予定港　成田、東京
　Port of entry

14 滞在予定期間　1年
　Intended length of stay

15 同伴者の有無　有・（無）
　Accompanying persons, if any　Yes / No

16 査証申請予定地　ホーチミン
　Intended place to apply for visa

17 過去の出入国歴　（有）・無
　Past entry into / departure from Japan （上記で「有」を選択した場合）(Fill in the followings when the answer is "Yes")

回数　1 回　直近の出入国歴
time(s)　The latest entry from

○○○○ 年 6 月 1 日 から ○○○○ 年 7 月 15 日
Year　Month　Day to　Year　Month　Day

18 過去の在留資格認定証明書交付申請歴　有・無
　Past history of applying for a certificate of eligibility　Yes / No

（上記で「有」を選択した場合）　回数　　　　　回　（うち不交付となった回数）　　　　　回
(Fill in the followings when the answer is "Yes")　time(s)　(Of these applications, the number of times of non-issuance)　time(s)

19 犯罪を理由とする処分を受けたことの有無（日本国外におけるものを含む。）※交通違反等による処分を含む。
　Criminal record (in Japan / overseas)※Including dispositions due to traffic violations, etc.
有（具体的内容　　　　　　　　　　　　　　　　　　　　　　　　　　　　　　　　　）・（無）
Yes (Detail:

20 退去強制又は出国命令による出国の有無　有・（無）
　Departure by deportation /departure order　Yes / No
（上記で「有」を選択した場合）　回数　　　回　直近の送還歴　　　年　　　月　　　日
(Fill in the followings when the answer is "Yes")　time(s)　The latest departure by deportation　Year　Month　Day

21 在日親族（父・母・配偶者・子・兄弟姉妹・祖父母・叔（伯）父・叔（伯）母など）及び同居者
　Family in Japan (father, mother, spouse, children, siblings,grandparents, uncle, aunt or others) and cohabitants
有（「有」の場合は、以下の欄に在日親族及び同居者を記入してください）・（無）
(If yes, please fill in your family members in Japan and co-residents in the following columns)　No

続柄 Relationship	氏名 Name	生年月日 Date of birth	国籍・地域 Nationality/Region	同居予定の有無 Intended to reside with applicant or not	勤務先名称・通学先名称 Place of employment/school	在留カード番号 特別永住者証明書番号 Residence card number Special Permanent Resident Certificate number
				有・無 Yes / No		
				有・無 Yes / No		
				有・無 Yes / No		
				有・無 Yes / No		

※ 3について、有効な旅券を所持する場合は、旅券の身分事項ページのとおりに記載してください。
Regarding item 3, if you possess your valid passport, please fill in your name as shown in the passport.
21については、在日親族が有る場合は在日親族欄に記入してください。また「研修」「技能実習」を在留資格で申請の場合は、「在日親族」のみ記載してください。
Regarding item 21, if there is not enough space in the given columns to write in all of your family in Japan, fill in and attach a separate sheet.
In addition, take note that you are only required to fill in your family members in Japan for applications pertaining to "Trainee" or "Technical Intern Training"

（注）裏面参照の上、申請に必要な書類を作成して下さい。
Note : Please fill in forms required for application. (See notes on reverse side.)
（注）申請書に事実に反する記載をしたことが判明した場合には、不利益な扱いを受けることがあります。
Note : In case of to be found that you have misrepresented the facts in an application, you will be unfavorably treated in the process.

申請人等作成用 2　　V（「特定技能（1号）」・「特定技能（2号）」）
For applicant, part 2　V ("Specified Skilled Worker (i)"・"Specified Skilled Worker (ii)")

在留資格認定証明書用
For certificate of eligibility

22 特定技能所属機関　　Organization of affiliation of the specified skilled worker

(1)氏名又は名称　　　　**株式会社タイガーゲートホテル**
　　Name of person or organization

(2)住所(所在地)　　**東京都港区○○○2丁目○ー○**　　電話番号　　**03-0000-0000**
　　Address　　　　　　　　　　　　　　　　　　　　　　　　Telephone No.

23 技能水準　　Skill level

☑ 分野別運用方針に定める評価方法による証明　　Proof based on the evaluation method specified in the field-specific operational policy

　☑ 試験による証明　　Proof based on the passing of an exam
　　合格した試験名　Name of passed exam　　　　　　受験地　Exam location
　　　　　　　　　　　　　　　　　　　　　　　　　　□ 日本国内　Japan
　　宿泊業技能測定試験　　　　　　　　　　　　　□ 日本国外（国名：＿＿＿＿＿＿＿）
　　　　　　　　　　　　　　　　　　　　　　　　　　　　Foreign country Country name
　　　　　　　　　　　　　　　　　　　　　　　　　　□ 日本国内　Japan
　　＿＿＿＿＿＿＿＿＿＿＿＿＿＿＿　　　　　　　　□ 日本国外（国名：＿＿＿＿＿＿＿）
　　　　　　　　　　　　　　　　　　　　　　　　　　　　Foreign country Country name

　□ その他の評価方法による証明
　　Proof based on some other evaluation method　　＿＿＿＿＿＿＿＿＿＿＿＿＿＿＿＿＿＿＿

□ 技能実習2号を良好に修了　　　　Successfully completed Technical Intern Training (ii)

24 日本語能力（「特定技能1号」での入国を希望する場合に記入）
　　Japanese language ability　　(Fill in this section if you wish to enter Japan with the status of residence of "Specified Skilled Worker (i)")

☑ 分野別運用方針に定める評価方法による証明　　Proof based on the evaluation method specified in the field-specific operational policy

　☑ 試験による証明　　Proof based on the passing of an exam
　　合格した試験名　Name of passed exam　　　　　　受験地　Exam location
　　　　　　　　　　　　　　　　　　　　　　　　　　□ 日本国内　Japan
　　日本語能力試験N3　　　　　　　　　　　　　　□ 日本国外（国名：＿＿＿＿＿＿＿）
　　　　　　　　　　　　　　　　　　　　　　　　　　　　Foreign country Country name
　　　　　　　　　　　　　　　　　　　　　　　　　　□ 日本国内　Japan
　　＿＿＿＿＿＿＿＿＿＿＿＿＿＿＿　　　　　　　　□ 日本国外（国名：＿＿＿＿＿＿＿）
　　　　　　　　　　　　　　　　　　　　　　　　　　　　Foreign country Country name

　□ その他の評価方法による証明
　　Proof based on some other evaluation method
□ 技能実習2号を良好に修了　　　　Successfully completed Technical Intern Training (ii)

25 良好に修了した技能実習2号（上記23、24において技能実習2号を良好に修了を選択した場合に記入）
　　Technical Intern Training (ii) that was successfully completed (Fill in this section if you selected "Successfully completed Technical Intern Training (ii) in 223 and 234 above)

(1)職種・作業（技能実習法施行規則別表第2の職種・作業を記入）
　　Occupation / Operations　(Fill in the occupation /operations under Appended Table II of the Ordinance for Enforcement of the Act on Proper Technical
　　Intern Training and Protection of Technical Intern Trainees)

　職種　　　　　　　　　　　　　　作業
　Occupation　　　　　　　　　　　Operations　＿＿＿＿＿＿＿＿＿＿＿＿＿＿＿＿＿

　良好に修了したことの証明　　Proof of successful completion
　　□ 3級の技能検定又はこれに相当する技能実習評価試験の実技試験の合格による証明
　　　Proof based on passing Grade 3 of the National Trade Skills Test or the practical test of an equivalent technical intern training evaluation exam
　　□ 実習状況に関する書面による証明
　　　Proof based on a document relating to the status of the technical intern training
（複数ある場合には(2)に記入）　　　(Fill in (2) if you have several forms of proof)

(2)職種・作業（技能実習法施行規則別表第2の職種・作業を記入）
　　Occupation / Operations　(Fill in the occupation /operations under Appended Table II of the Ordinance for Enforcement of the Act on Proper Technical
　　Intern Training and Protection of Technical Intern Trainees)

　職種　　　　　　　　　　　　　　作業
　Occupation　　　　　　　　　　　Operations　＿＿＿＿＿＿＿＿＿＿＿＿＿＿＿＿＿

　良好に修了したことの証明　　Proof of successful completion
　　□ 3級の技能検定又はこれに相当する技能実習評価試験の実技試験の合格による証明
　　　Proof based on passing Grade 3 of the National Trade Skills Test or the practical test of an equivalent technical intern training evaluation exam
　　□ 実習状況に関する書面による証明
　　　Proof based on a document relating to the status of the technical intern training

26 申請時における特定技能1号での通算在留期間（過去の在留歴を含む。「特定技能1号」での入国を希
　　望する場合に記入）
　　Cumulative period of stay with "Specified Skilled Worker (i)" at the time of submitting this application (including past residence history; fill in this section if you wish to enter Japan with the
　　status of residence of "Specified Skilled Worker (i)")

　　　　　年　　　　　月
　　　　　Year　　　　Month

For applicant, part 3 V ("Specified Skilled Worker（ⅰ）"・"Specified Skilled Worker（ⅱ）")

在留資格認定証明書用
For certificate of eligibility

27 特定技能雇用契約に係る保証金の徴収その他財産管理又は違約金等の支払契約の有無
Is there a contract on the collection of a deposit pertaining to the employment contract for a specified skilled worker, or management of other property or the payment of penalties, etc.?

有（徴収又は管理機関名： 　　　　　　　　徴収金額又は管理財産： 　　　　　　　　　） / ⓝ No

28 特定技能雇用契約に係る申込みの取次ぎ又は外国における活動準備に関する外国の機関への費用の
支払について，その額及び内訳を十分に理解して合意していることの有無（当該費用の支払がある場合
に記入）
Do you fully understand and agree on the amount and breakdown of expenses to be paid to the organization in a foreign country concerning mediation for the application pertaining to the employment contract for specified skilled workers or preparations in the foreign country? (Fill in this section if there are expenses to be paid.)

有（外国の機関名： 　　　　　　　　支払額（日本円に換算）： 　約　　　　　　円　） ・ 無
Yes (Name of the organization in a foreign country: 　　　Payment (converted into Japanese yen)：Approximately　　Yen)　　No

29 国籍又は住居を有する国又は地域において定められる，本邦で行う活動に関連して遵守すべき手続を
経ていることの有無（当該手続が定められている場合に記入）
Have you followed the procedures to be complied with in relation to the activities to be conducted in Japan prescribed by the country or region of nationality or residence? (Fill in this section if such procedures are prescribed.)

有・無
Yes / No

30 本邦において定期的に負担する費用について，対価の内容を十分に理解して合意していることの有無
（当該費用の負担がある場合に記入）
Do you fully understand and have you agreed to the expenses to be paid on a regular basis in Japan? (Fill in this section if there are expenses to be paid.)

有・無
Yes / No

31 技能実習によって本邦において修得，習熟又は熟達した技能等の本国への移転に努めることの有無
（技能実習の在留資格をもって在留していたことがある場合であって，「特定技能2号」での入国を希望す
る場合に記入）
Will you endeavor to transfer the skills, etc. you acquire, the skills, etc. for which you increase proficiency or attain proficiency in Japan through the technical intern training? (Fill in this section if you have a previous history of residing in Japan with the status of residence of "Technical Intern Training", and wish to enter Japan with the status of residence of "Specified Skilled Worker (ⅱ)".)

有・無
Yes / No

32 申請人につき特定産業分野に特有の事情に鑑みて告示で定められる基準に適合していることの有無
（当該基準が定められている場合に記入）
Do you meet the criteria prescribed in the public notice in consideration of circumstances specific to the specified industrial field pertaining to you? (Fill in this section if such criteria are prescribed.)

有・無
Yes / No

33 職　歴　（外国におけるものを含む）　　Work experience (including those in a foreign country)

入社 Date of joining the company		退社 Date of leaving the company		勤務先名称 Place of employment	入社 Date of joining the company		退社 Date of leaving the company		勤務先名称 Place of employment
年 Year	月 Month	年 Year	月 Month		年 Year	月 Month	年 Year	月 Month	

34 申請人，法定代理人，法第7条の2第2項に規定する代理人
(Applicant, legal representative or the authorized representative, prescribed in Paragraph 2 of Article 7-2.)

(1)氏　名　　　　　　　　　　　　　　(2)本人との関係
Name　　　　　　　　　　　　　　　　Relationship with the applicant

(3)住　所
Address

電話番号　　　　　　　　　　　　　　携帯電話番号
Telephone No.　　　　　　　　　　　　Cellular Phone No.

以上の記載内容は事実と相違ありません。
申請人（代理人）の署名／申請書作成年月日

I hereby declare that the statement given above is true and correct.
Signature of the applicant (representative) / Date of filling in this form

Nguyen Thi Thuy　　　　　　○○○○ 年　8 月　20 日
　　　　　　　　　　　　　　　　　　Year　　Month　　Day

注　意　申請書作成後申請までに記載内容に変更が生じた場合，申請人（代理人）が変更箇所を訂正し，署名すること。
　　　　申請書作成年月日は申請人（代理人）が自署すること。
Attention　In cases where descriptions have changed after filling in this application form up until submission of this application, the applicant (representative) must correct the part concerned and sign their name.
　　　　The date of preparation of the application form must be written by the applicant (representative).

※　取次者　Agent or other authorized person
(1)氏　名　　　　　　　　　　　　　　(2)住　所
Name　　　　　　　　　　　　　　　　Address

(3)所属機関等　Organization to which the agent belongs　　　　　電話番号　Telephone No.

1 雇用する外国人の氏名
　Name of foreign national being offered a contract　　　　　**Nguyen　Thi　Thuy**

2 特定技能雇用契約　　Employment contract for a specified skilled worker
　(1)雇用契約期間
　　Period of employment contract　from ○○○○ 年 **12** 月 **15** 日 から to ○○○○ 年 **12** 月 **14** 日 まで
　　　　　　　　　　　　　　　Year　　　　Month　　　Day　　　　　　　Year　　　　Month　　　Day

　(2)従事すべき業務の内容（複数ある場合は全て記入）
　　Contents of work to be engaged in (if there are several types of work, fill in all of the work)
　　特定産業分野　　　　　**宿泊業**　　　　　業務区分　　　　　**接客・衛生管理**
　　Specified industrial field　　　　　　　　　　　Work category

　　職種　　　　○主たる職種を別紙「職種一覧」から選択して番号を記入（1つのみ）
　　Occupation　　Select the main occupation from the Attachment: "Occupations List", and fill in the number (select only one)　　**2**
　　　　　　　　○他に職種があれば別紙「職種一覧」から選択して番号を記入（複数選択可）
　　　　　　　　If there is any other occupation, select from the Attachment: "Occupations List", and fill in the number (more than one answer may be selected)
　　　　　　　　(注意)　Attention
　　　　　　　　※別紙「職種一覧」の1～43,45～50,55～81,100～112,999から選択してください。
　　　　　　　　Please select from 1 to 43,from 45 to 50,from 55 to 81,from 100 to 112 and 999 on the attached "Occupations List."

　(3)所定労働時間（週平均）　　　　　　**40** 時間　　所定労働時間（月平均）　　　　　時間
　　Prescribed working hours (weekly average)　　　　hours　　Prescribed working hours (monthly average)　　hours
　　所定労働時間が通常の労働者の所定労働時間と同等であることの有無
　　Are the prescribed working hours equivalent to the prescribed working hours of regular workers?　　　　　　　　　㈲・無

　(4)月額報酬　**300,000** 円 ※ 各種手当(通勤・住宅・扶養等)・実費弁償の性格を有するものを除く　基本給の時間換算額　**300,000** 円
　　Monthly remuneration　Yen Excludes various types of allowances (commuting,housing,dependents,etc.) and personal expenses.　Time converted amount of basic salary　Yen
　　同等の業務に従事する日本人の月額報酬　　　　　　　円
　　Monthly remuneration of Japanese national engaging in the same type of work　　Yen
　　報酬の額が日本人が従事する場合の報酬の額と同等以上であることの有無　　　　　　　　　　　　有・無
　　Will the foreign national receive an equal or greater amount of remuneration than a Japanese national would receive for comparable work?　Yes / No

　(5)報酬の支払方法　　　　□ 通貨払　　　　　　✔ □座振込み
　　Payment method of remuneration　　　Paid in cash　　　Paid into a bank account

　(6)外国人であることを理由として日本人と異なった待遇をしている事項の有無
　　Are any matters stipulated related to treatment that differ from that given to a Japanese national due to the applicant being a foreign national?
　　有(内容：　　　　　　　　　　　　　　　　　　　　　　　　　　　　　　　　　　　　) ㈱
　　Yes (Details：　　　　　　　　　　　　　　　　　　　　　　　　　　　　　　　　　　　)　No

　(7)外国人が一時帰国を希望した場合には、必要な有給休暇を取得させるものとしていることの有無　　　　　㈲無
　　Will the foreign national be given the necessary paid holidays in the event of wanting to return temporarily to his/her home country?　Yes / No

　(8)雇用関係につき特定産業分野に特有の事情に鑑みて告示で定められる基準に適合していることの有無(当該基準が定められている場合
　　に記入)　　　　Are the criteria, which are stipulated in a public notice in consideration of circumstances specific to the specified industrial field in terms of the　㈲無
　　　　　　　　employment relations, being met? (Fill in this section if such criteria are stipulated.)　Yes / No

　(9)外国人が特定技能雇用契約終了後の帰国に要する旅費を負担することができないときは、当該旅費を負担するとともに、出国が円滑に
　　なされるよう必要な措置を講ずることとしていることの有無　　　　　　　　　　　　　　　　　　　　　㈲無
　　If a foreign national cannot afford the travel expenses for return to his/her home country after the end of the employment contract for specified skilled workers, will the　Yes / No
　　organization of affiliation pay for the travel expenses and take necessary measures to ensure smooth departure?

　(10)外国人の健康の状況その他の生活の状況を把握するために必要な措置を講ずることとしていることの有無　　　　㈲無
　　Is the organization of affiliation taking the necessary measures to check the state of the foreign national's health and other living conditions?　Yes / No

　(11)外国人の適正な在留に資するために必要な事項につき特定産業分野に特有の事情に鑑みて告示で定められる基準に適合している
　　との有無(当該基準が定められている場合に記入)　　　　　　　　　　　　　　　　　　　　　　　　㈲無
　　Are the criteria, which are stipulated in a public notice in consideration of circumstances specific to the specified industrial field in terms of the matters necessary to ensure the　Yes / No
　　proper residence of the foreign nationals, being met? (Fill in this section if such criteria are stipulated.)

　(12)派遣先(労働者派遣の対象とする場合に記入)
　　Dispatch site (Fill in this section if the foreign national may be sent out for worker dispatch)
　　氏名又は名称　　　　　　　　　　　　　　　　　法人番号(13桁)
　　Name of person or　　　　　　　　　　　　　　　Corporation no. (combination of 13
　　organization　　　　　　　　　　　　　　　　　numbers and letters)
　　雇用保険適用事業所番号(11桁)※非該当事業所は記入省略 Employment insurance application office number (11 digits) *If not applicable, it should be omitted.
　　　　　　　　　　　　　　　-　　　　-
　　住所(所在地)　　　　　　　　　　　　　　　　　電話番号
　　Address　　　　　　　　　　　　　　　　　　　Telephone No.
　　代表者の氏名
　　Name of the representative
　　派遣期間　　　　年　　　月　　　日 から　　　年　　　月　　　日 まで
　　Period of dispatch　from　Year　Month　Day　to　Year　Month　Day

　(13)職業紹介事業者(特定技能雇用契約の成立をあっせんする職業紹介事業者がある場合に記入)
　　Employment placement service provider (fill in this section if there is an employment placement service provider that arranges the conclusion of employment contracts for specified skilled workers)
　　氏名又は名称　　　　　　　　　　　　　　　　　法人番号(13桁)
　　Name of person or　　　　　　　　　　　　　　　Corporation no. (combination of 13
　　organization　　　　　　　　　　　　　　　　　numbers and letters)
　　雇用保険適用事業所番号(11桁)※非該当事業所は記入省略 Employment insurance application office number (11 digits) *If not applicable, it should be omitted.
　　住所(所在地)　　　　　　　　　　　　　　　　　電話番号
　　Address　　　　　　　　　　　　　　　　　　　Telephone No.
　　許可・届出番号　　　　　受理年月日　　　　　年　　　月　　　日
　　Permission / notification no.　　Date of receipt　　　Year　　Month　　Day

所属機関等作成用 2　V （「特定技能（1号）」・「特定技能（2号）」）
For organization, part 2 V ("Specified Skilled Worker（ⅰ）"・"Specified Skilled Worker（ⅱ）")

在留資格認定証明書用
For certificate of eligibility

(14)取次機関（職業紹介事業者があっせんを行うに際し、情報の取次ぎを行う者がある場合に記入）
Intermediary organization (fill in this section if there is a person who mediates information at the time of an employment placement service provider acting as an agent)

氏名又は名称
Name of person or organization

住所（所在地）
Address

電話番号
Telephone No.

3　特定技能所属機関　　Organization of affiliation of the specified skilled worker
※(3)及び(8)については、主に勤務させる事業所について記載すること For sub-items (3) and (8), fill in the information of principal place of business where foreign national is to work

(1)氏名又は名称
Name of person or
organization
株式会社タイガーゲートホテル
※本店又はまたる事務所のものを記入 Fill in the name of head office or principal place of business

(2)法人番号（13桁）
Corporation no. (combination of 13
numbers and letters)
0	0	0	0	0	0	0	0	0	0	0	0	0

(3)雇用保険適用事業所番号（11桁）※非該当事業者は記入省略
Employment insurance application office number (11 digits) *If not applicable, it should be omitted.

(4)業種
Business type
○主たる業種を別紙「業種一覧」から選択して番号を記入（1つのみ）
Select the main business type from the attached sheet "a list of business type " and write the corresponding number (select only one)
○他に業種があれば別紙「業種一覧」から選択して番号を記入（複数選択可）
If there are another business types, select from the attached sheet "a list of business type " and write the corresponding number (multiple answers possible)
36

(5)住所（所在地）　※本店又はまたる事務所のものを記入
Address of person or organization　※Fill in the address of head office or principal place of business
東京都港区○○○２丁目○-○

電話番号
Telephone No.　**03-0000-0000**

(6)資本金 **1,000,000,000** 円 Yen
(7)年間売上金額（直近年度）Annual sales (latest year) **5,200,000,000** 円 Yen

(8)常勤職員数
Number of full-time employees **2712** 名

(9)代表者の氏名
Name of the representative **門矢　虎吉**

(10)勤務させる事業所名
Name of place of business where
foreign national is to work
タイガーゲートホテル東京
所在地
Address **東京都港区○○○２丁目○-○**

健康保険及び厚生年金保険の適用事業所であることの有無
Does the place of business apply health insurance and employees pension insurance? **有**/無 Yes/No

労災保険及び雇用保険の適用事業所の有無
Does the place of business apply industrial accident insurance and employment insurance? **有**/無 Yes/No

労働保険番号
Labor insurance number
00	-	0	-	00	-	000000	-	000	-	0000

（末尾4桁は割り振られている場合のみ記入）
(Enter the last four digits only when they have been allocated.)

(11)労働、社会保険及び租税に関する法令の規定に違反したことの有無
Has the organization ever been in violation of the provisions of laws and regulations concerning labor, social insurance or tax?
有（内容：
Yes (Details: ） / **無** No

(12)特定技能雇用契約の締結の日前1年以内又は締結の日以後に、外国人が従事する業務と同種の業務に従事していた労働者を非自発的に離職させたことの有無
Has a worker who engaged in work of the same type as that which the foreign national is to engage in ever been forced to leave within one year prior to the date of the foreign national entering into the employment contract for specified skilled workers or after the date of the foreign national entering into such contract?
有（内容・理由：
Yes (Details / Reason: ） / **無** No

(13)特定技能雇用契約の締結の日前1年以内又は締結の日以後に、特定技能所属機関の責めに帰すべき事由により外国人の行方不明者を発生させたことの有無 Has the organization ever caused a foreign national to disappear due to a cause attributable to the fault of the organization of affiliation of the specified skilled worker within one year prior to the date of the foreign national entering into the employment contract for specified skilled workers or after the date of the foreign national entering into such contract?
有（内容：
Yes (Details: ） / **無** No

(14)特定技能所属機関・その役員・支援責任者・支援担当者が法令に違反して刑に処せられたことの有無
Has the organization of affiliation of the specified skilled worker or its officer, support manager or support staff ever been sentenced to a criminal punishment due to a violation of laws and regulations?
有（内容・該当者：
Yes (Details/Name of applicable person: ） / **無** No

(15)特定技能所属機関・その役員・支援責任者・支援担当者が特定技能雇用契約の適正な履行に影響する精神の機能の障害を有することの有無　Does the organization of affiliation of the specified skilled worker, its officer, support manager or support staff have a mental disability which will have an impact on proper performance of the employment contract for specified skilled workers?
有（内容・該当者名：
Yes (Details/Name of applicable person: ） / **無** No

(16)特定技能所属機関・その役員・支援責任者・支援担当者が破産手続開始の決定を受けて復権を得ないことの有無
Has the organization of affiliation of the specified skilled worker, its officer, support manager or support staff become subject to the commencement of bankruptcy procedures and yet to have its rights restored?
有（内容・該当者名：
Yes (Details/Name of applicable person: ） / **無** No

(17)特定技能所属機関・その役員・支援責任者・支援担当者が技能実習法第16条第1項の規定により実習認定を取り消されたことの有無
Has the organization of affiliation of the specified skilled worker, its officer, support manager or support staff ever had its accreditation of the training revoked as provided for in Article 16, paragraph (1) of the Technical Intern Training Act?
有（内容・該当者名：
Yes (Details/Name of applicable person: ） / **無** No

(18)特定技能所属機関・その役員・支援責任者・支援担当者が技能実習法第16条第1項の規定により実習認定を取り消された法人の役員であったことの有無　Has the organization of affiliation of the specified skilled worker, its officer, support manager or support staff ever been an officer of a corporation that has had its accreditation of training revoked as provided for in Article 16, paragraph (1) of the Technical Intern Training Act?
有（内容・該当者名：
Yes (Details/Name of applicable person: ） / **無** No

(19)特定技能所属機関・その役員・支援責任者・支援担当者が特定技能雇用契約の締結の日前5年以内又は締結の日以後に、出入国又は労働に関する法令に関し不正又は著しく不当な行為をしたことの有無
Has the organization of affiliation of the specified skilled worker, its officer, support manager or support staff ever committed a wrongful or seriously unjust act in relation to immigration or labor-related laws or regulations within five years of the date of entering into the employment contract for specified skilled workers or after the date of entering into such contract?
有（内容・該当者名：
Yes (Details/Name of applicable person: ） / **無** No

(20)特定技能所属機関・その役員・支援責任者・支援担当者が暴力団員であること又は5年以内に暴力団員であったことの有無
Is the organization of affiliation of the specified skilled worker, its officer, support manager or support staff currently an organized crime member or was it formerly an organized crime member within the past five years?
有（内容・該当者名：
Yes (Details/Name of applicable person: ） / **無** No

(21)特定技能所属機関・その役員・支援責任者・支援担当者の法定代理人（法人である場合はその役員）が(14)から(20)に該当することの有無　特定技能所属機関・その役員・支援責任者・支援担当者が営業に関し成年者と同一の行為能力を有しない未成年者である場合のみ記入
Does the statutory agent (its officer in the case of a corporation) of the organization of affiliation of the specified skilled worker, its officer, support manager or support staff fall under any of (14) to (20)? (Fill in this section if the organization of affiliation of the specified skilled worker, its officer, support manager or support staff is a minor who does not have the same capacity to act as a person who has reached the age of majority in relation to business.)
有（内容・該当者名：
Yes (Details/Name of applicable person: ） / **無** No

所属機関等作成用 3　Ｖ（「特定技能（1号）」・「特定技能（2号）」）
For organization, part 3 V ("Specified Skilled Worker (i)" • "Specified Skilled Worker (ii)")

在留資格認定証明書用
For certificate of eligibility

(22)暴力団員又は5年以内に暴力団員であった者がその事業活動を支配する者であることの有無
Is an organized crime member or a person who was formerly an organized crime member within the past five years controlling the business activities of the organization of affiliation of specified skilled workers?
　有（内容：　　　）／無
　Yes (Details:　　　) / No

(23)外国人の活動内容に関する文書を作成し、活動をさせる事務所に特定技能雇用契約終了の日から1年以上備えて置くこととしている
との有無　Is the organization taking measures to prepare documents on the contents of the activities of the foreign national, and to keep them at the place of business where the foreign national is
engaging in the activities for at least one year from the date of termination of the contract?
　有（内容：　　　）／無
　Yes (Details:　　　) / No

(24)特定技能雇用契約に係る保証金の徴収その他財産管理又は違約金等の支払契約があることを認識して特定技能雇用契約を締結している
ことの有無　Has the organization entered into an employment contract for specified skilled workers knowing about the existence of an agreement to collect a deposit or to control property or to demand
payment of penalties pertaining to the employment contract for specified skilled workers?
　有（内容：　　　）／無
　Yes (Details:　　　) / No

(25)特定技能雇用契約の不履行について違約金等の支払契約を締結していることの有無
Has the organization entered into an agreement on the payment of penalties, etc. with regard to non-performance of the employment contract for specified skilled workers?
　有（内容：　　　）／無
　Yes (Details:　　　) / No

(26)1号特定技能外国人支援に要する費用について、直接又は間接に外国人に負担させないこととしていることの有無（申請人が「特定技能1
号」での入国を希望する場合に記入）
Has the organization established practical measures to ensure the foreign national is not being made to pay either directly or indirectly for the costs required for support for Specified Skilled Worker (i)?
(Fill in this section if the applicant wishes to enter Japan under the status of residence of "Specified Skilled Worker (i)".)
　　　有／無
　　　Yes / No

(以下(27、(28)は外国人を労働者派遣の対象とする場合に記入)　　　　　　　　　　　(Fill in sections (27) and (28) if the foreign national is likely to be sent as a dispatch worker)

(27)次のいずれかに該当することの有無　　　　　　　Whether it falls under any of the following cases:
　（有の場合は該当するものを選択）　　　　　　　　　(If "Yes", choose the corresponding item)　　　　　　　　　　　　　　　　　有・無
　　　Yes / No
　□　①派遣先において従事する業務の属する特定産業分野に係る業務又はこれに関連する業務を行っていること
　　　A dispatch site conducting work pertaining to a specified industrial field to which the work the foreign national is to engage in at the dispatch site belongs or related work
　　　（内容：　　　）
　　　(Details:　　　)
　□　②地方公共団体又は①に該当する者が資本金の過半数を出資していること
　　　A local government or a person who falls under (i) who has invested a majority of the stated capital
　　　（内容：　　　）
　　　(Details:　　　)
　□　③地方公共団体又は①に該当する者が業務執行に実質的に関与していること
　　　A local government or a person who falls under (i) who is substantially involved in execution of the business
　　　（内容：　　　）
　　　(Details:　　　)
　□　④派遣先において従事する業務の属する分野が農業である場合であって国家戦略特別区域法第16条の5第1項に規定する特定機
　　　関であること
　　　The field of work the foreign national is to engage in at the dispatch site is agriculture, and the organization is the specified organization prescribed in Article 16-5, paragraph (1) of the National
　　　Strategy Special Zone Act.

(28)労働者派遣をすることとしている派遣先が(11)から(22)に該当していることの有無
Will the organization be sending dispatch workers to a dispatch site that comes under (11) to (22) above?
　有（内容：　　労災保険加入　　）・無
　Yes (Details:　　) / No

(29)労災保険加入等の措置の有無　　　　　　　Have measures been taken for coverage of industrial accident insurance, etc.?
　有（内容：　　）・無
　Yes (Details:　　) / No

(30)特定技能雇用契約を継続して履行する体制が適切に整備されていることの有無
Is there an appropriate structure in place to ensure continuous implementation of the employment contract for specified skilled workers?
　　　有／無
　　　Yes / No

(31)外国人の報酬を、当該外国人の指定する銀行その他の金融機関に対する振込み又は現実に支払われた額を確認できる方法によって
支払われることとしており、かつ、後者の場合には、出入国在留管理庁長官に報酬の支払を裏付ける客観的な資料を提出し、その確認
を受けることとしていることの有無　Will the foreign national's remuneration be paid by wire transfer to the account of a bank or other financial institution specified
by the foreign national or using a method where the actual amount that was paid can be confirmed, and in the latter case, will objective materials proving the payment of remuneration be submitted to the
Commissioner of the Immigration Services Agency in order to be checked?
　　　有／無
　　　Yes / No

(32)特定技能雇用契約の適正な履行の確保につき特定産業分野に特有の事情に鑑みて告示で定められる基準に適合していることの有無
（当該基準が定められている場合に記入）　Does the organization meet the criteria stipulated in the public notice in consideration of circumstances specific to the specified industrial field in terms of securing the proper performance of the
employment contract for specified skilled workers? (Fill in this section if such criteria are stipulated.)
　　　有／無
　　　Yes / No

(以下(33)から(41)は申請人が「特定技能1号」での入国を希望する場合であって、契約により登録支援機関に1号特定技能外国人支援計画の全部の実
施を委託しない場合に記入)　(Fill in sections (33) to (41) if the applicant wishes to enter Japan with the status of residence of "Specified Skilled Worker (i)" if the applicant wishes to enter Japan with the status of residence of "Specified Skilled Worker (i)",
and not all of the support plans for specified skilled workers (i) are to be entrusted to a registered support organization based on a contract.)

(33)支援責任者名　　　　門矢　虎次郎　　　　　所属・役職　　　　　　　　　　　　取締役
　　Support manager　　　　　　　　　　　　　　　Title and department

　役員又は職員の中から支援責任者を選任していることの有無
　Has a support manager been appointed from among the officers or employees?
　　　有／無
　　　Yes / No

(34)支援担当者名　　　　門矢　虎次郎　　　　　所属・役職　　　　　　　　　　　　取締役
　　Support staff　　　　　　　　　　　　　　　　　Title and department

　役員又は職員の中から、業務に従事する事業所ごとに1名以上の支援担当者を選任していることの有無
　Has at least one support staff member been appointed from among the officers and employees for each place of business where the specified skilled worker is to work?
　　　有／無
　　　Yes / No

(35)次のいずれかに該当することの有無　　　　　　Whether it falls under any of the following cases:
　（有の場合は該当するものを選択）　　　　　　　　(If "Yes", choose the corresponding item)　　　　　　　　　　　　　　　有・無
　　　Yes / No
　□　①過去2年間において法別表第1の①の表、2の表及び5の表の上欄の在留資格（収入を伴う事業を運営する活動又は報酬を受ける
　　　活動を行うことができる在留資格に限る）をもって在留する中長期在留者の受入れ又は管理を適正に行った実績を有すること
　　　It has a past record of properly accepting or managing mid to long-term residents residing with one of the statuses of residence in the left-hand column of Appended Table I (1), (2) or (5) over the past
　　　two years (limited to the statuses of residence where the foreign national is permitted to engage in activities related to the management of business involving income or activities for which he or she
　　　receives remuneration).
　□　②支援責任者及び支援担当者が過去2年以内に法別表第1の①の表、2の表及び5の表の上欄の在留資格（収入を伴う事業を運営す
　　　る活動又は報酬を受ける活動を行うことができる在留資格に限る）をもって在留する中長期在留者の生活相談業務に従事した経験
　　　を有すること　The support manager and support staff have experience of engaging in the work of providing advice on living for mid to long-term residents with a status of residence in the
　　　left-hand column of Appended Table I (1), (2) and (5) (limited to the statuses of residence where the foreign national is permitted to engage in activities related to the
　　　management of business involving income or activities for which they receive remuneration).
　□　③その他支援業務を適正に実施できる事情を有すること（内容：　　　　　　　　　　　　　　　　　　　　　　　　　　　　　）
　　　Other conditions to ensure support is properly implemented　　　　　　　　　　　　　　　　　　　　　　　　　　　　　　　)

(36)1号特定技能外国人支援計画に基づく支援を、外国人が十分に理解することができる言語によって行うことができる体制を有している
ことの有無
Do you have a structure in place where support based on the support plan for specified skilled workers (i) will be provided in a language that the foreign national is able to fully understand?
　　　有／無
　　　Yes / No

(37)1号特定技能外国人支援の状況に関する文書を作成し、1号特定技能外国人支援を行う事務所に特定技能雇用契約終了の日から1年
以上備えて置くこととしていることの有無　Has the organization taken measures to prepare documents on the status of support for specified skilled workers (i), and to keep them at the place of business where the support for specified skilled
workers (i) is to be implemented for at least one year from the date of termination of the employment contract for specified skilled workers?
　　　有／無
　　　Yes / No

所属機関等作成用 4　Ⅴ （「特定技能（1号）」・「特定技能（2号）」）
For organization, part 4 Ⅴ ("Specified Skilled Worker (i)" • "Specified Skilled Worker (ii)")

在留資格認定証明書用
For certificate of eligibility

(38)支援責任者及び支援担当者が、1号特定技能外国人支援計画の中立な実施を行うことができる立場の者であることの有無

Are the support manager and support staff in a position where they are able to implement the support plan for specified skilled workers (i) in a neutral manner? 　有・無 Yes / No

(39)特定技能雇用契約締結の日前5年以内又は契約締結の日以後に適合1号特定技能外国人支援計画に基づく1号特定技能外国人支援を怠ったことの有無

Has the organization failed to implement support for specified skilled workers (i) based on a suitable support plan for specified skilled workers (i) within five years prior to the date of entering into the employment contract for specified skilled workers or after the date of entering into such contract?
有（内容：　　　）
Yes (Details:　　　)　　　　有・無 Yes / No

(40)支援責任者又は支援担当者が外国人及びその監督をする立場にある者と定期的な面談を実施できる体制を有していることの有無

Is there a system in place to ensure the support manager and support staff are able to conduct periodic interviews with the foreign nationals and their supervisors?　有・無 Yes / No

(41)適合1号特定技能外国人支援計画の適正な実施の確保につき特定産業分野に特有の事情に鑑みて告示で定められる基準に適合していることの有無（当該基準が定められている場合に記入）

Does the organization conform to the criteria stipulated in a public notice in consideration of circumstances specific to the specified industrial field in terms of ensuring proper implementation of the support plan for specified skilled workers (i)? (Fill in this section if such criteria are stipulated.)　有・無 Yes / No

4　1号特定技能外国人支援計画（申請人が「特定技能1号」での入国を希望する場合に記入）

Support plan for specified skilled workers (i) (fill in this section if the applicant wishes to enter Japan with the status of residence of "Specified Skilled Worker (i)")

(1)在留資格認定証明書の交付申請時の、特定技能雇用契約の内容、本邦において行うことができる活動の内容、上陸及び在留のための条件その他の本邦に上陸し在留するに当たって留意すべき事項に関する、外国人が十分に理解することができる言語による情報提供の実施の有無

Did the organization provide information to the specified skilled worker (i) in a language that can be fully understood by the specified skilled worker (i) before their application for certificate of eligibility, the contents of the employment contract for specified skilled workers, the contents of the activities that may be conducted in Japan, the conditions for landing and residence, and other points to be noted when landing and staying in Japan?　有・無 Yes / No

(2)上記出について、対面により、又はテレビ電話装置その他の方法により行うこととしていることの有無

With regard to (1) above, will this be conducted face-to-face, using video call equipment or some other method?　有・無 Yes / No

(3)出入国時に港又は飛行場への送迎をすることとしていることの有無

Will the organization be picking up and dropping off the foreign national at the seaport or airport where he / she will be entering or departing from Japan?　有・無 Yes / No

(4)適切な住居の確保に係る支援をすることとしていることの有無

Will the organization be providing support to secure suitable accommodation for the foreign national?　有・無 Yes / No

(5)金融機関における預金口座等の開設及び携帯電話の利用に関する契約その他の生活に必要な契約に係る支援をすることとしていることの有無

Will the organization be providing support related to contracts concerning the opening of bank accounts, etc. or the use of mobile phones and other contracts necessary for living?　有・無 Yes / No

(6)本邦入国後に、本邦での生活一般に関する事項、国又は地方公共団体の機関への届出その他の手続、所属機関等以外の者が実施する国の定める日本語学習に関する事項、十分に理解することができる言語で医療を受けることができる医療機関に関する事項、防災・防犯に関する事項、緊急時における必要な事項及び外国人の法的保護に必要な事項に関する情報の提供を外国人が十分に理解することができる言語により実施することとしていることの有無

Will the organization be providing information after the specified skilled worker (i) has entered Japan in a language which the specified skilled worker (i) is fully able to understand on matters concerning general living in Japan, notifications to national or local government agencies and other procedures, contact for consultations or filing of complaints, matters concerning medical institutions capable of providing medical care in a language that the specified skilled worker (i) is fully able to understand, matters on disaster prevention and crime prevention, necessary matters for responses in case of emergency, and necessary matters for legal protection of foreign nationals?　有・無 Yes / No

(7)外国人が国又は地方公共団体の機関への届出その他の手続を履行するに当たり、必要に応じ、関係機関への同行その他の必要な措置を講ずることとしていることの有無

Will the organization take necessary measures to accompany the foreign national, when necessary, to the relevant agency in order to submit a notification to a national or local government agency or for other procedures that need to be followed?　有・無 Yes / No

(8)日本語を学習する機会を提供することとしていることの有無

Will the organization be providing the foreign national with opportunities to learn Japanese?　有・無 Yes / No

(9)外国人が十分に理解することができる言語により、相談又は苦情の申出に対して、遅滞なく適切に応じるとともに、必要な措置を講ずることとしていることの有無

Will the organization respond appropriately to requests for consultations or to complaints without delay, and take necessary measures in a language which the specified skilled worker (i) is fully able to understand?　有・無 Yes / No

(10)外国人と日本人の交流の促進に係る支援をすることとしていることの有無

Will the organization provide support for the promotion of exchanges between foreign nationals and Japanese nationals?　有・無 Yes / No

(11)外国人が、その責めに帰すべき事由によらずに特定技能雇用契約を解除される場合は、転職支援をすることとしていることの有無

Will the organization provide support to foreign nationals whose employment contract for specified skilled workers has been cancelled due to causes not attributable to the fault of the foreign national so as to enable the foreign national to change jobs?　有・無 Yes / No

(12)支援責任者又は支援担当者が外国人及びその監督をする立場にある者と定期的な面談（外国人と行う場合には当該外国人が十分に理解することができる言語による面談）を実施し、問題の発生を知ったときは、その旨を関係行政機関に通報することとしていることの有無

Will the support manager or support staff conduct periodic interviews with foreign nationals and their supervisors (when conducting an interview with a foreign national, in a language which the foreign national is fully able to understand), and when they report a problem to the relevant administrative agency?　有・無 Yes / No

(13)1号特定技能外国人支援計画を日本語及び外国人が十分に理解することができる言語により作成し、当該外国人にその写しを交付することとしていることの有無

Has a support plan for specified skilled workers (i) been prepared in Japanese and in a foreign language that can be fully understood by the foreign national, and a copy been given to the foreign national?　有・無 Yes / No

(14)特定産業分野で特有の事情に鑑みて告示で定められる1号特定技能外国人支援計画に記載すべき事項を記載していることの有無（当該事項が定められている場合に記入）

Have the matters stipulated in a public notice in consideration of circumstances specific to the specified industrial field been given in the support plan for specified skilled workers (i)? (Fill in this section if such matters are stipulated.)　有・無 Yes / No

(15)支援の内容が外国人の適正な在留に資するものであって、かつ、支援を実施する者において適切に実施することができるものであることの有無

Will the contents of the support plan contribute to the proper residence of the foreign national, and can they be appropriately implemented by those providing the support?　有・無 Yes / No

(16)1号特定技能外国人支援計画の内容につき特定産業分野で特有の事情に鑑みて告示で定められる基準に適合していることの有無（当該基準が定められている場合に記入）

Will the organization conform to the criteria stipulated in a public notice in consideration of the circumstances specific to the specified industrial field in terms of the contents of the support plan for specified skilled workers (i)? (Fill in this section if such criteria are stipulated.)　有・無 Yes / No

5　登録支援機関（申請人が「特定技能1号」での入国を希望する場合であって、契約により登録支援機関に1号特定技能外国人支援計画の全部の実施を委託する場合に記入）
Registered support organization
(Fill in this section if the applicant wishes to enter Japan with the status of residence of "Specific Skilled Worker (i)", and all of the support plans for specified skilled workers (i) are to be entrusted to a registered support organization based on a contract.)

(1)氏名又は名称
Name of person or organization

(2)法人番号（13桁）
Corporation no. (combination of 13 numbers and letters)

(3)雇用保険適用事業所番号（11桁）※非該当の場合は記入省略
Employment insurance application office number (11 digits) *If not applicable, it should be omitted.

(4)住所（所在地）
Address

電話番号
Telephone No.

(5)代表者の氏名
Name of the representative

(6)登録番号
Registration no.

(7)登録年月日
Date of Registration
年 Year　月 Month　日 Day

(8)支援を行う事業所の名称
Name of place of business implementing support

(9)所在地
Address

(10)支援責任者名
Support manager

(11)支援担当者名
Support staff

(12)対応可能言語
Available languages

(13)支援委託手数料（月額／一人）
Support commission fee (person per month)
円 Yen

以上の記載内容は事実と相違ありません。
I hereby declare that the statement given above is true and correct.
特定技能所属機関名，代表者氏名の記名／申請書作成年月日
Name of the organization and the representative of the organization / Date of filling in this form

株式会社タイガーゲートホテル　代表取締役　門矢　虎吉　○○○○ 年 Year　8 月 Month　25 日 Day

注意　Attention
申請書作成後申請までに記載内容に変更が生じた場合、特定技能所属機関が変更箇所を訂正する。
In cases where descriptions have changed after filling in this application form up until submission of this application, the organization must correct the changed part.

94

3 在留期間更新許可申請書の書き方

在留期間が満了する場合にする更新許可申請手続き

在留期間更新許可申請の手続き

69ページでも触れましたが、現に有する在留資格の活動を継続しようとする外国人は、法務大臣に対し在留期間の更新許可申請手続きをしなければなりません。手続きは、住居地を管轄する地方出入国在留管理局窓口に申請書と添付書類を提出して行います。

申請期間は、在留期間の満了する日以前（6か月以上の在留期間を有する者は在留期間の満了する約3か月前から）です。ただし、入院、長期の出張等特別な事情が認められる場合は、3か月以上前から申請を受け付けることもあります。

とくに問題なければ入管から通知はがきが届きますので、パスポート、在留カード、通知はがき、手数料相当の収入印紙を準備して、新しい在留カードを受け取ります。手数料として4,000円が必要です（収入印紙で納付）。審査期間は、おおむね2週間から1か月程度です。

手続きに必要な書類について

在留期間更新許可申請では、以下の書類が必要になります。

① 日本での活動内容に応じた資料
・四季報の写しまたは日本の証券取引所に上場していることを証明する文書の写し
・前年分の給与所得の源泉徴収票等の法定調書合計表（受付印のあるものの写し）　など

② 在留カード（提示。本人以外が申請する場合は、在留カードのコピーを提示）

③　旅券又は在留資格認定証明書（提示）

　ただし、①について、就労先企業に関する書類は事情に合わせてカテゴリー分けされています。たとえば、「技術・人文知識・国際業務」に変更する際の許可申請の場合、カテゴリーは在留資格認定証明書交付申請（75ページ）同様、4種類に区分されています。必要書類も基本的に78ページで掲載した図と同様です。

書類の入手方法とダウンロード

　在留期間更新許可申請書は、入国目的（該当する在留資格の種類）によって提出書類の様式が異なります。

　申請書様式は出入国在留管理庁のホームページ（https://www.moj.go.jp/isa/applications/status/gijinkoku.html）よりダウンロードすることができます。

在留期間更新許可申請書　申請人等作成用1（書式3、99ページ）

　ここからは、申請書類の作成の仕方を見ていきましょう。

　現在「技術・人文知識・国際業務技術」の在留資格で在留している外国人が在留期間を更新する場合の在留期間更新許可申請書におけるおもな記載上の注意点は以下のとおりです。

① 「写真欄」には、提出日の前6か月以内に撮影したものを貼付しますが、念のために裏面に氏名・生年月日を記入しておきます。
② 「生年月日欄」は西暦で記載します。「氏名」はローマ字で記載しますが、中国や韓国など漢字圏の方は、漢字とローマ字を併記します（国籍・出生地・居住地は漢字でもかまいません）。
③ 「本国における居住地欄」には、外国人の本国の住所と都市名を記入します。
④ 「住居地欄」には、日本において、現在居住している住所地や電話番号を記載します。住所はマンション等の部屋番号まで記載します。住民票などで確認しながら正確に記入する必要があります。

⑤　「旅券欄」には、パスポートナンバーと有効期限を記入します。

⑥　「現に有する在留資格、在留期間欄」には、申請人の在留資格が技術・人文知識・国際業務であれば、「技術・人文知識・国際業務」と記入します。

⑦　「在留期間欄」「在留カード番号欄」には、在留カード上に記載されている在留期間や在留カード番号をよく確認して記入します。

⑧　「希望する在留期間欄」には、長期的に在留を希望する場合は具体的な年数を記載します。

⑨　「更新の理由欄」には、申請人が日本で長期的に現在勤務している職場で働きたい場合には、「現在の職場でこれからも働きたい」などの理由をわかりやすく記入する必要があります。

⑩　「犯罪を理由とする処分を受けたことの有無欄」には、日本国外の犯罪歴も含めて正直に申告をする必要があります。

在留期間更新許可申請書　申請人等作成用2（書式3、100ページ）

①　「勤務先」には、実際に申請者が働く勤務先の名称・支店・事業所名と、勤務先の所在地、電話番号を記載します。

②　「最終学歴」には、日本で大学等を卒業している場合は「本邦」、その他は「外国」にチェックします。「卒業年月日欄」については、卒業した日付が不明であれば、卒業した「月」を記載します。

③　「職歴欄」には、現在日本で働いている勤務先だけでなく、日本国外での職歴も含み、入社日と退社日を記入します。

④　「代理人欄」には、本人申請の場合には、空欄もしくは「該当なし」とします。

⑤　最後に申請人が自筆で署名し、日付を記入します。

在留期間更新許可申請書　所属機関等作成用1（書式3、101ページ）

①　「所属機関勤務先欄」には、機関名（会社名）を記入します。「法人番号欄」は、登記事項証明書に記載がありますが、国税庁のサイトから法人番号を検索することもできます。「支店・事業所名欄」

には、本店勤務の場合には「本店」と記入します。「雇用保険適用事業所番号欄」は、ハローワークから交付された「雇用保険適用事業所設置届」の控えに記載があります。

② 「資本金」や「年間売上高」は、決算書や謄本で確認します。

③ 「従業員数欄」には、現在の従業員数と、そのうちの外国人職員数を記入します。技能実習生もいる場合はその人数も記入します。

④ 「就労予定期間」は、就労予定期間（予定されている契約期間）が決まっている場合は「定めあり」の□枠にチェックして、具体的な就労予定期間を記入します。「正社員」の場合など就労予定期間が決まっていない場合は「定めなし」の□枠にチェックします。

⑤ 「雇用開始（入社）年月日」には、現在の会社に入社した年月日を記入します。雇用開始年月日が未定の場合は、右欄の□枠のいずれかにチェックをいれます。

⑥ 「給与・報酬」には、月額か年額の収入（税引き前の給与額）を記入します。通勤手当や住宅手当などの各種手当は通常給与には含めません。

⑦ 「職務上の地位」には、正社員であれば、「正社員」と記入します。役職名がある場合はそれを記入します。

⑧ 「活動内容詳細」には、申請者が従事する職務内容についてできるだけ詳しく記載します。

在留期間更新許可申請書　所属機関等作成用2（書式3、102ページ）

① 派遣社員のみ記入が必要です。派遣先の企業名やその他情報を記入します。該当しない場合は空欄もしくは「該当なし」とします。

② 外国人を雇用する勤務先又は所属機関等契約先の名称、代表者氏名の記名と申請書の作成日を記入します。

別記第三十号の二様式（第二十一条関係）
申請人等作成用 1
For applicant, part1

日本国政府法務省
Ministry of Justice,Government of Japan

在 留 期 間 更 新 許 可 申 請 書
APPLICATION FOR EXTENSION OF PERIOD OF STAY

写 真

Photo

40mm×30mm

法 務 大 臣 殿
To the Minister of Justice

出入国管理及び難民認定法第21条第2項の規定に基づき, 次のとおり在留期間の更新を申請します。
Pursuant to the provisions of Paragraph 2 of Article 21 of the Immigration Control and Refugee Recognition Act,
I hereby apply for extension of period of stay.

1 国 籍・地 域　中国
Nationality/Region

2 生年月日　1990 年 Year　2 月 Month　15 日 Day
Date of birth

3 氏 名　王静 wáng jìng
Name
　　Family name　　　　　Given name

4 性 別　⑲・女
Sex　Male/Female

5 配偶者の有無　㋑・無
Marital status　Married / Single

6 職 業　会社員
Occupation

7 本国における居住地　中国　上海市
Home town/city

8 住居地　東京都新宿区北新宿○ー○ー○　□□ビル301号
Address in Japan

9 電話番号　03-□□□□-××××
Telephone No.

携帯電話番号　090-□□□□-△△△△
Cellular phone No.

10 旅 券　(1)番 号　AB3456789
Passport　　Number

(2)有効期限　2028 年 Year　5 月 Month　10 日 Day
Date of expiration

11 現に有する在留資格　日本人の配偶者等
Status of residence

在留期間　3年
Period of stay

在留期間の満了日　○○○○ 年 Year　9 月 Month　1 日 Day
Date of expiration

12 在留カード番号　AB23456789CD
Residence card number

13 希望する在留期間　5年
Desired length of extension

（審査の結果によって希望の期間とならない場合があります。）
(It may not be as desired after examination.)

14 更新の理由　今後も妻である石川陽子と日本で結婚生活を継続していくため
Reason for extension

15 犯罪を理由とする処分を受けたことの有無（日本国外におけるものを含む。）※交通違反等による処分を含む。
Criminal record (in Japan / overseas)※Including dispositions due to traffic violations, etc.
　有　（具体的内容　　　　　　　　　　　　　　　　　　　　　　　　　　　）・㋱
　Yes (Detail : 　　　　　　　　　　　　　　　　　　　　　　　　　　　)　/ No

16 在日親族（父・母・配偶者・子・兄弟姉妹・祖父母・叔（伯）父・叔（伯）母など）及び同居者
Family in Japan (father, mother, spouse, children, siblings,grandparents, uncle, aunt or others) and cohabitants
　㋑（「有」の場合は、以下の欄に在日親族及び同居者を記入してください。）・無
　Yes (If yes, please fill in your family members in Japan and co-residents in the following columns)　/　No

続 柄 Relationship	氏 名 Name	生年月日 Date of birth	国 籍・地 域 Nationality/Region	同居の有無 Residing with applicant or not	勤務先名称・通学先名称 Place of employment/ school	在 留 カ ー ド 番 号 特別永住者証明書番号 Residence card number Special Permanent Resident Certificate number
妻	石川陽子	1991/6/4	日本	㋑・無 Yes / No	○○株式会社	該当なし
				有・無 Yes / No		
				有・無 Yes / No		
				有・無 Yes / No		
				有・無 Yes / No		
				有・無 Yes / No		

※ 3について、有効な旅券を所持する場合は、旅券の身分事項ページのとおりに記載してください。
　Regarding item 3, if you possess your valid passport, please fill in your name as shown in the passport.
　16については、記載欄が不足する場合は別紙に記入して添付すること。なお,「研修」「技能実習」に係る申請の場合は、「在日親族」のみ記載してください。
　Regarding item 16, if there is not enough space in the given columns to write all of your family in Japan, fill in and attach a separate sheet.
　In addition, take note that you are only required to fill in your family members in Japan for applications pertaining to "Trainee" or "Technical Intern Training".

（注）裏面参照の上、申請に必要な書類を作成して下さい。
Note : Please fill in forms required for application. (See notes on reverse side.)
（注）申請に事実に反する記載をしたことが判明した場合には、不利益な扱いを受けることがあります。
Note : In case of to be found that you have misrepresented the facts in an application, you will be unfavorably treated in the process.

申請人等作成用 2　　N（「高度専門職（1号イ・ロ）」・「高度専門職（2号）」（変更申請の場合のみ）・「研究」・「技術・人文知識・国際業務」・「介護」・「技能」・「特定活動（研究活動等），（本邦大学卒業者）」）

For applicant, part 2　N ("Highly Skilled Professional(i)(a/b)" / "Highly Skilled Professional(ii)" (only in cases of change of status) / "Researcher" / "Engineer / Specialist in Humanities / International Services" / "Nursing Care" / "Skilled Labor" / "Designated Activities(Researcher or IT engineer of a designated organization), (Graduate from a university in Japan)")　　　　在留期間更新・在留資格変更用　　For extension or change of status

17　勤務先　　　　※ （2）及び（3）については，主たる勤務場所の所在地及び電話番号を記載すること。
Place of employment　　For sub-items (2) and (3), give the address and telephone number of your principal place of employment.

(1)名称　　○○株式会社　　　支店・事業所名　　東京本社
Name　　　　　　　　　　　　　　Name of branch

(2)所在地　東京都○○区 1-2-3 △△ビル10階　　(3)電話番号　03-0000-0000
Address　　　　　　　　　　　　　　　　　　　Telephone No.

18　最終学歴（介護業務従事者の場合は本邦の介護福祉士養成施設について記入）
Final education (in case of nursing care worker, fill in about the nursing worker training facility in Japan)

(1)□ 本邦　　　□ 外国
　　Japan　　　foreign country

(2)□ 大学院（博士）　□ 大学院（修士）　☑ 大学　　□ 短期大学　　□ 専門学校
　　Doctor　　　　　　Master　　　　　　Bachelor　　Junior college　　College of technology
　□ 高等学校　　□ 中学校　　□ その他（　　　　）
　　Senior high school　Junior high school　Others

(3)学校名　　○○大学　　　　(4)卒業年月日 2021 年　3 月　20 日
Name of school　　　　　　　Date of graduation　　Year　　Month　　Day

19　専攻・専門分野　Major field of study
(18で大学院（博士）～短期大学の場合) (Check one of the followings when the answer to the question 18 is from doctor to junior college)
□ 法学　　　□ 経済学　　□ 政治学　　□ 商学　　　　□ 経営学　　　　□ 文学
　Law　　　　Economics　　Politics　　Commercial science　Business administration　Literature
□ 語学　　　□ 社会学　　□ 歴史学　　□ 心理学　　□ 教育学　　□ 芸術学
　Linguistics　Sociology　History　　Psychology　Education　Science of art
□ その他人文・社会科学（　　　　）　☑ 理学　　□ 化学　　□ 工学
　Others(cultural / social science)　　Science　　Chemistry　Engineering
□ 農学　　　□ 水産学　　□ 薬学　　□ 医学　　□ 歯学
　Agriculture　Fisheries　　Pharmacy　Medicine　Dentistry
□ その他自然科学（　　　　　　）□ 体育学　　□ 介護福祉　　□ その他（　　　　　　）
　Others(natural science)　　　　Sports science　Nursing care and welfare Others

(18で専門学校の場合)
□ 工業　　　□ 農業　　　□ 医療・衛生　　□ 教育・社会福祉　　□ 法律
　Engineering　Agriculture　Medical services / Hygienics　Education / Social welfare　Law
□ 商業実務　　□ 服飾・家政　　□ 文化・教養　　□ 介護福祉　　□ その他（　　　）
　Practical commercial business　Dress design / Home economics　Culture / Education　Nursing care and welfare　Others

20　情報処理技術者資格又は試験合格の有無（情報処理業務従事者のみ記入）　　　　　　　有・無
Does the applicant have any qualifications for information processing or has he / she passed the certifying examination?　　Yes / No
(when the applicant is engaged in information processing)
（資格名又は試験名）
Name of the qualification or certifying examination)

21　職歴（外国におけるものを含む）Work experience (including those in a foreign country)

入社		退社		勤務先名称	入社		退社		勤務先名称
Date of joining the company		Date of leaving the company		Place of employment	Date of joining the company		Date of leaving the company		Place of employment
年	月	年	月		年	月	年	月	
Year	Month	Year	Month		Year	Month	Year	Month	
2021	4			○○株式会社 入社					
				現在に至る					

22　代理人（法定代理人による申請の場合に記入）Legal representative (in case of legal representative)
(1)氏 名　　　　　　　　　　　　　(2)本人との関係
Name　　　　　　　　　　　　　　Relationship with the applicant
(3)住 所
Address
電話番号　　　　　　　　　　　　携帯電話番号
Telephone No.　　　　　　　　　Cellular Phone No.

以上の記載内容は事実と相違ありません。　　　I hereby declare that the statement given above is true and correct.
申請人（法定代理人）の署名／申請書作成年月日　Signature of the applicant (representative) / Date of filling in this form
王静　wáng jìng　　　　○○○○ 年　8 月　20 日
　　　　　　　　　　　　　　　　　　Year　　Month　　Day

注意　Attention
申請書作成後申請までに記載内容に変更が生じた場合，申請人（法定代理人）が変更箇所を訂正し，署名すること。
申請書作成年月日は申請人（法定代理人）が自署すること。
In cases where descriptions have changed after filling in this application form up until submission of this application, the applicant (representative) must correct the part concerned and sign their name.The date of preparation of the application form must be written by the applicant (legal

※ 取次者
Agent or other authorized person
(1)氏 名　　　　　　　　　　　　　(2)住 所
Name　　　　　　　　　　　　　　Address
(3)所属機関等（親族等については，本人との関係）　　　電話番号
Organization to which the agent belongs(in case of a relative, relationship with the applicant) Telephone No.

所属機関等作成用1　N（「高度専門職（1号イ・ロ）」・「高度専門職（2号）」〈変更申請の場合のみ〉・「研究」・「技術・人文知識・国際業務」・「介護」・「技能」・「特定活動（研究活動等）」、（本邦大学卒業者）」）
For organization, part 1 N ("Highly Skilled Professional(i)(a/b)" / "Highly Skilled Professional(ii)" (only in cases of change of status) /
"Researcher" / "Engineer / Specialist in Humanities / International Services" / "Nursing Care" / "Skilled Labor"/
"Designated Activities(Researcher or IT engineer of a designated organization), (Graduate from a university in Japan)")

在留期間更新・在留資格変更用
For extension or change of status

1　契約又は招へいしている外国人の氏名
　　Name and residence card of foreign national being offered a contract of invitation
　　氏名　**王静　wáng jìng**
　　Name

2　契約の形態　Type of contract
　　✓ 雇用　　　□ 委任　　　□ 請負　　　□ その他（　　　　　　　　　）
　　Employment　Entrustment　Service contract　Others

3　所属機関等勤務先　The contracting organization such as the organization of affiliation
　　※(1), (3), (4), (8)及び(8)については、主に勤務させる場所について記載すること。
　　For sub-items (1),(3),(4),(8) and (9) fill in the information of principal place of employment where foreign national is made to work.
　　※国・地方公共団体、独立行政法人、公益財団・社団法人その他非営利法人の場合は(7)及び(8)欄の記載は不要。
　　In cases of a national or local government, incorporated administrative agency, public interest incorporated association or foundation or some other nonprofit corporation, you are not required to fill in sub-items (7) and (8).

　　(1)名称　　　　　　　　　　　　　　　(2)法人番号（13桁）　Corporation no. (combination of 13 numbers and letters)
　　　　Name　**○○株式会社**　　　　　　**1 0 2 3 4 0 2 6 6 7 9 2 2**

　　(3)支店・事業所名　　**東京本社**
　　　　Name of branch

　　(4)雇用保険適用事業所番号（11桁）※非該当事業所は記入省略
　　　　Employment insurance application office number (11 digits) *If not applicable, it should be omitted.
　　　　1 2 3 4 - 5 6 7 8 9 0 - 1

　　(5)業種　Business type
　　　　○主たる業種を別紙「業種一覧」から選択して番号を記入（1つのみ）　　　　　　　　　**14**
　　　　Select the main business type from the attached sheet "a list of business type".
　　　　and write the corresponding number (select only one)
　　　　○他に業種があれば別紙「業種一覧」から選択して番号を記入（複数選択可）
　　　　If there are another business types, select from the attached sheet "a list of business type " and write the corresponding number (multiple answers possible)

　　(6)所在地　**東京都○○区 1-2-3 △△ビル10階**　電話番号　**03-0000-0000**
　　　　Address　　　　　　　　　　　　　　　　　　　　　　　　　Telephone No.

　　(7)資本金　**70,000,000**　円　(8)年間売上高（直近年度）　**1,000,000,000**　円
　　　　Capital　　　　　　　　　Yen　Annual sales (latest year)　　　　　　　　　Yen

　　(9)従業員数　**30**　名
　　　　Number of employees
　　　　外国人職員数　**3**　名　（このうち技能実習生）　**0**　名
　　　　Number of foreign employees　　　　Of which number, technical intern trainees

4　就労予定期間　✓ 定めなし　　□ 定めあり　（期間　　　　　年　　　月）
　　Period of work　Non-fixed　　　Fixed　　　Period　　Year　Month

5　雇用開始（入社）年月日　（未定の場合は以下のいずれかを選択）　(If it is undecided, select one of the following.)
　　The start date of employment (entering a company)　□ 今次申請の許可を受け次第　As soon as this application is approved.
　　2021年　**4**月　**1**日　□ 在籍する教育機関を卒業後、今次申請の許可を受け次第
　　　　　Year　Month　day　As soon as this application is approved after graduation from an educational institution in which the applicant is enrolled.
　　　　　　　　　　　　　　　　　□ その他（　　　　　　　　　　　　　　　　　　）
　　　　　　　　　　　　　　　　　Others

6　給与・報酬（税引き前の支払額）　※　各種手当（通勤・住宅・扶養等）・実費弁償の性格を有するものを除く。
　　Salary/Reward (amount of payment before taxes)　Excludes various types of allowances (commuting,housing,dependents,etc.) and personal expenses.
　　550万　円（✓ 年額　□ 月額）
　　　　　　　Yen　Annual　Monthly

7　実務経験年数　　　　　年　　8　職務上の地位（役職名）　□ あり　　✓ なし
　　Business experience　　　　　Position(Title)　　　　　　　Yes　　　No

9　職種
　　Occupation
　　○主たる職種を別紙「職種一覧」から選択して番号を記入（1つのみ）　　　　　　　　**12**
　　Select the main type of work from the attached sheet "a list of occupation ", and fill in the number (select only one)
　　○「技術・人文知識・国際業務」「高度専門職」又は「特定活動」での在留を希望
　　する場合で、他に職種があれば別紙「職種一覧」から選択して番号を記入（複数選択可）
　　If the applicant wishes to reside in Japan with the status of residence of "Engineer / Specialist in Humanities / International Services", "Highly Skilled Professional" or "Designated Activities", and will also engage in other occupation, select from the attached sheet "a list of occupation" and write the corresponding number (multiple answers possible)

　　(注意)　Attention
　　・「研究」での在留を希望する場合は、別紙「職種一覧」の3,42～44,999から選択してください。
　　Those who wish to reside in Japan with "Researcher" should select from 3, 42 to 44 and 999 on the attached "a list of occupation".
　　・「技術・人文知識・国際業務」での在留を希望する場合は、別紙「職種一覧」の2～18,24～31,51～54,999から選択してください。
　　Those who wish to reside in Japan with "Engineer / Specialist in Humanities / International Services" should select from 2 to 18, from 24 to 31, from 51 to 54 and 999 on the attached "a list of occupation".
　　・「技能」での在留を希望する場合は、別紙「職種一覧」の32～40,999から選択してください。
　　Those who wish to reside in Japan with "Skilled Labor" should select from 32 to 40 and 999 on the attached "a list of occupation".
　　・「介護」での在留を希望する場合は、別紙「職種一覧」の41 介護福祉士」を選択してください。
　　Those who wish to reside in Japan with "Nursing Care" should select from "41 Certified care worker" on the attached "a list of occupation".
　　・「特定活動」（特定研究等活動(告示36号)及び特定情報処理活動(告示37号)）での在留を希望する場合は、別紙「職種一覧」の12,42～44,999から選択してください。
　　Those who wish to reside in Japan with "Designated Activities" (Designated Academic Research Activities (Public Notice No. 36) or Designated Information Processing Activities (Public Notice No. 37)) should select from 12, 42 to 44 and 999 on the attached "a list of occupation".
　　・「特定活動」（本邦大学卒業者・告示46号）」での在留を希望する場合は、別紙「職種一覧」の2,4～18,24～31,51～54,999から選択してください。
　　Those who wish to reside in Japan with "Designated Activities"(Graduated from a university) should select from 2,4 to 18,24 to 31, from 51 to 54 and 999 on the attached "a list of occupation".
　　・「高度専門職」での在留を希望する場合は、別紙「職種一覧」の2～18,24～44,999が主たる職務内容として選択した上で、併せて関連する事業を自ら経営する活動を行う場合、他の職種から「1 経営」を選択してください。
　　Those who wish to reside in Japan as "Highly Skilled Professional" should select from 2 to 18, from 24 to 44 and 999 on the attached "a list of occupation" as the main contents of their duties and concurrently select "1 Business Management" as another occupation if they carry out activities to operate a related business themselves.

10　活動内容詳細　Details of activities

所属機関等作成用 2 N（「高度専門職（1号イ・ロ）」・「高度専門職（2号）」（変更申請の場合のみ）・「研究」・「技術・人文知識・国際業務」・「介護」・「技能」・「特定活動（研究活動等），（本邦大学卒業者）」）
For organization, part 2 N("Highly Skilled Professional(i)(a/b)" / "Highly Skilled Professional(ii)" (only in cases of change of status) /
"Researcher" / "Engineer / Specialist in Humanities / International Services" / "Nursing Care" / "Skilled Labor"/   在留期間更新・在留資格変更用
"Designated Activities(Researcher or IT engineer of a designated organization), (Graduate from a university in Japan)")   For extension or change of status

11 派遣先等（人材派遣の場合又は勤務地が3と異なる場合に記入）
Dispatch site (Fill in the following if your answer to question 3-(4) is "Dispatch of personnel" or if the place of employment differs from that given in 3)

(1) 名称
Name

(2) 法人番号（13桁）　Corporation no. (combination of 13 numbers and letters)

(3) 支店・事業所名
Name of branch

(4) 雇用保険適用事業所番号（11桁）※非該当事業所は記入省略
Employment insurance application office number (11 digits) *If not applicable, it should be omitted.

- - -

(5) 業種　Business type
○ 主たる業種を別紙「業種一覧」から選択して番号を記入（1つのみ）
Select the main business type from the attached sheet "a list of business type " and write the corresponding number (select only one)

○ 他に業種があれば別紙「業種一覧」から選択して番号を記入（複数選択可）
If there are other business types, select from the attached sheet "a list of business type " and write the corresponding number (multiple answers possible)

(6) 所在地
Address
電話番号
Telephone No.

(7) 資本金
Capital
円
Yen

(8) 年間売上高（直近年度）
Annual sales (latest year)
円
Yen

(9) 派遣予定期間
Period of dispatch

以上の記載内容は事実と相違ありません。　I hereby declare that the statement given above is true and correct.
所属機関等契約先の名称，代表者氏名の記名／申請書作成年月日
Name of the contracting organization and its representative of the organization　／　Date of filling in this form

○○株式会社　代表取締役　上田三郎　○○○○ 年 Year　8 月 Month　20 日 Day

注意　Attention
申請書作成後申請までに記載内容に変更が生じた場合，所属機関等が変更箇所を訂正すること。
In cases where descriptions have changed after filling in this application form up until submission of this application, the organization must correct the changed part.

※ 所属機関等作成用2の申請書は，11に該当しない場合でも，提出してください。
Note : Please submit this sheet, even if you are not required to fill in item 11.

4 在留資格変更許可申請書の書き方

外国人の日本における活動内容を変更する

手続きの概要をおさえる

在留資格変更許可申請は、入管手続の中でも非常に扱われる数の多い手続きです。なぜなら、日本に住む外国人は、不法入国の場合を除き、すでに何らかの在留資格を得ています。そして在留資格は、それぞれの区分に基づく範囲に限って、日本国内での活動が認められているため、外国人の事情の変化によって随時、在留資格を変更する必要性が生じるからです。

たとえば、日本の大学や専門学校に留学している外国人が、企業から内定をもらった際には、「留学」から就労系の在留資格（「技術・人文知識・国際業務」など）に変更することになります。この場合は、当該外国人の居住地を管轄する地方出入国在留管理局等で、以下の手順で在留資格変更許可申請をします。

> ①留学生の卒業予定の学校における専攻分野と関連する就労先（就労予定の業務）かどうかの検討、②外国人自身に関する書類や就労先に関する書類を収集、③地方出入国在留管理局等に在留資格変更許可申請書等を提出、④許可の通知を受けた場合は卒業後に卒業証明書等を提出し、新しい在留カードの交付を受ける

在留資格変更許可申請書では、許可されるときに手数料が4,000円かかりますが、これは収入印紙を貼付して支払います。また、標準処理期間は2週間〜1か月とされています。なお、不許可となった場合や、内定を得ていない、あるいは取り消された場合の対応については

後述します。

手続きに必要な書類について

「留学」から就労系の在留資格に変更する際の許可申請では、①在留カードや卒業見込証明書等、外国人本人に関する書類、②法人登記事項証明書や採用通知書、決算報告書等、就労先企業に関する書類とあわせて、③申請書を提出します。ただし、就労先企業に関する書類は事情に合わせてカテゴリー分けされています。たとえば、「技術・人文知識・国際業務」に変更する際の許可申請の場合、カテゴリーは在留資格認定証明書交付申請（75ページ）同様、4種類に区分されています。必要書類も基本的に78ページで掲載した図と同様ですが、「申請人の学歴及び職歴その他経歴等を証明する文書」については108ページ表の書類を提出することになります。

書類の入手方法とダウンロード

ここで紹介した「留学」から就労系の在留資格への変更をはじめ、さまざまな在留資格の変更許可申請では、日本における活動内容によって提出書類の様式が異なります。それぞれの申請書様式は法務省のホームページ（https://www.moj.go.jp/isa/applications/procedures/16-2.html）よりダウンロードすることができます。多くの申請書様式は、「申請人等作成用」「所属機関（または扶養者）等作成用」に分かれています。

相談を受ける場合の注意点

在留資格変更許可申請を行う際に、重要なのは、変更前の在留資格と変更後の在留資格の事情をそれぞれ考慮することです。

たとえば、「留学」から就労系の在留資格に変更しようとする場面では、万が一変更したい就労系の在留資格の許可が下りなければ、申

請者は大学を卒業するため「留学」の在留資格に戻すことはできません。また、地方出入国在留管理局での判断のポイントとして卒業する学校における専攻分野と就労しようとする企業での職務内容が合致しているかが問われます。就労系の在留資格では単純な作業を行うために取得するということは認められないのが実情です。

なお、専攻分野と職務内容の合致といっても、デザインを専攻していた外国人がWebサイト制作会社に就職するための在留資格変更が認められたというケースもありますので、検討する際にこれらの関連性について的確に判断が行えるかどうかも鍵となります。

また、留学や就労系の在留資格を有している外国人が、日本人等と結婚し、「日本人の配偶者等」の在留資格に変更しようとする場合においても、結婚すれば当然に在留資格変更が認められるわけではありません。この場合、法律上の婚姻手続きを経ていることはもちろん、実態を伴った婚姻か、従前の在留状況に問題はないか、不法滞在目的ではないか、などさまざまな審査ポイントをクリアできるかを的確に判断しなければなりません。

▌不許可となった場合

在留資格変更許可申請では不許可となった場合の対応は重要です。まず、申請が不許可となった際に、再申請を行うこともできますが、不許可事由を見誤ったまま安易に再申請をしても、もちろん許可を得ることはできません。そればかりか、再申請にも問題があり、重ねて不許可となって退去強制手続きを受けるようなことがあっては大変です。不許可事由としては、要件不適合や書類の不備など判断しやすいものだけでなく、立証不足や場合によっては変更目的自体（たとえば、就労系への変更の場合で、内定している企業側に問題があるケースなど）に原因があることもあります。

そこで、申請者としては再申請を試みるのか、申請自体をあきらめ

るのかを判断しなければなりません。この場合、一度帰国をしてから、あらためて在留資格認定証明書交付申請（75ページ）を行った方が、スムーズにいくこともあります。反対に就職先や日本での活動内容自体を見直す場合もあります。

　とくに、留学生の場合で、就労系の在留資格へ変更可能な企業に就労するため、引き続き就職活動をする場合は、「特定活動」という在留資格に変更するための変更許可申請を行います。この場合には在留期間が６か月認められ、１回だけ更新もできますので最長で１年間の猶予が与えられることになります。

　このように在留資格変更許可申請では、申請者たる外国人の人生設計に大きな影響を与えるものとなりますので、慎重な判断が求められます。

在留資格変更許可申請書（留学から就労系の場合）の書き方

　現在「留学」の在留資格で在留している外国人が就労系の在留資格に変更する場合の在留資格変更許可申請書における記載上の注意点は以下のとおりです。

在留資格変更許可申請書 申請人等作成用１（書式４、109ページ）

　この様式は、申請人自身の基本的な事項を記載します。在留カードやパスポート等と相違がないように正確に記載する必要があります。

① 「写真欄」には、提出日の前６か月以内に撮影したものを貼付しますが、念のために裏面に氏名・生年月日を記入しておきます。

② 生年月日は西暦で記載します。氏名はローマ字で記載しますが、中国や韓国など漢字圏の方は、漢字とローマ字を併記します（国籍・出生地・居住地は漢字でもかまいません）。

③ 日本において、現在居住している住所地や電話番号を記載します。住所はマンション等の部屋番号まで記載します。

④ 「現に有する在留資格欄」には、在留カードと相違ないよう正確

に現在の在留資格、在留期間、在留期間の満了日、在留カード番号
を記載します。

⑤　変更する活動内容に沿った希望する在留資格と在留期間、変更の
理由を記載します。

在留資格変更許可申請書　申請人等作成用2（書式4、110ページ）

　この様式は、在留資格によって様式が異なります。ここでは「高度
専門職（1号イ・ロ）」「高度専門職（2号）」「研究」「技術・人文知
識・国際業務」「介護」「技能」「特定活動（研究活動等）、（本邦大学
卒業者）」用のケースをとりあげてみました。

①　所属予定の活動先（事例では内定している勤務先）について記載
します。

②　最終学歴や専攻・専門分野をチェックし、記載します。内定して
いる企業で行う職務にある程度、関連しているはずです。

③　本様式には、必ず本人の署名が必要です。記載された内容に間違
いがないことを証明するための署名です。

在留資格変更許可申請書　所属機関等作成用1～2（書式4、111～112ページ）

　前述した2つの様式と違い、この様式は所属機関等（事例では申請
者を雇用しようとしている企業）側の立場で作成するものになります。

①　氏名について、ローマ字（または漢字とローマ字の併記）で記載
します。

②　雇用しようとしている企業の名称や法人番号、支店・事業所名、
事業内容、所在地、電話番号、資本金、年間売上高、従業員数、就
労予定期間、給与（税引き前の給与）、職務上の地位、実務経験年
数等を記載し、職務内容（職種）を選択します。

　なお、職務上の地位ですが、本事例のように在留資格が「技術・人
文知識・国際業務」の場合、貿易関係以外では、通訳・翻訳、旅行会
社、語学学校の講師等が考えられます。

③　所属機関等作成用2は、人材派遣の場合や、勤務地が所属機関等

作成用1の3（所属機関等勤務先）と異なる場合に限り、派遣先の詳細などを記載する必要があります。

④ 所属機関等作成用2の下部に、所属機関等の名称、代表者氏名の記名と、申請書作成年月日の記載をします。

■「技術・人文知識・国際業務」の学歴・職歴証明書類············

申請に係る技術又は知識を要する職務に従事した機関及び内容並びに期間を明示した履歴書		1通
右のいずれかの書類	大学等の卒業証明書又はこれと同等以上の教育を受けたことを証明する文書	1通
	在職証明書等で、関連する業務に従事した期間を証明する文書	1通
	外国の文化に基盤を有する思考又は感受性を必要とする業務に従事する場合（大学を卒業した者が翻訳・通訳又は語学の指導に従事する場合を除く）は、関連する業務について3年以上の実務経験を証明する文書	1通
	IT技術者については、法務大臣が特例告示をもって定める「情報処理技術」に関する試験又は資格の合格証書又は資格証書	1通

別記第三十号様式（第二十条関係）
申請人等作成用 1
For applicant, part 1

日本国政府法務省
Ministry of Justice,Government of Japan

在 留 資 格 変 更 許 可 申 請 書
APPLICATION FOR CHANGE OF STATUS OF RESIDENCE

法 務 大 臣 殿
To the Minister of Justice

写 真
Photo
40mm×30mm

出入国管理及び難民認定法第20条第2項の規定に基づき，次のとおり在留資格の変更を申請します。
Pursuant to the provisions of Paragraph 2 of Article 20 of the Immigration Control and Refugee Recognition Act,
I hereby apply for a change of status of residence.

1 国 籍・地 域　中国
Nationality/Region

2 生年月日　1996 年 Year　4 月 Month　4 日 Day
Date of birth

3 氏 名　楊（Yang）威利（Willie）
Name　　Family name　　　Given name

4 性 別　男・女
Sex　Male/Female

5 出生地　中国、臨沂市
Place of birth

6 配偶者の有無　有・無
Marital status　Married / Single

7 職 業　学生
Occupation

8 本国における居住地　中国、臨沂市
Home town/city

9 住居地　東京都文京区○○1丁目1番地1号
Address in Japan

電話番号　03-0000-0000
Telephone No.

携帯電話番号　090-0000-0000
Cellular phone No.

10 旅券 (1)番 号　ZZ-888888
Passport　Number

(2)有効期限　○○○○ 年 Year　6 月 Month　1 日 Day
Date of expiration

11 現に有する在留資格　留学
Status of residence

在留期間　2年
Period of stay

在留期間の満了日　○○○○ 年 Year　7 月 Month　1 日 Day
Date of expiration

12 在留カード番号　Z12345678
Residence card number

13 希望する在留資格　技術・人文知識・国際業務
Desired status of residence

在留期間　5年
Period of stay

（審査の結果によって希望の期間とならない場合があります。）
(It may not be as desired after examination.)

14 変更の理由　内定した株式会社フリープラネッツに4月から就労するため
Reason for change of status of residence

15 犯罪を理由とする処分を受けたことの有無（日本国外におけるものを含む。）※交通違反等による処分を含む。
Criminal record (in Japan / overseas)※Including dispositions due to traffic violations, etc.
有（具体的内容　　　　　　　　　　　　　　　　　　　）・無
Yes（Detail:　　　　　　　　　　　　　　　　　　　）/ No

16 在日親族（父・母・配偶者・子・兄弟姉妹・祖父母・叔(伯)父・叔(伯)母など）及び同居者
Family in Japan (father, mother, spouse, children, siblings,grandparents, uncle, aunt or others) and cohabitants
有（「有」の場合は，以下の欄に在日親族及び同居者を記入してください。）・無
Yes (If yes, please fill in your family members in Japan and co-residents in the following columns) / No

続 柄 Relationship	氏 名 Name	生年月日 Date of birth	国 籍・地 域 Nationality/Region	同居の有無 Residing with applicant or not	勤務先名称・通学先名称 Place of employment/ school	在留カード番号 特別永住者証明書番号 Residence card number Special Permanent Resident Certificate number
				有・無 Yes / No		
				有・無 Yes / No		
				有・無 Yes / No		
				有・無 Yes / No		
				有・無 Yes / No		
				有・無 Yes / No		

※ 3について，有効な旅券を所持する場合は，旅券の身分事項ページのとおりに記載してください。
Regarding item 3, if you possess your valid passport, please fill in your name as shown in the passport.
16については，記載欄が不足する場合は別紙に記入して添付すること。なお，「研修」，「技能実習」に係る申請の場合は，「在日親族」のみ記載してください。
Regarding item 16, if there is not enough space in the given columns to write in all of your family in Japan, fill in and attach a separate sheet.
In addition, take note that you are only required to fill in your family members in Japan for applications pertaining to "Trainee" or "Technical Intern Training".

（注）裏面参照の上，申請に必要な書類を作成して下さい。
Note : Please fill in forms required for application. (See notes on reverse side.)
（注）申請書に事実に反する記載をしたことが判明した場合には，不利益な扱いを受けることがあります。
Note : In case of to be found that you have misrepresented the facts in an application, you will be unfavorably treated in the process.

申請人等作成用 2　　N （「高度専門職（1号イ・ロ）」・「高度専門職（2号）」（変更申請の場合のみ）・「研究」・「技術・人文知識・国際業務」・「介護」・「技能」・「特定活動（研究活動等）,（本邦大学卒業者）」）

For applicant, part 2 N ("Highly Skilled Professional(i)(a/b)" / "Highly Skilled Professional(ii)" (only in cases of change of status) / "Researcher" / "Engineer / Specialist in Humanities / International Services" / "Nursing Care" / "Skilled Labor" / "Designated Activities(Researcher or IT engineer of a designated organization), (Graduate from a university in Japan)")　　在留期間更新・在留資格変更用　For extension or change of status

17　勤務先　※　(2)及び(3)については、主たる勤務場所の所在地及び電話番号を記載すること。
Place of employment　　For sub-items (2) and (3), give the address and telephone number of your principal place of employment.

(1)名称 Name　**株式会社フリープラネッツ**　　支店・事業所名 Name of branch　**千代田オフィス**

(2)所在地 Address　**東京都千代田区○○5丁目4番3号**　　(3)電話番号 Telephone No.　**03-9999-9999**

18　最終学歴（介護業務従事者の場合は本邦の介護福祉士養成施設について記入）

(1)　☐ 本邦 Japan　　☑ 外国 foreign country

(2)　☐ 大学院（博士）Doctor　☐ 大学院（修士）Master　☑ 大学 Bachelor　☐ 短期大学 Junior college　☐ 専門学校 College of technology

☐ 高等学校 Senior high school　☐ 中学校 Junior high school　☐ その他（　　　）Others

(3)学校名 Name of school　**○○大学**　　(4)卒業年月日 Date of graduation　**○○○○**年 Year　**3**月 Month　**30**日 Day

19　専攻・専門分野　Major field of study

（18で大学院（博士）〜短期大学の場合）(Check one of the followings when the answer to the question 18 is from doctor to junior college)

☐ 法学 Law　☐ 経済学 Economics　☐ 政治学 Politics　☐ 商学 Commercial science　☑ 経営学 Business administration　☐ 文学 Literature

☐ 語学 Linguistics　☐ 社会学 Sociology　☐ 歴史学 History　☐ 心理学 Psychology　☐ 教育学 Education　☐ 芸術学 Science of art

☐ その他人文・社会科学（　　　　）Others(cultural / social science)　☐ 理学 Science　☐ 化学 Chemistry　☐ 工学 Engineering

☐ 農学 Agriculture　☐ 水産学 Fisheries　☐ 薬学 Pharmacy　☐ 医学 Medicine　☐ 歯学 Dentistry

☐ その他自然科学（　　　　）Others(natural science)　☐ 体育学 Sports science　☐ 介護福祉 Nursing care and welfare　☐ その他（　　　）Others

（18で専門学校の場合）

☐ 工業 Engineering　☐ 農業 Agriculture　☐ 医療・衛生 Medical services / Hygienics　☐ 教育・社会福祉 Education / Social welfare　☐ 法律 Law

☐ 商業実務 Practical commercial business　☐ 服飾・家政 Dress design / Home economics　☐ 文化・教養 Culture / Education　☐ 介護福祉 Nursing care and welfare　☐ その他（　　　）Others

20　情報処理技術者資格又は試験合格の有無（情報処理業務従事者のみ記入）
Does the applicant have any qualifications for information processing or has he / she passed the certifying examination?
(when the applicant is engaged in information processing)　有・無 Yes / No

（資格名又は試験名）
Name of the qualification or certifying examination)　_____

21　職 歴　（外国におけるものを含む）　Work experience (including those in a foreign country)

入社		退社		勤務先名称	入社		退社		勤務先名称
年 Year	月 Month	年 Year	月 Month	Place of employment	年 Year	月 Month	年 Year	月 Month	Place of employment
				None					

22　代理人（法定代理人による申請の場合に記入）Legal representative (in case of legal representative)

(1)氏 名 Name　_____　(2)本人との関係 Relationship with the applicant　_____

(3)住 所 Address　_____

電話番号 Telephone No.　_____　　携帯電話番号 Cellular Phone No.　_____

以上の記載内容は事実と相違ありません。
申請人（法定代理人）の署名／申請書作成年月日
I hereby declare that the statement given above is true and correct.
Signature of the applicant (representative) / Date of filling in this form

楊　威利　　　　○○○○ 年 Year　**3** 月 Month　**10** 日 Day

注意　Attention
申請書作成後申請までに記載内容に変更が生じた場合,申請人（法定代理人）が変更箇所を訂正し,署名すること。
申請書作成年月日は申請人（法定代理人）が自署すること。
In cases where descriptions have changed after filling in this application form up until submission of this application, the applicant (representative) must correct the part concerned and sign their name.The date of preparation of the application form must be written by the applicant (legal

※ 取次者
Agent or other authorized person
(1)氏 名 Name　_____　(2)住 所 Address　_____

(3)所属機関等（親族等については、本人との関係）
Organization to which the agent belongs(in case of a relative, relationship with the applicant)　_____　電話番号 Telephone No.　_____

所属機関等作成用 1　N　（「高度専門職（1号イ・ロ）」・「高度専門職（2号）」（変更申請の場合のみ）・「研究」・「技術・人文知識・国際業務」・「介護」・「技能」・
「特定活動（研究活動等）」，（本邦大学卒業者等））

For organization, part 1　N　("Highly Skilled Professional(i)(a/b)" / "Highly Skilled Professional(ii)" (only in cases of change of status) /
"Researcher" / "Engineer" / Specialist in Humanities / International Services" / "Nursing Care" / "Skilled Labor" /
"Designated Activities/Researcher or IT engineer of a designated organization), (Graduate from a university in Japan)")

在留期間更新・在留資格変更用
For extension or change of status

1　契約又は招へいしている外国人の氏名
Name and residence card of foreign national being offered a contract or invitation

氏名
Name　　**楊　威利（Yang Willie）**

2　契約の形態　Type of contract

☑ 雇用　　☐ 委任　　☐ 請負　　☐ その他（　　　　　　　　　）
Employment　Entrustment　Service contract　Others

3　所属機関等勤務先　The contracting organization such as the organization of affiliation

※(1), (3), (4), (6)及び(9)の例については、主に勤務させる場所について記載すること
For sub-items (1),(3),(4),(6) and (9), fill in the information of principal place of employment where foreign national is to work.
※国・地方公共団体、独立行政法人、公益財団・社団法人その他の非営利法人の場合は(7)及び(8)の記載は不要
In cases of a national or local government, incorporated administrative agency, public interest incorporated association or foundation or some other nonprofit corporation, you are not required to fill in sub-items (7) and (8).

(1)名称　　　　　　　　　　　　　　　　　　　　(2)法人番号(13桁)　Corporation no. (combination of 13 numbers and letters)
Name　**株式会社フリープラネッツ**　　| 0 | 1 | 2 | 3 | 4 | 5 | 6 | 7 | 8 | 9 | 1 | 0 | 1 |

(3)支店・事業所名　　　**千代田オフィス**
Name of branch

(4)雇用保険適用事業所番号(11桁)※非該当事業は記入省略
Employment insurance application office number (11 digits) *If not applicable, it should be omitted.

　-　　　-

(5)業種　Business type

○主たる業種を別紙「業種一覧」から選択して番号を記入（1つのみ）　　　　　　　　　　　| 9 |
Select the main business type from the attached sheet "a list of business type"

and write the corresponding number (select only one)

○他に業種があれば別紙「業種一覧」から選択して番号を記入（複数選択可）
If there are another other business types, select from the attached sheet "a list of business type" and write the corresponding number (multiple answers possible)

(6)所在地　　**東京都千代田区○○5丁目4番3号**　　　電話番号　　**03-9999-9999**
Address　　　　　　　　　　　　　　　　　　　　　　　　Telephone No.

(7)資本金　　**30,000,000**　円　(8)年間売上高(直近年度)　**120,000,000**　円
Capital　　　　　　　　　　　Yen　Annual sales (latest year)　　　　　　Yen

(9)従業員数　　**45**　名
Number of employees

外国人職員数　**19**　名　（このうち技能実習生）　　　　　　　　　　名
Number of foreign employees　　Of which number, technical intern trainees

4　就労予定期間　☐ 定めなし　　☐ 定めあり　（期間　　　　年　　　月）
Period of work　　Non-fixed　　　Fixed　　　　　Period　　　Year　Month

5　雇用開始(入社)年月日　　（未定の場合は以下のいずれかを選択）　(If it is undecided, select one of the following.)
The start date of employment (entering a company)　　☐ 今次申請の許可を受け次第　As soon as this application is approved.
　　　　　　　　　　　　　　　　　　　　　　　　☐ 在籍する教育機関を卒業後、今次申請の許可を受け次第
　　年　　　月　　　日　　　　　　　　　　As soon as this application is approved after graduation from an educational institution in which the applicant is enrolled.
Year　Month　day　　☐ その他（　　　　　　　　　　　　　　　　　　　　　　　　）
　　　　　　　　　　　　　Others

6　給与・報酬(税引き前の支払額)　※ 各種手当（通勤・住宅・扶養等）・実費弁償の性格を有するものを除く。
Salary/Reward (amount of payment before taxes)　Excludes various types of allowances (commuting, housing, dependents, etc.) and personal expenses.

320,000　円　☐ 年額　☐ 月額
　　　　　　Yen　　Annual　　Monthly

7　実務経験年数　　**0**　年　　**8　職務上の地位(役職名)**　☑ あり（ **通訳・翻訳** ）　☐ なし
Business experience　　　　　　　　Position(Title)　　　Yes　　　　　　　　　　No

9　職種　○主たる職種を別紙「職種一覧」から選択して番号を記入（1つのみ）　　　　　　| 14 |
Occupation　Select the main type of work from the attached sheet "a list of occupation", and fill in the number (select only one)

○「技術・人文知識・国際業務」「高度専門職」又は「特定活動」での在留を希望
する場合で、他に職種があれば別紙「職種一覧」から選択して番号を記入（複数選択可）
If the applicant wishes to reside in Japan with the status of residence in "Engineer / Specialist in Humanities / International Services", "Highly Skilled Professional" or "Designated Activities", and will also
engage in other occupation, select from the attached sheet "a list of occupation" and write the corresponding number (multiple answers possible)

（注意）Attention

・「研究」での在留を希望する場合は、別紙「職種一覧」の3,42～44,999から選択してください。
Those who wish to reside in Japan in "Researcher" should select from 3, 42 to 44 and 999 on the attached "a list of occupation".

・「技術・人文知識・国際業務」での在留を希望する場合は、別紙「職種一覧」の2～18,24～31,51～54,999から選択してください。
Those who wish to reside in Japan in "Engineer / Specialist in Humanities / International Services" should select from 2 to 18, from 24 to 31, from 51 to 54 and 999 on the attached "a list of occupation".

・「技能」での在留を希望する場合は、別紙「職種一覧」の32～40,999から選択してください。
Those who wish to reside in Japan in "Skilled Labor" should select from 32 to 40 and 999 on the attached "a list of occupation".

・「介護」での在留を希望する場合は、別紙「職種一覧」の「41 介護福祉士」を選択してください。
Those who wish to reside in Japan in "Nursing Care" should select from "41 Certified care worker" on the attached "a list of occupation".

・「特定活動」（特定研究等活動(告示36号)及び特定情報処理活動(告示37号)）での在留を希望する場合は、別紙「職種一覧」
の12,42～44,999から選択してください。
Those who wish to reside in Japan with "Designated Activities" (Designated Academic Research Activities (Public Notice No. 36) or Designated Information Processing Activities (Public Notice No. 37) should select from 12, 42 to 44 and 999 on the attached "a list of occupation".

・「特定活動」（本邦大学卒業者・告示46号）での在留を希望する場合は、別紙「職種一覧」の2,4～18,24～31,51～54,999から選択してください。
Those who wish to reside in Japan with "Designated Activities (Graduated from a university)" should select from 2,4 to 18,from 24 to 31, from 51 to 54 and 999 on the attached "a list of occupation".

・「高度専門職」での在留を希望する場合は、別紙「職種一覧」の2～18,24～44,999から主たる職務内容として選択した上で、併せて関連する事業を自
ら経営する活動を行う場合、他の職種として「1 経営」を選択してください。
Those who wish to reside in Japan in "Highly Skilled Professional" should select from 2 to 18, from 24 to 44 and 999 on the attached "a list of occupation" as the main contents of their duties and concurrently select "1 Business Management" as another occupation if they carry out activities to operate a related business themselves.

10　活動内容詳細　Details of activities

所属機関等作成用 2　Ｎ（「高度専門職（1号イ・ロ）」・「高度専門職（2号）」（変更申請の場合のみ）・「研究」・「技術・人文知識・国際業務」・「介護」・「技能」・「特定活動（研究活動等），(本邦大学卒業者）」）
For organization, part 2 N("Highly Skilled Professional(i)(a/b)" / "Highly Skilled Professional(ii)" (only in cases of change of status) /
"Researcher" /　"Engineer / Specialist in Humanities / International Services" / "Nursing Care" / "Skilled Labor"/　在留期間更新・在留資格変更用
"Designated Activities(Researcher or IT engineer of a designated organization), (Graduate from a university in Japan)")　For extension or change of status

11　派遣先等（人材派遣の場合又は勤務地が3と異なる場合に記入）
Dispatch site (Fill in the following if your answer to question 3-(4) is "Dispatch of personnel" or if the place of employment differs from that given in 3)

(1)名称　　　　　　　　　　　　　　(2)法人番号（13桁）　　　　　Corporation no. (combination of 13 numbers and letters)
　　　Name

(3)支店・事業所名
　　　Name of branch

(4)雇用保険適用事業所番号（11桁）※非該当事業所は記入省略
　　　Employment insurance application office number (11 digits) *If not applicable, it should be omitted.

(5)業種　　Business type
　　○ 主たる業種を別紙「業種一覧」から選択して番号を記入（1つのみ）
　　　　Select the main business type from the attached sheet "a list of business type " and write the corresponding number (select only one)
　　○ 他に業種があれば別紙「業種一覧」から選択して番号を記入（複数選択可）
　　　　If there are other business types, select from the attached sheet "a list of business type " and write the corresponding number (multiple answers possible)

(6)所在地
　　　Address
　　　電話番号
　　　Telephone No.

(7)資本金　　　　　　　　　　　　　円
　　　Capital　　　　　　　　　　　Yen

(8)年間売上高（直近年度）　　　　　円
　　　Annual sales (latest year)　　Yen

(9)派遣予定期間
　　　Period of dispatch

以上の記載内容は事実と相違ありません。　I hereby declare that the statement given above is true and correct.
所属機関等契約先の名称，代表者氏名の記名／申請書作成年月日
Name of the contracting organization and its representative of the organization　／　Date of filling in this form

株式会社フリープラネッツ 代表取締役　鳥井　仁人　〇〇〇〇 年　3 月　9 日
　　　　　　　　　　　　　　　　　　　　　　　　　　Year　　Month　　Day

注意　　Attention
申請書作成後申請までに記載内容に変更が生じた場合，所属機関等が変更箇所を訂正すること。
In cases where descriptions have changed after filling in this application form up until submission of this application, the organization must correct the changed part.

※ 所属機関等作成用2の申請書は、11に該当しない場合でも、提出してください。
Note：Please submit this sheet, even if you are not required to fill in item 11.

5 永住許可申請書の書き方

他の在留資格よりも厳格な要件を満たすことが必要

手続きの概要をおさえる

永住許可申請とは、すでに日本に生活基盤を置く外国人が、生涯にわたって日本に住み続けたい場合に、永住者の在留資格を得ようとする手続きです（永住者の在留資格への変更または永住者の在留資格の取得をするための手続き）。他の在留資格ではなく、永住者の在留資格を得るメリットとしては、在留期間がないこと、就労に関する制限がないこと（法律の制限がある場合を除く）、さらに配偶者や子も永住許可を得やすくなることなどがあります。

「帰化」とは違って国籍は母国のままです（母国への入国も比較的に容易に行える）。非常にメリットが多い反面、永住許可の要件は厳格になっています。大前提として、①素行が善良であること、②独立の生計を営むに足りる資産または技能を有すること、③その者の永住が日本国の利益に合致すること、という3つの要件を満たす必要があります。ただし、日本人や永住者の配偶者・子どもの場合は、①と②の要件は不要とされています。

さらに、③の要件に関連して「引き続き10年以上日本に在留していること」という基準があります。この10年の期間については、就労系などの在留資格による在留期間を引き続き5年以上含んでいる必要があります。ただし、「高度専門職外国人」として日本に在留している場合は、引き続き1年または3年以上日本に在留していればよいとされることがあります。

なお、日本人や永住者の配偶者の場合は、実態を伴った婚姻生活が3年以上継続しており、引き続き1年以上日本に在留していればよい

とされます。また、日本人や永住者の子どもの場合は、1年以上継続して日本に在留していればよいとされます。たとえば、日本人の配偶者が永住許可申請をする場合、以下の手順で許可申請を行います。

①永住許可申請が可能か要件の検討、②外国人自身、家族、就労先に関する書類を収集し、身元保証書などを作成、③地方出入国在留管理局等に永住許可申請書等を提出、④許可の通知を受けた場合パスポートまたは在留証明書に「永住許可の認印」が押印される

永住許可申請では、許可されるときに手数料が8,000円必要で、収入印紙を貼付して支払います（永住者の在留資格の取得の場合は手数料が不要）。また、標準処理期間は長く、4か月程度かかります。

■ 手続きに必要な書類について

日本人の配偶者が永住許可申請を行う場合、本人に関する資料はもちろん、配偶者に関する資料の提出が必須となります。また、他の家族がいる場合、家族全員の住民票が必要となり、本人や配偶者の職業を証明する資料も提出する必要があります。詳しい必要書類は下表のとおりです。

申請書などの様式は、法務省のホームページ（https://www.moj.go.jp/isa/applications/procedures/16-4.html）よりダウンロードすることができます。身元保証書の様式には日本語だけでなく英語のものがあります。身元保証人は手書きの署名をすることになりますが、民法上の債務保証人のような強制的な責任を負うわけではありません。

■ 申請する場合の注意点

それぞれの永住許可申請の要件をクリアできるか的確に判断する必

要があります。たとえば、外国人本人の「素行が善良であること」という要件は抽象的な要件ですが、具体的に検討する場合は、前科はないか、日本にきちんと税金を納めているかといった詳細な内容を入念にヒアリングする必要があります。「独立の生計を営むに足りる資産又は技能を有すること」という要件についても、主観的な意見を主張するのではなく、財産、収入、学歴（資格）などから客観的に判断しなければなりません。

　もっとも、本書で例として取り上げる日本人や永住者の配偶者の場合は、これらの要件を求められることはありませんが、その者の永住が日本国の利益に合致することとして在留期間の基準をクリアすることや公衆衛生上の観点から、日本国にとって有害でないかを検討する必要があります。また、在留期間の基準では「引き続き」という表現が用いられており、「通算」ではないことに注意が必要です。

　これを日本人の配偶者の基準である「実態を伴った婚姻生活が３年以上継続しており、引き続き１年以上日本に在留していること」で考えてみましょう。

　この場合、婚姻生活については、海外での生活における婚姻期間を含めて３年以上継続していればクリアできます。しかし、日本の在留期間については、たとえば、10か月在留した後に母国に帰省した場合には、再度入国後、日本国内での生活が１年以上継続してから、永住許可申請を行う必要があります。

▍永住許可申請書（日本人等の配偶者）の書き方

　おもな提出書類に関する記載上の注意点は以下のとおりです。

永住許可申請書その１（書式５、118ページ）

①　「写真欄」には、提出日の前６か月以内に撮影したものを貼付します。裏面に氏名・生年月日を記入しておきます。

②　生年月日は西暦で記載します。氏名はローマ字で記載します。中

国や韓国など漢字圏で漢字表記を希望する場合は、漢字とローマ字を併記します。その他、出生地や職業等を記載します。

③　日本において、現在居住している住所地や電話番号を記載します。住所はマンション等の部屋番号まで記載します。

④　「旅券」「現に有する在留資格」について正確に記載します。本事例と同様の場合、在留資格は「日本人等の配偶者」です。

⑤　永住許可を申請する理由を簡潔に記載します。

⑥　申請人のおもな経歴について「入学・卒業」「婚姻・離婚」「就職状況」「出産」等を記載します。

永住許可申請書その2（書式5、119ページ）

①　申請人が日本で生活する上で主たる生計維持者について、該当者にチェックします。本事例と同様の場合、「夫」となります。

②　就職している場合、勤務先名、所在地、電話番号、年収を記載します。

③　日本に滞在している親族を記載します。

④　申請人の日本における身元保証人を記載します。本事例と同様の場合、夫となります。

⑤　本様式には、必ず本人の署名が必要です。記載された内容に間違いがないことを証明するための署名です。

身元保証書（書式6、120ページ）

　身元保証人は、配偶者が日本人の場合は、その配偶者になってもらいます。それ以外の場合は、日本人である勤務先の同僚や役員、友人などになってもらうのが一般的です。身元保証人に法的責任はなく、道義的責任のみを担います。

■ 永住許可申請（日本人等の配偶者の場合）提出書類一覧 ……

提出書類	通数	留意事項等
永住許可申請書	1通	申請書に貼付する写真（縦4cm × 横3cm）…1葉
身分関係を証明する資料（留意事項等欄記載の書類のいずれか1通）	1通	①申請者が日本人の配偶者である場合…配偶者の戸籍謄本 ②申請者が日本人の子である場合…日本人親の戸籍謄本 ③申請者が永住者の配偶者である場合…配偶者との婚姻証明書等
住民票	1通	申請者を含む家族（世帯）全員のもの
申請者又は申請者を扶養する者の職業を証明する資料（留意事項等欄記載の書類のいずれか1通）	1通	①会社等に勤務している場合…在職証明書 ②自営業等である場合…確定申告書又は営業許可書などの写し ③その他の場合 ・職業に係る説明書（書式自由）及びその立証資料など
直近(過去3年分)の申請者又は申請者の扶養者の所得及び納税状況を証明する資料	必要数	①会社等に勤務している場合及び自営業等である場合 　住民税の課税証明書及び納税証明書など…各1通 ②その他の場合 ・所得を証明するもの（預貯金通帳の写など） ・住民税の課税証明書及び納税証明書など…各1通
申請人及び申請人を扶養する方の公的年金及び公的医療保険の保険料の納付状況を証明する資料	必要数	①直近（過去2年間）の公的年金の保険料の納付状況を証明する資料 ②直近（過去2年間）の公的医療保険の保険料の納付状況を証明する資料
身元保証に関する資料	必要数	①身元保証書…1通 ②身元保証人に係る資料…1通 ・職業を証明する資料又は直近1年分の所得証明書など

※ 日本で発行される証明書は、すべて発行日から3か月以内のものを提出すること。
※ 提出資料が外国語で作成されている場合は、訳文(日本語)を添付すること。
※ 提出資料は原則返却しないが、再度入手が困難な資料の原本等の返却を希望する場合は、申請時に申し出ること。

別記第三十四号様式(第二十二条,第二十五条関係)
その1 (永住)
Part 1 (Permanent Residence)

日本国政府法務省
Ministry of Justice,Government of Japan

永 住 許 可 申 請 書
APPLICATION FOR PERMANENT RESIDENCE

法 務 大 臣 殿
To the Minister of Justice

写 真
Photo
40mm × 30mm

出入国管理及び難民認定法第22条第1項(第22条の2第4項(第22条の3において準用する場合を含む。)において準用する場合を含む。)の規定に基づき,次のとおり永住許可を申請します。
Pursuant to the provisions of Paragraph 1 of Article 22 (including the cases where the same shall apply mutatis mutandis under Paragraph 4 of Article 22-2 and including the cases where the same shall apply mutatis mutandis under Article 22-3) of the Immigration Control and Refugee Recognition Act, I hereby apply for Permanent Resident.

1 国 籍・地 域 Nationality/Region　アメリカ合衆国
2 生年月日 Date of birth　1988 年 Year　7 月 Month　4 日 Day

3 氏 名 Name　Yamada Jane
　Family name　　　　　　Given name

4 性 別 Sex　男・(女) Male/Female
5 出生地 Place of birth　アメリカ・ノースカロライナ
6 配偶者の有無 Marital status　(有)・無 Married / Single

7 職 業 Occupation　英語教師
8 本国における居住地 Home town / city　アメリカ・ノースカロライナ

9 住居地 Address in Japan　東京都台東区○○3丁目1番地5号

電話番号 Telephone No.　03-1234-5678
携帯電話番号 Cellular Phone No.　090-0000-0000

10 旅券 (1)番 号 Passport Number　AA-000000
(2)有効期限 Date of expiration　○○○○ 年 Year　6 月 Month　10 日 Day

11 現に有する在留資格 Status of residence　日本人の配偶者等
在留期間 Period of stay　5年

在留期間の満了日 Date of expiration　○○○○ 年 Year　6 月 Month　10 日 Day

12 在留カード番号 Residence card number　AA00000000AA

13 犯罪を理由とする処分を受けたことの有無(日本国外におけるものを含む。) Criminal record (in Japan / overseas)
有(具体的内容 Yes (Detail:　　　　　　　　　　　　　　　　　　　　　　　　　　) /(無) No

14 永住許可を申請する理由 Reason for applying for Permanent Resident　日本人の夫と今後も安定して生活していくため

15 上記と異なる国籍・地域, 氏名, 生年月日による出入国の有無 有・(無)
Past entry into/departure from Japan with nationality/region, name and date of birth different from above-mentioned Yes / No
(上記で『有』を選択した場合) (Fill in the followings when your answer is "Yes")
その時の国籍・地域
The then Nationality/Region

氏 名 The then name　　　　　　　生年月日 The then date of birth　年 Year 月 Month 日 Day

直近の入国年月日 The latest date of entry　年 Year 月 Month 日 Day
直近の出国年月日 The latest date of departure　年 Year 月 Month 日 Day

16 経 歴(今回の入国後の学歴・職歴, 本欄で記入できない場合は別紙に記載)
Personal history (when the space provided is not sufficient for your answer, write on a separate piece of paper and attach it to the application.)

年 Year	月 Month	経 歴 Personal history	年 Year	月 Month	経 歴 Personal history
2009	4	「人文知識・国際業務」(3年)上陸許可			
2009	7	株式会社 ○○○外国語学校入社			
2011	5	日本人 山田太郎と婚姻			

今回入国後の滞在年数 Period of residence after new arrival　For ○ 年 Year(s)

婚姻年月日 Date of marriage　2011 年 Year　5 月 Month　30 日 Day

(注) 様式その2にも記入してください。Note: Please fill in Form Part 2.
※ 3について, 有効な旅券を所持する場合は, 旅券の身分事項ページのとおりに記載してください。
　Regarding item 3, if you possess your valid passport, please fill in your name as shown in the passport.

17 主たる生計維持者 Main householder
(1)申請人との関係　□ 本人　☑ 夫　□ 妻　□ 父　□ 母　□ 子
Relationship with the applicant　Self　Husband　Wife　Father　Mother　Child
　　　　　□ その他（　　　　　）
　　　　　Others

(2)勤務先　Place of employment
名 称　　株式会社 穴沢建設　　　支店・事業所名　　　　　上野支店
Name　　　　　　　　　　　　　　Name of Branch
所在地　　東京都台東区△△１丁目２番３号　　　電話番号　03-0000-0000
Address　　　　　　　　　　　　　　　　　　　Telephone No.

(3)年 収　　　4,500,000　　円
Annual income　　　　　　　　Yen

18 在日親族（父・母・配偶者・子・兄弟姉妹・祖父母・叔（伯）父・叔（伯）母など）及び同居者
Family in Japan (Father, Mother, Spouse, Son, Daughter, Brother, Sister,Grandparents, Uncle, Aunt or others) or co-residents

続 柄 Relationship	氏 名 Name	生年月日 Date of birth	国籍・地域 Nationality / Region	同 居 Residing with applicant or not	勤務先・通学先 Place of employment /school	在留カード番号 特別永住者証明書番号 Residence card number Special Permanent Resident Certificate number
夫	山田 太郎	1980.5.3	日本	はい・いいえ Yes / No	株式会社 穴沢建設	
				はい・いいえ Yes / No		
				はい・いいえ Yes / No		
				はい・いいえ Yes / No		
				はい・いいえ Yes / No		
				はい・いいえ Yes / No		

19 在日身元保証人 Guarantor in Japan
(1)氏 名　　山田 太郎　　　　　(2)国 籍・地 域　　日本
Name　　　　　　　　　　　　　Nationality/Region
(3)住 所　　東京都台東区○○３丁目１番地５号
Address
電話番号　　03-1234-5678　　　携帯電話番号　090-1234-5678
Telephone No.　　　　　　　　　Cellular Phone No.
(4)職 業　　会社員
Occupation
(5)申請人との関係　Relationship with the applicant
☑ 夫　　□ 妻　　□ 父　　□ 母　　□ 子
Husband　Wife　Father　Mother　Child
□ 祖父　□ 祖母　□ 孫　□ 養父　□ 養母
Grandfather　Grandmother　Grandchild　Foster father　Foster mother
□ 養子　□ 配偶者の子　□ 雇用主　□ 身元引受人　□ その他（　　　　）
Adopted child　Child of spouse　Employer　Guarantor　Others

20 代理人（法定代理人による申請の場合に記入）Legal representative (in case of legal representative)
(1)氏 名　　　　　　　　　　　(2)本人との関係
Name　　　　　　　　　　　　　Relationship with the applicant
(3)住 所
Address
電話番号　　　　　　　　　　　携帯電話番号
Telephone No.　　　　　　　　　Cellular Phone No.

以上の記載内容は事実と相違ありません。　I hereby declare that the statement given above is true and correct.
申請人（法定代理人）の署名／申請書作成年月日　Signature of the applicant (legal representative) / Date of filling in this form

Yamada Jane　　　　　○○○○ 年　5 月　14 日
　　　　　　　　　　　　　　　　　　　　　Year　　Month　　Day

注 意　申請書作成後申請までに記載内容に変更が生じた場合，申請人（法定代理人）が変更箇所を訂正し，署名すること。
　　　　申請書作成年月日は申請人（法定代理人）が自署すること。
Attention　In cases where descriptions have changed after filling in this application form up until submission of this application, the applicant (legal representative)
　　　　must correct the part concerned and sign their name.
　　　　The date of preparation of the application form must be written by the applicant (legal representative) .

※ 取次者 Agent or other authorized person
(1)氏 名　　　　　　　　　　　(2)住 所
Name　　　　　　　　　　　　　Address
(3)所属機関等（親族等については，本人との関係）　　　電話番号
Organization etc. to which the agent belongs (in case of a relative, relationship with the applicant)　Telephone No.

身 元 保 証 書

〇〇〇〇 年 **5** 月 **14** 日

法 務 大 臣 殿

国籍・地域 _____ **アメリカ合衆国** _____

氏　　　名 _____ **Yamada　Jane** _____

記

　私は上記の者の永住許可申請に当たり、本人が本邦に在留中、本邦の法令を遵守し、公的義務を適正に履行するため、必要な支援を行うことを保証いたします。

身元保証人
　氏名（自筆）_____ **山田　太郎** _____

　住　　所 **東京都台東区〇〇3丁目1番地5号** TEL 03-1234-5678

　職業（勤務先）**株式会社 穴沢建設** TEL 03-0000-0000

　国籍・地域（在留資格、期間）_____ **日本** _____

　被保証人との関係 _____ **夫** _____

6 帰化について知っておこう

外国人が日本国籍を取得するための手続き

永住と帰化は違うのか

　帰化とは、一定の条件を満たした外国人に対して、法務大臣が日本国籍の取得を認めることをいいます。帰化が認められ、日本国籍を取得することで、在留期間に限定されずに、長期間に渡って日本に滞在することができます。

　日本国籍を取得することによって、外国人は原則として本国での国籍を失うことになります。そこで、本国での国籍を維持したままでも、日本に長期間に渡って滞在する方法があります。具体的には、「永住者」としての在留資格を取得することによっても、帰化した場合と同様に、在留期間の制限はありませんので、継続的に日本で滞在することが可能です。また、「永住者」の在留資格は、就労に関する制限も基本的にありませんので、日本の会社などで働きながら、日本で生活を営むことが可能です。

　もっとも、在留資格としての「永住者」と、帰化申請が認められた者との間には、大きな差があります。たとえば、在留資格としての「永住者」は、在留期間の制限はありませんが、在留資格が取り消されるなどした場合には、日本に滞在する根拠を失うことを意味します。場合によっては退去強制の対象に含まれるケースもあります。

　これに対して、帰化が認められた者については、日本国籍を取得しますので、在留資格の取消しなどの対象に含まれることはありません。また、外国人が、公務員などの職に就くことを希望する場合に、日本国籍の取得者のみが就任を認められる場合があります。この場合には、帰化する必要があります。

どんな場合があるのか

　帰化申請を行う外国人は、後述のように一定の条件を備えている必要がありますが、以下の外国人については、次ページ図のように、より緩和した条件の下で、帰化申請が認められます。

・日本と特別の関係にある者
・日本人の配偶者
・日本人の子や養子
・日本国籍を失った者
・日本で出生時に国籍を持たない者

帰化許可申請の条件とは

　帰化の申請は、必ずしも認められるわけではありません。法務大臣に対して、比較的広い裁量が認められています。ただし、国籍法により、おもに以下の6つの一般的な条件があります。

① 住所に関する条件

　適法な在留資格に基づき、5年以上継続して日本に住んでいることが必要です。

② 能力に関する条件

　年齢が18歳以上で、本国の法律においても成人年齢に達していることが必要です。なお、15歳未満の子どもについては、両親が法定代理人として、帰化許可申請手続きを行うことになります。

③ 素行に関する条件

　素行が善良であることが必要であり、犯罪歴の有無、納税状況などさまざまな要素を総合的に考慮して判断が行われます。

④ 生計に関する条件

　申請者自身の収入の他、配偶者などの収入なども含めて、安定して日本で生活を継続できることが必要です。

⑤　二重国籍防止に関する条件

　原則として、帰化によって本国に有していた国籍は失われます。

⑥　憲法遵守に関する条件

　日本政府を暴力で破壊する目的の団体を結成したり、それに加入したりしていないことなどが必要です。

■ 帰化申請にあたり要件が緩和されるおもな外国人 ……………

外国人の属性	帰化にあたり緩和される要件
日本国民であった者の子（養子を除く）で継続して3年以上日本に住所・居所を持つ者	継続して5年以上日本に住所がなくても帰化申請が可能
日本で生まれた者で継続して3年以上日本に住所・居所を持ち、またはその父もしくは母（養父母を除く）が日本で生まれた者	継続して5年以上日本に住所がなくても帰化申請が可能
継続して10年以上日本に居所がある者	継続して5年以上日本に住所がなくても帰化申請が可能
日本人の配偶者	・継続して3年以上日本に居所・住所を持ち現在も日本に住所がある者は帰化申請が可能 ・婚姻日から3年経過しており継続して1年以上日本に住所を持つ者は帰化申請が可能
日本人の子（日本に住所を持つ者）	住所・能力・生計に関する条件を満たしていない場合にも帰化申請可能
日本人の養子（継続して1年以上日本に住所を持ち、養子縁組成立時に未成年者であった者）	住所・能力・生計に関する条件を満たしていない場合にも帰化申請可能
日本国籍を失った者（日本に住所を持つ者）	住所・能力・生計に関する条件を満たしていない場合にも帰化申請可能
日本で出生時に国籍を持たない者（日本に継続して3年以上住所を持つ者）	住所・能力・生計に関する条件を満たしていない場合にも帰化申請可能

なお、以上の条件を満たしていても、帰化許可申請を行った後、許可を受けるまでには約1年程度の時間がかかります。帰化許可申請にあたり、申請料などを支払う必要はありません。また、帰化許可申請を行った結果、不許可の認定を受けた場合であっても、再度申請することも可能です。ただし、その場合には、以前の申請でなぜ不許可になったのかを確認した上で再申請を行わなければ、再び不許可認定を受けるおそれがある点に留意する必要があります。

▌帰化許可申請に関して問題になるケース

　実際に帰化許可申請を行う上で問題になるケースとして、以下のようにいくつかの場合が挙げられます。

・過去に犯罪歴などがある場合

　過去に犯罪歴などがある外国人は、帰化許可申請のための条件である「素行に関する条件」を満たさないおそれがあります。とくに、人を殺してしまったなどの重大な犯罪歴がある場合には、一般に帰化許可申請が認められることは困難です。もっとも、スピード違反などの交通違反を犯した経験がある場合などには、その時期や回数などを考慮した上で、帰化許可申請が認められるケースもあります。

・家族のうち一部の者のみが帰化許可申請を行う場合

　たとえば、家族のうち子どもについてだけ帰化許可申請を行い、両親（あるいは片親のみ）は本国の国籍を残しておきたいと望むケースもあります。帰化許可申請にあたって、必ずしも家族全員で行わなければならないという規定が設けられているわけではありません。このようなケースでは、子どもが日本国籍を取得しても、両親は、在留資格に基づく在留期間が満了した際、その更新が認められなかった場合は本国に帰国する必要があります。

　しかし、帰化許可申請にあたり「生計に関する条件」があるため、両親が本国に帰国せざるを得なくなる危険性がある以上、子どもが日

本で安定した生活を営むことができる保証がないとされ、子どもの帰化許可申請手続きにおいて不利に働くおそれがあることに注意が必要です。

・日本を離れている期間が長い場合

　帰化許可申請において、「住所に関する条件」として、継続して5年以上日本に滞在していることが要求されています。しかし、継続して5年以上日本に滞在し、日本の会社で勤務している者であっても、場合によっては1年のうち、そのほとんどが海外出張などのために、日本を離れている場合も考えられます。

　このようなケースでは、帰化許可申請を認めてもらうことが困難な場合があります。絶対的な基準があるわけではありませんが、1年間のうち約100日以上は海外出張のために日本を離れているケースにおいては、帰化許可申請が認められない場合が多いといえます。

どんな書類が必要なのか

　帰化を望む外国人は、おもに以下の書類をそろえて申請する必要があります。

・帰化許可申請書（外国人の写真を貼付する必要があります）
・親族などの概要を記載した書類・親族関係を証明する書類
・履歴書・在留暦を証明する書類
・生計に関する書類
・事業を行っている場合にはその概要に関する書類
・住民票（写し）
・国籍を証明する書類
・納税に関する事項を証明する書類
・収入に関する事項を証明する書類

Q 外国人労働者を雇い入れるにあたり、就労ビザの申請などの手続きについて専門家に依頼する場合、誰に頼むことができますか。

A 外国人労働者が就労する場合、一般に「就労ビザ」の取得が必要であるなど、実際には手続きの詳細は複雑で、外国人労働者本人あるいは外国人労働者を雇い入れる企業側が、すべての手続きを熟知した上で、必要な手続きをとることは負担が大きいといえます。また、就労ビザは、本来、ビザ（査証）は外国人が入国するにあたり、旅券が有効であることを証明する目的で発給されるため、日本国内で発給されることはありません。そして、外国人労働者が日本で就労するためには、就労が可能な「在留資格」を取得していることが重要です。しかし、この就労が可能な在留資格を指して「就労ビザ」と呼んでいる場合が多く、実際には区別するべき概念です。

　このように、就労ビザをめぐる手続きは、呼称の時点で複雑になっていますので、外国人労働者本人や企業側は、手続きの不明点などについて地方出入国在留管理局に問い合わせることも可能です。しかし、在留手続を多く取り扱っている地方出入国在留管理局が個別の問い合わせに対して、十分に回答等の対応をしてくれる保証はありません。そこで専門家として、弁護士や行政書士に依頼することが適切だといえます。

　もっとも、行政書士に依頼する場合は「申請取次行政書士」に依頼した方がよいでしょう。行政書士であれば、在留手続を取り扱うことは可能ですが、外国人労働者本人に代わって在留手続に関する申請書等を提出することはできません。本人に代わって、在留手続を取り扱うだけでなく、申請書等を提出することもできるのは、行政書士のうちでも、研修を受けた上で出入国在留管理庁に届出をしている「申請取次行政書士」に限られることを理解しておく必要があります。

雇用や労務管理の
法律問題

1 外国人雇用で大切なことは何か

日本人との文化の違いに留意しながら差別的な取扱いに注意する

日本人労働者と待遇面で不合理な差をもうけない

外国人労働者にも日本の労働に関する法律が適用され、日本人労働者と異なるところはありません。たとえば、賃金について、日本人労働者と同一の業務内容で同一の時間就業しているのに、外国人労働者の賃金が安く設定されている場合には、不合理な待遇の差として許されません。労働基準法が明文で、国籍や信条などに基づく待遇（労働条件）に関する差別的取扱いを禁止しているからです（均等待遇）。

そこで、外国人労働者と日本人労働者との間に待遇の差が設けられている場合には、合理的な根拠があることが不可欠です。待遇に差が設けられている場合、使用者は、外国人労働者に対して、具体的な待遇の内容を明示するとともに、おもに以下の要素に基づき、待遇に合理的な差が設けられていることを客観的に示す必要があります。

・正社員（正規雇用）であるのか、パートタイマーや契約社員などの非正規雇用であるのか、などの雇用形態の違い
・就業する業務の内容、就業時間、残業の有無
・勤続年数に基づく賃金などの算定基準の差

とくに、外国人労働者にとって理解が難しいのは、日本の伝統的な年功序列に基づく賃金体系であるといわれています。最近では、日本でも取り入れられている考え方といえますが、諸外国においては、勤続年数ではなく、能力に応じた賃金体系が整備されています。これに対して、必ずしも労働者の技能や成果ではなく、勤続年数の長さに応じて、賃金に差が生じることに戸惑う外国人は少なくありません。

使用者は、外国人労働者の目線に立って、外国人に理解できる形で、

どのような場合に、待遇に差が設けられており、いかなる根拠に基づく差であるのかを客観的に示すことができるような、書面の交付や説明方法などを工夫する必要があります。

■ 働きやすい環境をつくる

待遇以外に日常的な就業環境においても、外国人労働者への配慮が必要になる場合があります。外国人労働者は多様な文化圏や宗教圏から集まっていることが多く、文化や宗教に基づく違いが労働者同士の円滑な人間関係の障害になり得ます。そのため、日本人労働者と異なる行動様式をとることがあり、それが日本人労働者にとって横柄な態度に映ることもあるかもしれません。

しかし、外国人労働者の行動の背後にある文化的・宗教的な違いを把握し、使用者側が、すべての労働者に違いがあるのを認めることによって、スムーズな人間関係の構築が可能な職場環境を構築すべく努力する必要があります。とくに障害の原因になりやすいのが「言語の壁」であり、場合によっては通訳などを配置して円滑なコミュニケーションを支える配慮を行う必要があります。

■ 日本人労働者との不合理な待遇の差の禁止 ……………………

日本人労働者

（例）
業務の内容：製品の製造
勤続年数：**20年**
給　与：**月額30万円**

⟷

（例）
業務の内容：製品の製造
勤続年数：**2か月**
給　与：**月額20万円**

外国人労働者

賃金を例にとると…

【原則】国籍や信条などに基づく賃金の差は許されない
【日本の雇用習慣】年功序列型に基づく賃金体系

∴上記のような賃金の差が合理的なものとして許される場合がある
　⇒外国人労働者が客観的に理解できる方法で示す必要がある

日本人の常識は通用しない

　日本人労働者と外国人労働者のコミュニケーションの取り方の違いもまた、文化や宗教の違いに由来する場合があります。

　一例を見ると、日本人労働者は、職場の周囲との関係性を「空気」の中から察して、コミュニケーションを図ることに長けているということができます。そのため、個々の労働者が自分自身の権利を積極的に主張するというよりは、職場環境全体のバランスを考えて、できる限り自己主張を避け、お互いに「暗黙の了解」の下でコミュニ―ションをとっていることが多く見受けられます。たとえば、年休（年次有給休暇）についても、「自分がこのタイミングで年休を取得したら、同僚に迷惑がかかってしまう」などと考え、年休の取得に消極的な職場環境が生まれてきた傾向にあります。

　これに対して、外国人労働者は、日本人労働者に比べて、比較的自己主張すべき点は、はっきりと主張することが好まれる傾向にあります。守るべきルールとして、法律や雇用契約の内容に反する行為でなければ、取得可能な休暇などについても、任意のタイミングで取得することが多いといえます。また、日本人労働者が遠慮しがちな自己の労働条件に関する要望についても、躊躇なく意見を主張する外国人労働者が多いといえます。

　文化や宗教の違いに由来する外国人労働者の行動は、職場の雰囲気を重んじる日本人労働者から見ると、非常識な行動に映ることも少なくありません。反対に、外国人労働者が、職場の周囲とのバランスを重視する日本人労働者の考え方が理解できず、トラブルの原因になることもあります。

コミュニケーションの取り方に気をつける

　外国人労働者とのコミュニケーションの上で重要な点は、あいまいな態度で臨まないということです。日本では、「YesかNoか」という

明確な意思表示よりも、曖昧な態度こそが、相手を慮った態度であると考えられている傾向にあります。しかし、外国人労働者にとっては、日本人労働者の曖昧な態度が混乱の原因になることがあります。

たとえば、「結構です」という表現が、外国人労働者にとっては、肯定の意味なのか、否定の意味なのかが理解できないということがあります。そのため、外国人労働者とのコミュニケーションでは、極力曖昧な表現の使用を避けて、自らの態度を明確に示すと円滑にコミュニケーションが成立するといえます。

トラブルにならないためにどんなことに注意したらよいか

外国人労働者とのコミュニケーションにおいて、表現方法以外にも注意すべき点があります。それは、後にトラブルになることを避けるため、外国人労働者と話し合ったさまざまな内容に関して、書面の交付や電子メールの送信など、目に見える形で残しておくことが重要であるということです。

曖昧な態度で示されるよりも、いつでも確認できる文章で示された方が、外国人労働者にとっても、話し合った内容を理解しやすく、円滑なコミュニケーションが可能になります。

■ コミュニケーションの取り方の注意点 ……………………

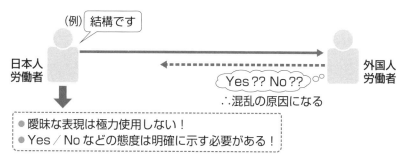

日本の労働関係に関する法令は外国人にも適用される

　日本の労働関係法令（労働関係における使用者および労働者に適用される法令）は、日本で働く労働者を保護するものであることから、日本において外国人労働者を雇う場合にも、日本人の場合と同様に、労働関係法令が適用されます。労働関係法令のうち主要なものとしては、労働基準法、労働契約法、パートタイム・有期雇用労働法、労働安全衛生法、労働組合法、労働者災害補償保険法、職業安定法、男女雇用機会均等法などが挙げられます。とくに、労働基準法は、使用者が賃金や労働時間などの労働条件について、労働者の国籍を理由とする差別的取扱いを禁止することを明文で規定しており、外国人に対して労働基準法が適用されることを当然の前提にしています。

　外国人が日本の会社などで勤務する上では、適正な在留資格を保有していることが不可欠です。しかし、注意が必要なのは、適正な在留資格を持たない外国人労働者であっても、労働関係法令が適用されるということです。適正な在留資格を持たない外国人が就業する場合、その外国人は不法就労者にあたり、雇用した会社などが、不法就労助長罪に基づく罰則が科されるおそれもあります。

　しかし、労働基準法が「国籍」を理由とする差別を禁止している以上、不法就労者に対して、差別的な取扱いを行うことが許されることにはなりません。不法就労者であることが、労働関係法令の適用を免れる事由にはならないことに、不法就労者を雇い入れてしまった会社などは注意をする必要があります。

外国人を雇用する際に必要となる書類

　日本国内の企業に使用される労働者であれば、外国人労働者であっても労働基準法は適用されます。

　外国人を雇用する場合にまず気をつけなければならないのが、外国人向けの労働条件通知書、雇用契約書（労働契約書）、就業規則などを整備することです。日本に来る外国人が必ずしも日本語が流暢とは限りません。現在では厚生労働省から外国人向けの労働条件通知書のモデルが公開されていますので、これを参考に外国人向けの労働条件通知書を整備するようにしましょう。

　雇用契約書については、専業の労働者として雇用する場合の契約書の他に、外国人留学生をアルバイトなどで雇用する場合の契約書を用意しておきます。日本語の契約書と同じ内容の、外国人の母国語の契約書を用意しましょう。いずれの場合も「在留カード」（氏名、在留資格、在留期間などが記載されています）の提示を求めて、不法就労にならないのを確認することが必要です。とくに「留学」の在留資格で在留する外国人の場合、労働時間については、原則として1週28時間以内という上限があることに気をつけなければなりません。

　外国人の母国で慣習として行われていることでも、日本の会社では違反扱いになってしまうこともあります。外国人労働者が無意識のうちに違反扱いになることを防ぐためにも、自社の労働条件や就業規則などを母国語で記載した書面を用意し、採用する時点で十分に理解してもらうようにしましょう。

　在留資格については、在留カード（149ページ）に記載されています。在留カードの有効期間が切れていたり、所持していない場合は不法滞在になりますので採用しないよう注意しましょう。ただし、注意が必要なのは、不法就労者であっても、他の「労働者」と同様に、労働基準法など各種の労働法上の規定が適用されるという点です。そのため、不法就労助長罪の成立とは別に、不法就労者であるからという

理由で、労働条件などにおいて、他の労働者よりも劣悪な条件で雇っている場合には、労働基準法上の国籍を理由とする不合理な差別にあたります。

　さらに、事業者には、出稼ぎ労働者や外国人労働者を採用する際に、適正な労働条件を確保する義務があります。とくに外国人労働者の労働条件に関しては、労働者の無知などにつけこんで劣悪な労働条件を強いるケースが後を絶ちませんが、これも労働者の国籍を理由とした労働条件の差別的扱いに該当するといえます。労働条件については、外国人労働者がその内容を十分に理解できるような表現で明記した書面を交付するようにしましょう。

　また、特定技能１号の資格を持つ外国人労働者を受け入れる企業は、受入れ機関（特定技能所属機関）と呼ばれており、その外国人労働者の職業生活・日常生活・社会生活について必要な支援を行う義務を負います。必要な義務を果たさない場合には、出入国在留管理庁から指導・助言・改善命令を受ける他、場合によっては罰則が科されることもありますので注意が必要です。特定技能２号の資格を持つ外国人労働者については、受入れ機関に対して支援義務が課されていません。

　受入れ機関は、特定技能１号の資格を持つ外国人労働者と雇用契約を締結します。その際、保険料の負担から社会保険に加入したがらないこともありますが、採用時に必ず社会保険の説明を行い、加入させることが必要です。そして、採用した外国人労働者の在留資格認定などを申請する時点で、その外国人労働者の支援計画を作成していなければなりません。外国人労働者の入国後は、支援計画に従って支援を行わなければなりません。

　なお、支援計画で定めるべき事項として、住居の確保など必要な契約の支援、生活に関するオリエンテーションの実施、公的な手続きなどの補助、日本語の学習機会の提供などがあります。

外国人労働者の労働条件通知書の書き方

　外国人労働者と雇用契約を結んだ場合、労働条件について日本人労働者との間に差別的取扱いがあってはなりません。そこで、雇用契約締結後に、後のトラブルを回避するためにも、外国人労働者が十分に理解できるように、その使用する言語に配慮した労働条件通知書を交付する必要があります。

　さらに、労働基準法の定めにより、労働条件通知書には、以下の5つの事項をすべて記載しなければならないことにも注意が必要です。いずれも労働条件に関する重要な事項です。5つの事項以外は書面での通知を義務づけられていませんが、労働条件通知書に記載することが望ましいといえるでしょう。

・雇用契約の期間
・就業の場所、従事する業務の内容
・始業・終業時刻、所定労働時間（労働者ごとに決められた1日あたりの労働時間）を超える労働の有無、休憩時間、休日、休暇、交代制勤務をさせる場合は就業時転換に関する事項
・賃金の決定・計算・支払いの方法、賃金の締め切り・支払いの時期に関する事項
・退職に関する事項（解雇の事由を含みます）

外国人労働者の雇用契約書（日本語版）の書き方

　外国人労働者と雇用契約を締結した場合、会社と外国人労働者が合意の上で契約を締結したことを証明する書類として、雇用契約書を取り交わすのが一般的です。雇用契約書の末尾には、両当事者が署名・押印します。もっとも、はじめて日本に入国する外国人労働者は、印鑑を所持していないのが通常ですから、その際は署名だけで足ります。141ページの書式は日本語版ですが、外国人労働者の母国語版も用意するべきです。

雇用契約を締結した外国人労働者については、日本国内で労働する限り、日本人労働者と同様に、労働基準法をはじめとする各種労働法令が適用されます。したがって、外国人労働者に交付する雇用契約書と労働条件通知書を一つにまとめる場合には、労働基準法が規定する労働条件通知書に記載すべき5つの事項を盛り込まなければなりません。

■ 外国人労働者を雇用した後の労務管理上の注意点

　外国人を雇い入れた場合、外国人が不慣れな日本で知識や技能を十分に活かすことができるように、労務管理の面でも、使用者側はさまざまな配慮を行う必要があります。労務管理においては、厚生労働省が示している「外国人労働者の雇用管理の改善等に関して事業主が適切に対処するための指針」（外国人指針と呼ばれています）を参考にするとよいでしょう。外国人指針のおもな内容は以下のとおりです。

・適正な労働条件の確保

　適正な労働条件の下で働くことは、労働者の基本的な権利です。そこで、外国人指針では、日本人労働者との間に合理的理由のない差別を行わないこと（均等待遇）、労働時間や賃金の支払いなど、労働条件に関する事項について、使用者が明示することとしています。

・安全衛生の確保

　使用者にとって、雇い入れている労働者の心身の健康を確保する必要があることはいうまでもありません。そこで、外国人労働者についても、健康診断など実施することの他、安全衛生に関する教育を行う必要があります。とくに、安全衛生教育に関しては、労働災害などを防止する上で不可欠な日本語の運用能力を身につけさせるために、日本語教育を行うことなどが使用者に求められています。

・適切な労務管理の実施

　外国人労働者に対して、使用者は、業務に関する事項に限らず、広く生活支援を行い、苦情・相談を受け付ける窓口を設ける必要があり

ます。就業中に在留資格の変更などが必要になった場合には、必要な手続きを使用者が援助しなければなりません。また、外国人労働者が辞職する場合にも、再就職の支援を行うことなどが求められます。

┃「特定技能1号」「特定技能2号」に関する注意点

「特定技能1号」「特定技能2号」「技能実習」の在留資格で雇い入れる外国人労働者については、かつてのような、「安い賃金で豊富な労働力を確保する手段」として外国人労働者を雇い入れるという図式は成立しません。「特定技能1号」「特定技能2号」は、専門的な知識・技能を十分に修得していなければ取得できない在留資格であり、「技能実習」も知識・技能の習得を目的にした在留資格です。使用者は、これらの外国人労働者を雇い入れる場合には、賃金や労働条件などの面で、日本人と同等以上の待遇で雇い入れる必要があります。

また、「技能実習」の在留資格における在留期間を終えて、再び同じ企業で「特定技能1号」の在留資格で働くことも予定されています。使用者は、外国人労働者を雇用する場合には、その長期間の雇用に対応できる社内環境を整備しておく必要があります。

■ 労務管理上の注意点 ……………………………………………

| 使用者 | 雇い入れた外国人の労務管理を適正に行う義務を負う |

↓

┌─────────────────────────────────────┐
│ 「外国人労働者の雇用管理の改善等に関して事業主が │
│ 適切に対処するための指針」（外国人指針）が参考になる │
└─────────────────────────────────────┘

【外国人指針のおもな内容】
適正な労働条件の確保：
　　均等待遇や労働時間・賃金など労働条件の明示
安全衛生の確保：
　　労働安全の確保に必要な日本語教育の実施など
適切な労務管理の実施：
　　在留資格変更などの支援、再就職の支援など

Notice of Employment
労働条件通知書

Date: _____
年月日

To: _____ 殿

Company's name _____
事業場名称（ローマ字で記入）

Company's address _____
所在地（ローマ字で記入）

Telephone number _____
電話番号

Employer's name _____
使用者職氏名（ローマ字で記入）

I. Term of employment
   契約期間

   Non-fixed,　　　Fixed*　　　(From　　　to　　　)
   期間の定めなし　　期間の定めあり（※）（　年　月　日　～　年　月　日）

   [If the employee is eligible for an exception under the Act on Special Measures for Fixed-term contract Workers with Specialized Knowledge, etc.]
   【有期雇用特別措置法による特例の対象者の場合】

   Period in which the right to apply for conversion to indefinite term status is not granted: I (highly skilled professional), II (elderly person after retirement age)
   無期転換申込権が発生しない期間：Ⅰ（高度専門）・Ⅱ（定年後の高齢者）

   I. Period from beginning to end of specific fixed-term task (　　　　) months from _____ [maximum of 10 years)]
   Ⅰ 特定有期業務の開始から完了までの期間（　　年　　か月（上限 10 年））

   II. Period of continuous employment after reaching mandatory retirement age
   Ⅱ 定年後引き続いて雇用されている期間

II. Place of Employment
    就業の場所

III. Contents of duties
     従事すべき業務の内容

   If the employee is eligible for an exception under the Act on Special Measures for Fixed-term contract Workers with Specialized Knowledge, etc. (highly skilled professional)
   【有期雇用特別措置法による特例の対象者（高度専門）の場合】

   • Specific fixed-term task (　　　　)　　Start date:　　　　End date:　　　　)
   ・特定有期業務（　　　　)　　開始日：　　　　完了日：　　　　)

IV. Working hours, etc.
    労働時間等

   1. Opening and closing time:
      始業・終業の時刻等

   (1) Opening time (　　　　)　　Closing time (　　　　)
       始業（　時　分）　　終業（　時　分）

   [If the following systems apply to workers]
   【以下のような制度が労働者に適用される場合】

   (2) Irregular labor system, etc..: Depending on the following combination of duty hours as an irregular (　　) unit work or shift system.
       変形労働時間制等：（　　）単位の変形労働時間制・交代制として、次の勤務時間の組み合わせによる。

   ┌ Opening time (　　　)　　Closing time (　　　)　　(Day applied)　　　　)
   │　始業（　時　分）　　終業（　時　分）　　（適用日　　　　)
   ├ Opening time (　　　)　　Closing time (　　　)　　(Day applied)　　　　)
   │　始業（　時　分）　　終業（　時　分）　　（適用日　　　　)
   └ Opening time (　　　)　　Closing time (　　　)　　(Day applied)　　　　)
   　始業（　時　分）　　終業（　時　分）　　（適用日　　　　)

   (3) Flex time system: Workers determine opening and closing time.
       フレックスタイム制：始業及び終業の時刻は労働者の決定に委ねる。

   [However,　　flex time:　　(opening) from (　　　) to (　　　);
   〔ただし、フレキシブルタイム　　（始業）（　）時（　）分から（　）時（　）分、
   　　　　　　　　　　　　　　　(closing) from (　　　) to (　　　)
   　　　　　　　　　　　　　　　（終業）（　）時（　）分から（　）時（　）分、
   Core time:　　from (opening) (　　　) to (closing) (　　　)]
   コアタイム　　（　）時（　）分から（　）時（　）分〕

   (4) System of deemed working hours outside workplace: Opening (　　　) Closing (　　　)
       事業場外みなし労働時間制；始業（　時　分）終業（　時　分）

   (5) Discretionary labor system: As determined by workers based on opening (　　　) closing (　　　)
       裁量労働制；始業（　時　分）終業（　時　分）を基本とし、労働者の決定に委ねる。

   ○ Details are stipulated in Article (　　), Article (　　), Article (　　) of the Rules of Employment
   　詳細は、就業規則第（　）条～第（　）条、第（　）条～第（　）条、第（　）条～第（　）条

<table>
<tr><td>2.</td><td colspan="2">Rest period (　　　) minutes
休憩時間 (　　　) 分</td></tr>
<tr><td>3.</td><td colspan="2">Presence of overtime work (　Yes:　No:　)
所定時間外労働の有無（　有　,　無　）</td></tr>
</table>

V.	Days off 休日

- Regular days off: Every (　　　　　), national holidays, others (　　　　　　　　　)
  定例日：毎週（　）曜日、国民の祝日、その他（　　　　　　　）
- Additional days off: (　　　　　) days per week/month, others (　　　　　　　)
  非定例日：週・月当たり（　）日、その他（　　　　　　）
- In the case of irregular labor system for each year: (　　　　　) days
  １年単位の変形労働時間制の場合－年間（　　　）日
- ○ Details are stipulated in Article (　　), Article (　　), Article (　　) of the Rules of Employment
  詳細は、就業規則第（　）条～第（　）条、第（　）条～第（　）条、第（　）条～第（　）条

VI.	Leave 休暇

1. Annual paid leave:　　　Those working continuously for 6 months or more, (　　　　) days
   年次有給休暇　　　６か月継続勤務した場合→（　）日
   　　　　　　　　　　Those working continuously up to 6 months, (　Yes:　No:　)
   　　　　　　　　　　継続勤務６か月以内の年次有給休暇（　有　,　無　）
   　　　　　　　　　　→　After a lapse of (　　) months, (　　) days
   　　　　　　　　　　（　）か月経過で（　）日
   　　　　　　　　　　Annual paid leave (in hours) (　Yes:　No:　)
   　　　　　　　　　　時間単位年休（　有　,　無　）
2. Substitute days off (　Yes:　No:　)
   代替休暇（　有　,　無　）
3. Other leave:　　　Paid　　(　　　　　　　　　　　　)
   その他の休暇　　　有給　　(　　　　　　　　　　　　)
   　　　　　　　　　　Unpaid　(　　　　　　　　　　　　)
   　　　　　　　　　　無給　　(　　　　　　　　　　　　)
   ○ Details are stipulated in Article (　　), Article (　　), Article (　　) of the Rules of Employment
   詳細は、就業規則　第（　）条～第（　）条、第（　）条～第（　）条、第（　）条～第（　）条

VII.	Wages 賃金

1. Basic pay　(a) Monthly wage (　　　　　　　yen)　(b) Daily wage (　　　　　　　yen)
   基本賃金　　月給（　　　　　　　円）　　　　日給（　　　　　　　円）
   　　　　　　(c) Hourly wage (　　　　　　　yen)
   　　　　　　時間給（　　　　　　　円）
   　　　　　　(d) Payment by job (Basic pay:　　　　　yen:　Security pay:　　　　　yen)
   　　　　　　出来高給（基本単価　　　　　円、保障給　　　　　円)
   　　　　　　(e) Others (　　　　　yen)
   　　　　　　その他（　　　　　円）
   　　　　　　(f) Wage ranking stipulated in the Rules of Employment
   　　　　　　就業規則に規定されている賃金等級等

2. Amount and calculation method for various allowances
   諸手当の額及び計算方法

			allowance:	yen;	Calculation method:	)
(a)	(		allowance:	yen;	Calculation method:	)
	(		手当	円／	計算方法：	)
(b)	(		allowance:	yen;	Calculation method:	)
	(		手当	円／	計算方法：	)
(c)	(		allowance:	yen;	Calculation method:	)
	(		手当	円／	計算方法：	)
(d)	(		allowance:	yen;	Calculation method:	)
	(		手当	円／	計算方法：	)

3. Additional pay rate for overtime, holiday work or night work
   所定時間外、休日又は深夜労働に対して支払われる割増賃金率
   (a) Overtime work:　Legal overtime　60 hours or less per month (　　) %　over 60 hours per month (　　) %　Fixed overtime (　　) %
   所定時間外　　　法定超　　　月60時間以内 (　　) %　　月60時間超 (　　) %　　所定超 (　　) %
   (b) Holiday work:　Legal holiday work (　　) %　　　　Non-legal holiday work (　　) %
   休日　　　　　　法定休日 (　　) %　　　　　　　法定外休日 (　　) %
   (c) Night work (　　) %
   深夜 (　　) %
4. Closing day of pay roll :　(　　　) – (　　　) of every month;(　　　) – (　　　) of every month
   賃金締切日　　　　　　　（　　　）－毎月（　　）日、（　　　）－毎月（　　）日
5. Pay day :　　　　　　　(　　　) – (　　　) of every month;(　　　) – (　　　) of every month
   賃金支払日　　　　　　　（　　　）－毎月（　　）日、（　　　）－毎月（　　）日
6. Method of wage payment (　　　　　　　　　　　)
   賃金の支払方法 (　　　　　　　　　　　)

7. Deduction from wages in accordance with labor-management agreement: [No:　　　　Yes: (　　　　　　　　)]
   労使協定に基づく賃金支払時の控除　（　無　，有（　　　　　　　　　　　　　　　　　）)
8. Wage raise:　(Time, etc.　　　　　　)
   昇給　　　　（時期等　　　　　　　　）
9. Bonus:　[Yes: (Time and amount, etc.　　　　　　); No:　　　]
   賞与　　　（　有（時期、金額等　　　　　），無　）
10. Retirement allowance:　[Yes: (Time and amount, etc.　　　　　); No:　　　]
    退職金　　　（　有（時期、金額等　　　），無　）

VIII.　Items concerning retirement
　　　　退職に関する事項

1. Retirement age system　[Yes: (　　　old) ;　No:　　]
   定年制　　　　　　（　有（　　歳），無　）
2. Continued employment scheme　[Yes: (Up to　　years of age); No:]
   継続雇用制度　　　　　　　　　（有（　歳まで），無）
3. Procedure for retirement for personal reasons [Notification should be made no less than (　　　) days before the retirement.]
   自己都合退職の手続（退職する（　　）日以上前に届け出ること）
4. Reasons and procedure for the dismissal:
   解雇の事由及び手続

   [

   ]

   ○ Details are stipulated in Article (　　), Article (　　), Article (　　) of the Rules of Employment
   詳細は、就業規則第（　）条〜第（　）条、第（　）条〜第（　）条、第（　）条〜第（　）条

IX.　Others
　　　その他

- Joining social insurance [Employees' pension insurance; Health insurance; Employees' pension fund; other: (　　　　)]
  社会保険の加入状況（　厚生年金　健康保険　厚生年金基金　その他（　　　　　　）)
- Application of employment insurance: (Yes:　　　No:　　　)
  雇用保険の適用（　有　，　無　）
- Consultation office for items concerning improvement of employment management, etc.
  雇用管理の改善等に関する事項に係る相談窓口
  Name of office (　　　　　　　) Person in charge (　　　　　　) (Tel. No.　　　　　　　)
  部署名（　　　　　　　　　） 担当者職氏名（　　　　　　）(連絡先　　　　　　　　)
- Others
  その他 [

*To be entered in case where, with regard to "Period of contract," you answered: "There is a provision for a certain period."
(※)「契約期間」について「期間の定めあり」とした場合に記入

Renewal 更新の有無	1. Renewal of contract 契約の更新の有無 [• The contract shall be automatically renewed. • The contract may be renewed. （自動的に更新する　　　　　　　　　　更新する場合があり得る • The contract is not renewable. • Others (　　　)] 契約の更新はしない　　　その他（　　　） 2. Renewal of the contract shall be determined by the following factors: 契約の更新は次により判断する。 [• Volume of work to be done at the time the term of contract expires 契約期間満了時の業務量 • Employee's work record and work attitude • Employee's capability 勤務成績、態度　　　　　　　　　能力 • Business performance of the Company • State of progress of the work done by the employee • Others(　　) 会社の経営状況　　　　　　従事している業務の進捗状況　　　その他(　　) *The following explains cases where a "defined period" is provided with regard to the "period of contract." ※以下は、「契約期間」について「期間の定めあり」とした場合についての説明です。 In accordance with the provision of Article 18 of the Labor Contract Act, in case the total period of a labor contract with a defined period (to commence on or after April 1, 2013) exceeds five consecutive years, such labor contract will be converted to a labor contract without a definite period, effective the day after the last day of the former period of contract, upon the request of the worker concerned made by the last day of said period of contract. However, if the employee is eligible for an exception under the Act on Special Measures for Fixed-term contract Workers with Specialized Knowledge, etc., this period of "five years" will become the period provided for the "term of employment" in this Notice. 労働契約法第18条の規定により、有期労働契約（2013年4月1日以降に開始するもの）の契約期間が通算5年を超える場合には、労働契約の期間の末日までに労働者から申込みをすることにより、当該労働契約の期間の末日の翌日から期間の定めのない労働契約に転換されます。ただし、有期雇用特別措置法による特例の対象となる場合は、この「5年」という期間は、本通知書の「契約期間」欄に明示したとおりとなります。

Employee (signature) _____
受け取り人（署名）

* Matters other than those mentioned above shall be in accordance with the labor regulations of our company.
※以上のほかは、当社就業規則による。
* The issuance of this Notice shall serve as the "clear indication of working conditions" stipulated in Article 15 of the Labor Standards Act and "delivery of documents" stipulated in Article 6 of the Act on Improvement etc. of Employment Management for Part-time Workers.
※本通知書の交付は、労働基準法第15条に基づく労働条件の明示及び短時間労働者の雇用管理の改善等に関する法律第6条に基づく文書の交付を兼ねるものであること。
* The notice on labor conditions should be retained for the purpose of preventing any possible disputes between employees and an employer.
※労働条件通知書については、労使間の紛争の未然防止のため、保存しておくことをお勧めします。

労　働　契　約　書

　○○○○株式会社（以下「甲」という）と○○○○（以下「乙」という）とは、次の通り労働契約（以下「本契約」という）を締結する。

第1条　甲は、乙が日本政府により在留を許可されたものであることを前提に、本契約の定める労働条件で雇用し、乙は甲の指揮に従い誠実に勤務するものとする。

第2条　乙は、本契約で定める範囲での就労資格を有することを証明する書類の写しを甲に提出するものとする。

第3条　本契約の有効期間は令和○年○月○日から令和○年○月○日までとする。ただし、乙が日本における在留資格または就労資格を喪失したときは、契約期間満了前であっても本契約は終了する。

2　甲は、本契約を更新するときは、満了となる日の1か月前までに書面により乙に通知をし、本契約と同一条件にて労働契約を更新する。

第4条　乙の勤務場所は東京都○○区○○△丁目△番地△号○○ビルとする。ただし、甲は、業務上の必要により、乙の勤務場所を変更することができる。

第5条　乙が従事する業務は、○○○○○○およびその付帯業務とする。

第6条　勤務時間は実働7時間とし、下記のとおりとする。

　始業時刻　午前9時

　終業時刻　午後5時

　休憩時間　午前12時から午後1時まで

第7条　休日は、毎週土曜日、日曜日および国民の祝日とする。

第8条　前二条の定めにかかわらず、甲は、所定勤務時間外および休日に労働をさせることができる。

2　前項の労働をさせた場合は、日本の労働基準法の定めるところにより、時間外労働手当または休日労働手当を支給する。

第9条　乙に対する賃金は、月額○○○○円とする。甲は、賃金について、乙が指定する金融機関の口座に振り込むことにより賃金を支

払う。ただし、欠勤・遅刻・早退により勤務しない日または時間がある場合は、日割計算または時間割計算に従い減額する。

第10条　甲は、日本の法令の定めるところにより、乙に対して雇用保険および社会保険に加入させるものとする。

第11条　次の各号のいずれかに該当するときは、甲は、本契約の有効期間内であっても、本契約を解除することができる。ただし、甲は乙に対し、30日以上前に通知するものとする。

① 　乙が甲の就業規則に規定する懲戒解雇事由に該当したとき

② 　乙の精神または身体の故障により、業務の遂行に著しい支障が生じると認められたとき

③ 　乙の職務遂行能力が著しく不足し、勤務内容から判断して改善の見込みがないと判断したとき

④ 　その他前各号に準ずる業務上やむを得ない事由が生じたとき

第12条　本契約は、乙が日本政府により入国（在留）許可されない場合には発効しないものとする。

第13条　本契約に定めのない事項及び本契約の解釈に疑義が生じた場合には、わが国の法令、甲の就業規則および諸規程の定めるところによる。また、本契約の関する一切の紛争については東京地方裁判所を第一審の専属的合意管轄裁判所とする。

　本件契約の成立を証するため、本書2通を作成し、甲乙記名押印の上、各1通を保有する。

令和○年○月○日

　　　　　　　　　　　　（甲）東京都○○区××○丁目○番○号
　　　　　　　　　　　　　　　○○○○株式会社
　　　　　　　　　　　　　　　代表取締役　　○○○○　　㊞
　　　　　　　　　　　　（乙）東京都○○区××○丁目○番○号
　　　　　　　　　　　　　　　○○○○　　㊞

3 外国人の採用にあたって注意すること

在留資格の有無と現在の在留資格の種類を必ず確認する

採用面接（採用選考）の過程で注意すること

　外国人労働者の応募形態はさまざまで、応募の際に公的機関や民間の人材会社があっせんする場合もあります。公的機関によるあっせんの場合は、在留資格の有無などの点で、適法に就労することが困難な外国人労働者をあっせんしてくることは少ないといえます。

　これに対して、民間の人材会社によるあっせんの場合や、外国人労働者自身が求職申込みの応募をしてきた場合には、採用面接を行うにあたって、日本人労働者とは異なる点で、注意するべきポイントがいくつか挙げられます。

　通常、使用者が労働者を雇い入れるにあたって重視するのは、応募者が持っている能力と業務への適正であるといえます。また、在留資格との関係で、外国人労働者は単純労働に就くことができず、専門的な知識・技能が必要になるのが原則です。そこで、応募に際して提出される書類などと合わせて、本人から学歴や職歴などの経歴を具体的に聴き取りましょう。そして、就労を希望する業務において、外国人労働者が持っている知識・技能と関連性があるのかを判断する必要があります。さらに、外国人労働者がいつまで日本に在留する予定でいるのかも聴き取り、使用者が働いてほしいと考えている期間中、日本国内にいるのか否かも確認する必要があります。

　とくに、外国人労働者の場合は、その前提として、採用後に従事してもらう予定の業務に就労することが可能な在留資格を持っているのかどうかを必ず確認する必要があります。たとえば、「留学」の在留資格を持っている外国人労働者には、正社員としての雇用はできない

ことを伝えるとともに、資格外活動の許可を得られなければ、採用が決まって雇用契約を結んだ後であっても、その雇用契約を取り消す場合があることを伝えておくと、後々のトラブルを回避できます。

労働条件の通知

　採用した外国人労働者に対しても日本人労働者と同様、労働条件通知書の交付を行い、その労働条件を明示する必要があります。外国人労働者に対しても日本人労働者と同様、日本の労働関係の法令が適用されるところ、労働基準法が、使用者に対して、労働条件のうち一定の事項は書面による明示（労働者が希望した場合はFAX・電子メールなどによる明示も可能）を義務づけているためです。

　労働条件通知書には、①雇用期間、②就業場所・業務内容、③労働時間・休憩時間・休日・休暇・就業時転換、④賃金、⑤退職・解雇といった5つの事項（135ページ）を必ず記載します（これらは書面などによる明示義務がある事項です）。

　とくに賃金に関する記載は注意が必要です。日本人労働者と比べて不合理な賃金体系を設けている場合は、労働基準法が国籍に基づく賃金の差別を禁止しているため、労働基準法違反にあたります。外国人労働者は、日本の賃金体系とは異なる文化圏から来日している場合もあるため、賃金算定の客観的根拠がわかるような記載が必要です。

　労働基準法では、就業するために住居を変更した労働者について、明示した労働条件と実際の労働条件が異なるため、労働者側から雇用契約（労働契約）を解除した場合には、その帰郷に必要な金銭（帰郷旅費）を使用者側が負担しなければならないと規定しています。外国人労働者の場合には、通常は母国への帰国となるため、帰国への金銭的な負担が重くのしかかるおそれがあります。そこで、労働条件の明示は正確かつ慎重に行う必要があります。

健康診断の実施

　労働者を雇い入れた使用者は、労働者の安全管理・健康管理について一定の義務を負います。これら使用者の義務に関しては、労働安全衛生法が規定を設けており、使用者は労働安全衛生法に従って、労働者の安全管理・健康管理に関する措置をとる義務を負います。

　労働者の健康管理に関する使用者の重要な義務のひとつとして、一定の労働者に対する健康診断の実施が挙げられます。健康診断の対象となる労働者であれば、外国人労働者についても、日本人労働者と同様に健康診断を実施する必要があります。外国人労働者を日本人労働者とは別に取り扱って健康診断の実施対象から除く、というような使用者の行為は認められません。

　その一方で、健康診断の対象となる労働者である場合には、労働者側も健康診断を受診する義務を負っています。では、外国人労働者が健康診断の受診を拒んだ場合にはどのような措置をとる必要があるのでしょうか。

　とくに、来日して間もない外国人労働者については、健康診断を受けることが労働者の義務であることを理解していない場合が多いかもしれません。そこで、使用者は、外国人労働者に対して、健康診断が法的な義務に基づいていること、健康診断の結果によっては医師の面談を受ける必要があることなどを説明する必要があります。

　また、外国人労働者の場合、日本人労働者と異なり、幼い頃に予防接種などが実施されていないケースもあります。介護分野では、外国人労働者の増加が予想され、利用者への感染リスクなども頭に入れながら対応していくこと（実施可能な予防接種を受けてもらうなど）の必要性が増しています。

同一労働同一賃金

　日本人労働者と同一の業務に就いているにもかかわらず、合理的理

由もないのに、賃金において格差を設けることは許されません。これは一般に「同一労働同一賃金」の原則と呼ばれています。とくに労働基準法では、国籍・信条・社会的身分に基づく賃金の差別を禁止しています。たとえば、業務の範囲など、他の就業条件は一切変わらないにもかかわらず、国籍のみに基づいた賃金の格差は、不合理な差別として認められません。

　現在では、平成30年（2018年）に成立した働き方改革法により、雇用形態にかかわらず、労働者の公正な待遇を確保することが求められています。同じ内容の仕事をしている正規従業員（正社員）と非正規従業員との間で、異なる賃金体系を設けて非正規社員の賃金を少なくするのは「同一労働同一賃金」の原則に反するおそれがあります。

　また、働き方改革法に伴うパートタイム労働法改正は、一般にパートタイマーと呼ばれている「短時間労働者」（1週間の所定労働時間が同一の事業所で働く正社員よりも短い労働者）に加えて「有期雇用労働者」を適用対象に追加し、法律の正式名称を「短時間労働者及び有期雇用労働者の雇用管理の改善等に関する法律」に変更しました。この改正は令和2年（2020年）4月に施行済みで、一般に「パートタイム・有期雇用労働法」という略称で呼ばれています。

　この法律で、有期雇用労働者とは「事業主と期間の定めのある労働契約を締結している労働者」と定義されており、有期雇用のパートタイマーだけでなく、フルタイムで働く有期雇用の契約社員や嘱託社員なども適用対象に含まれます。その上で、短時間労働者・有期雇用労働者に関する正社員との不合理な待遇の禁止に関する規定を整備するなど、使用者が短時間労働者・有期雇用労働者を雇用する際に従うべきルールが整備されています。当然ながら、短時間労働者・有期雇用労働者である外国人労働者もパートタイム・有期雇用労働法の適用対象であり、使用者には、この法律に関する理解も求められます。

4 在留カードについて知っておこう

適法な在留資格を持つ外国人であることの確認のために用いられる

在留カードとは

　在留カードとは、日本における中長期在留者に対して、上陸許可や在留資格の変更許可、在留期間の更新許可などの、在留に関する許可に伴い交付されるものです。中長期在留者とは、以下の①から⑥のいずれにもあてはまらない外国人のことをいい、永住者などが中長期在留者に該当します。

① 　3か月以下の在留期間が決定された人

② 「外交」または「公用」の在留資格が決定された人

③ 　特別永住者（特別永住者には、「特別永住者証明書」が交付されます）

④ 「短期滞在」の在留資格が決定された人

⑤ 「特定活動」の在留資格が決定された、台湾日本関係協会の本邦の事務所（台北駐日経済文化代表処等）、駐日パレスチナ総代表部の職員またはその家族

　在留カードには顔写真が貼付されるのが原則ですが、16歳未満の外国人については、顔写真を貼付する必要はありません。

在留カードに記載されている事項

　在留カードに記載されている主要な事項は以下のとおりです。

・氏名（漢字や仮名を含む氏名を併記することも可能ですが、通称などを記載することはできません）

・生年月日、性別、国籍を持つ国名・地域など

・住居地

・在留資格の種類、在留期間など

・就労に関する制限の有無など

在留カードの確認

　在留カードは、適法な在留資格を持つ外国人であることを確認するために用いられます。使用者が外国人労働者を雇い入れる場合、外国人が入管法などに基づき、正当な就労権限を持つ外国人労働者であることを確認する必要がありますが、その確認する方法として、本人から在留カードの提示を求めることが可能です。使用者が在留カードを確認する際には、雇用に関して直接関わりがある就労資格を持っているか否か、そして、在留期間の有無を必ず確認するようにしましょう。

　在留カードは、当然ながら不法滞在者には交付されませんので、使用者は在留カードの有無を確認することで、不法滞在者を雇用するリスクを回避することができます。ただし、在留期間が３か月以下の外国人も、在留カードが交付されないため、その場合にはパスポート（旅券）などによって在留資格を確認する必要があります。

在留カードの有効期間

　在留カードは、以下のように在留資格に応じて、有効期間に差が生じますので、注意しなければなりません。なお、有効期間については更新手続きをとることが可能です。更新の申請は、有効期間満了の２か月前から満了日までの間に行うことができます。

・「永住者」の在留資格を持つ外国人

　「永住者」の在留資格を持つ外国人は、年齢が16歳以上であるのか否かによって、有効期間が異なります。在留カードの交付を受けた時点で16歳以上の者の場合は、在留カードの交付日から起算して７年が有効期間です。これに対して、在留カード交付の時点で16歳未満であった者の場合、原則として16歳の誕生日までが有効期間になります。

・「高度専門職（2号)」の在留資格を持つ外国人

　「高度専門職（2号)」の在留資格を持つ外国人は、在留カードの交付を受けた日から起算して7年が有効期間になります。

・その他の在留資格

　上記以外の在留資格についても、年齢に応じて取扱いが異なります。具体的には、在留カード交付の時点で16歳以上の者については、在留期間の満了日に有効期間も終了します。一方で、在留カード交付の時

■ 在留カードサンプル例 ‥‥‥‥‥‥‥‥‥‥‥‥‥‥‥‥‥‥‥‥‥

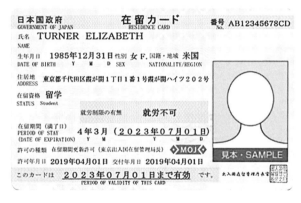

表面

裏面

出典：出入国在留管理庁のホームページより

点で16歳未満の者については、在留期間の満了日か16歳の誕生日のどちらかが訪れた時点で、有効期間が終了します。

　在留カードの所持者は、法務大臣から中長期在留者として適法な在留者であるとの証明を受けていることを意味します。そのため、在留カードの記載事項に変更が生じた際には、法務大臣に対して届出をする義務を負います。その後、届出を受けた法務大臣から入国審査官を通じて、新たな在留カードが交付されます。

在留カードやパスポートの携帯義務

　日本に滞在している外国人といっても、その資格はさまざまです。パスポート（旅券）やビザ（査証）は日本に上陸するため、在留カードは日本に滞在するために必要なものです。

　外国人のうち、在留資格によって在留している外国人については、入管法によって、常にパスポートを携帯する義務が課せられています。なお、中長期在留者については、在留カードの常時携帯義務を負っています。そして、在留カードを携帯する限り、パスポートの常時携帯義務が課せられません。そのため、外国人労働者が、会社などの使用者に対し、パスポートや在留カードを預けるのは不適切です。反対に、使用者からパスポートや在留カードを預けるように指図することも認められません。

　在留資格者や中長期在留者は、携帯するパスポートまたは在留カードの提示を求められた場合には、これを提示しなければなりません。

　具体的には、入国審査官、入国警備官、警察官、海上保安官などが、職務上必要な場合に提示を求めたときには、提示に応じる義務を負います。不携帯や提示義務違反に対しては罰則があります。例外的に、外国人の年齢が16歳未満の場合には、パスポートや在留カードを携帯する義務を負いません。永住者については、一般の外国人と同様に、常時携帯義務があります。これに対し、特別永住者については、パスポートや在留カードを常に携帯する義務はありません。

高度外国人材の雇用手続きについて知っておこう

高度で専門的な能力を持つ者として法務省令の基準を満たす者を指す

高度外国人材とは

　高度外国人材とは、高度で専門的な能力を持つ人材として法務省令が定める基準を満たした外国人を指し、高度外国人材に特化した在留資格として「高度専門職」が設けられています。「高度専門職」の在留資格は1号と2号に分類されており、それぞれの在留資格に基づいて行うことができる活動は、153ページ図のとおりです。

　高度外国人材の特色は、専門的な能力を持つことに併せて、わが国の学術研究や経済の発展に貢献すると見込まれる場合にのみ「高度専門職」の在留資格が与えられる点です。そのため、「高度専門職」の在留資格を与えるか否かについて、法務省令が基準を定めています。

　注意が必要なのは、法務省令が定める基準は、あくまでも「高度専門職」の在留資格を与えるに相応しいかという基準である点です。外国人は、日本に入国する際、在留資格に関する基準と同様に、法務省令が定めた上陸基準（上陸許可基準）をクリアしなければ、日本に上陸ができません。「高度専門職」の在留資格の上陸基準では、就労資格が認められるとともに、日本で行う活動によりわが国の産業や国民生活などに与える影響を考慮することを定めています。そのため、日本への上陸を認めるか否かに関する上陸基準と、在留資格を与えるか否かに関する基準とは明確に区別しなければなりません。

　なお、令和5年（2023年）4月から、高度人材ポイント制（154ページ）とは別に、学歴または職歴と年収が一定の水準以上であれば「高度専門職」の在留資格を付与し、特別高度人材として現行より拡充した優遇措置を認める「特別高度人材制度」（J-Skip）が導入されています。

採用にあたりどんなことに気をつけるべきか

「高度専門職」の在留資格を持つ外国人労働者を採用するにあたり、使用者側が気をつけるべきポイントは、外国人労働者が実際に就業する業務と、在留資格として行うことができる活動の範囲が一致しているか否かを、慎重に確かめる必要があるということです。「高度専門職」の在留資格は、活動内容や在留期間などに応じて1号と2号に分類されているため（在留期間は1号が最長5年、2号が無期限）、採用の際に外国人労働者の持つ専門的な知識・技能を活かすことができる職を用意しなければ、トラブルが発生する原因になってしまいます。

このうち「高度専門職」1号に関しては、新たに来日する外国人が取得するケースと、他の在留資格で日本に入国している外国人が在留資格の変更として取得するケースがあります。それぞれのケースで使用者側が注意しなければならないのは、前述のように「高度専門職」の在留資格は、法務省令が定めた上陸基準を満たす必要があるという点です。とくに、他の在留資格で日本に入国している外国人の場合は、一般の上陸基準（入管法7条）を満たしている一方で、「高度専門職」の上陸基準を満たしているかどうか確認する必要があります。

これに対し、「高度専門職」2号については、「高度専門職」1号の在留資格を持つ者が、在留資格の変更として取得しなければならないので、新たに来日する外国人について、取得するというケースを使用者が想定しておく必要はありません。しかし、新たに来日して「高度専門職」1号の在留資格取得を望む外国人労働者の上陸許可申請を行う際に、日本で行う予定の活動が「高度専門職」2号に該当する活動である場合には、上陸基準を満たさないと判断されてしまいますので、外国人労働者はもちろん、使用者も注意しなければなりません。

高度専門職1号の申請

高度外国人材として外国人労働者を雇い入れる場合、その外国人労

働者は「高度専門職」の在留資格を取得することになります。「高度専門職」の在留資格のうち、2号は1号を持っている者のみ取得することが可能な在留資格です。そのため、初めて来日する外国人労働者を、高度外国人材として雇い入れる場合は、その者に「高度専門職」1号の在留資格を取得させます。この場合、外国人労働者が来日する前の段階で、在留資格認定証明書の交付手続きを行うことで、入国手続きや在留資格取得手続きを円滑に進めることができます。

　これに対し、すでに他の就労可能な在留資格を取得して日本に滞在する外国人労働者を、新たに高度外国人材として雇い入れる場合は、在留資格を「高度専門職」1号に変更する手続きを行います。

■ 高度専門職の在留資格における活動範囲 ·····················

在留資格の区分		活動範囲
高度専門職1号	イ	研究・研究指導・教育活動やそれに関連する事業の経営など
	ロ	自然科学・人文科学の分野に属する知識・技術が必要な業務への従事やそれに関連する事業の経営など
	ハ	貿易その他の事業の経営・管理やそれに関連する事業の経営など
高度専門職2号	イ	1号イの活動を行った者で、その活動が日本に利益をもたらす場合
	ロ	1号ロの活動を行った者で、その活動が日本に利益をもたらす場合
	ハ	1号ハの活動を行った者で、その活動が日本に利益をもたらす場合
	ニ	1号イからハの活動と併せて教授・報道・法律・会計業務などを行った者で、その活動が日本に利益をもたらす場合

Q 高度外国人材を雇い入れるにあたって、優遇制度がある と聞きました。どのような制度なのでしょうか。

A 高度外国人材の雇入れを促進するために、ポイント制に基づ く優遇制度が設けられています。これを高度人材ポイント制 といいます。具体的には、外国人労働者の「学歴」「職歴」「年収」な どに基づいて、それぞれの項目に点数が設定されています。

　たとえば、在留資格のうち「高度専門職1号イ」（高度学術研究活動） の場合は、博士号取得者（「学歴」）は30点、7年以上の実務経験（「職歴」） は15点、29歳以下で年収1000万円（「年収」）は40点であり、合計点は 85点というように算出します。合計点が70点以上に達した場合に、以 下のような優遇措置が認められます。

① 高度専門職1号

・在留期間が5年まで認められる（更新可）。

・在留資格に基づき複合的な活動を行うことができる。

・同居する配偶者が、学歴・職歴などの要件を満たさない場合であっ ても、「技術・人文知識・国際業務」「教育」などの在留資格を取得 して就労可能になる。

・本人あるいは配偶者の親を帯同することが認められる場合がある。

・永住許可の要件が緩和される。

・家事使用人の帯同が認められる場合がある。

・入国手続きや在留手続きが優先的に処理される。

② 高度専門職2号

・ほとんどすべての就労活動を行うことができる。

・在留期間が無期限に認められる。

・その他、高度専門職1号の場合と同等の優遇措置が受けられる。

6 外国人を雇用したときの届出について知っておこう

外国人労働者を雇用した場合には原則として届出が必要

外国人雇用状況の届出制度とは

外国人労働者（特別永住者などを除く）の雇入れ・離職に関しては、以下の方法によって、氏名、在留資格、在留期間（期限）などをハローワーク（公共職業安定所）に届け出なければなりません。

まず、雇用する外国人労働者が雇用保険の被保険者の資格を取得する（または被保険者の資格を失う）場合は、雇用保険被保険者資格取得届（喪失届）の届出をする際に、①国籍・地域、②在留資格、③在留期間、④資格外活動許可の有無（④は喪失届の場合は不要）を追加して記載します。届出期限は、取得届の場合は雇入れ日の属する月の翌月10日まで、喪失届の場合は、離職日の翌日から起算して10日以内となっています。

これに対し、雇用保険に加入しない（雇用保険の被保険者の資格を取得しない）外国人労働者の場合は、雇入れ時や離職時に外国人雇用状況届出書を提出します。雇い入れた外国人が届出期間内に離職した場合や、雇入れや離職を繰り返す場合は、1か月分をまとめて翌月末日までに届け出ることができます。外国人雇用状況届出書については、雇入れ、離職の場合ともに翌月末日までに提出します（たとえば、10月1日の雇入れの場合は11月30日まで）。そして、次ページの書類は、雇用保険に加入しない外国人労働者である場合の様式です。

このような外国人雇用状況の届出は、事業主に課せられた義務となっており、届出を怠ると30万円以下の罰金が科されることがあります。届出を通じて、国は外国人労働者の総人数、国籍別の人数、在留資格別の人数などの把握が可能となります。

様式第３号（第10条関係）（表面）

雇　　　入　　　れ
離　　　　職

に係る外国人雇用状況届出書

フリガナ（カタカナ）	イ	ケンパク	
①外国人の氏名 （ローマ字）	姓 李	名 建白	ミドルネーム
②①の者の在留資格	特定技能	③①の者の在留期間 （期限） （西暦）	20×× 年 11 月 30 日 まで
④①の者の生年月日 （西暦）	1988年 5 月 4 日	⑤①の者の性別	①男 ・ 2 女
⑥①の者の国籍・地域	中華人民共和国	⑦①の者の資格外 活動許可の有無	①有 ・ 2 無
⑧①の者の 在留カードの番号 （在留カードの右上に記載され ている12桁の英数字）	AB12345678CD		

雇入れ年月日　20×× 年 9 月 21 日　離職年月日　　年　　月　　日
（西暦）　　　　　　　　　　　　　　　（西暦）

　　　年　　　月　　　日　　　　　　　　　年　　月　　日

　　　年　　　月　　　日　　　　　　　　　年　　月　　日

　労働施策の総合的な推進並びに労働者の雇用の安定及び職業生活の充実等に関する法律施行規則
第10条第３項の規定により上記のとおり届けます。

20×× 年 9 月 27 日

事業主	事業所の名称、 所在地、電話番号等	雇入れ又は離職に係る事業所	雇用保険適用事業所番号 1305-706123-4
		（名称）株式会社○○建設 （所在地）東京都○○区○○×-×-× 主たる事務所 （名称）株式会社○○建設 （所在地）東京都○○区○○×-×-×	①の者が主として左記以外 の事業所で就労する場合 □ TEL 0000-00-0000 TEL 0000-00-0000
	氏名	代表取締役　佐藤　一郎	

社 会 保 険 労 務 士 記 載 欄	作成年月日・提出代行者・事務代理者の表示	氏名	○○ 公共職業安定所長　殿

7 就業規則を作成する

労働条件を示すために外国人が理解できる形で周知する必要がある

なぜ就業規則が必要なのか

　就業規則とは、労働者の労働条件や職場における規律を示したルールをいいます。労働者が常時10人以上いる事業所（事務所・店舗・工場など）では、就業規則の作成と労働基準監督署への届出は法的な義務です。就業規則に必ず記載しなければならない事項（絶対的必要的記載事項）は以下のとおりです。

・始業及び終業の時刻、休憩時間、休日、休暇並びに交替制の場合には就業時転換に関する事項
・賃金の決定、計算及び支払の方法、賃金の締切り及び支払の時期並びに昇給に関する事項
・退職に関する事項（解雇の事由を含む）

　この他、退職手当・賞与・安全衛生・制裁（懲戒）など、事業所で定めをする場合に就業規則に記載しなければならない事項（相対的必要記載事項）もあります。

　就業規則が存在することにより、労働者は、自らの労働条件を確認できるようになるとともに、職場においてどのような行動が許されており、どのような行動が許されないのかを知ることができます。

　たとえば、使用者が労働者を解雇するにあたって「就業規則の第○○条に抵触するから解雇する」というように、解雇の合理性や妥当性を示すための根拠として用いられます。このように就業規則は、労働者との間に利害が対立する際などに、使用者が解雇などをする客観的な根拠として用いることで、トラブルの回避に役立ちます。

　就業規則は作成・届出をするのみでは足りず、使用者は、作成した

就業規則の内容を労働者に周知する義務を負います（周知義務）。労働基準法などにより、就業規則は作業場に掲示するとともに、労働者が就業規則の内容を確認できるように、書面として交付したり、自社のネットワーク上に公開したりしておく必要があります。

　外国人労働者の場合は、日本語能力が不十分なため、日本語で記載された就業規則では、その内容を理解することが難しいケースがあります。その場合、日本語の就業規則を示すだけでは周知義務を果たしたことになりません。外国人労働者が理解できる言語で記載した就業規則を別途作成し、書面での交付などをする配慮が必要です。

┃どんな点に注意する必要があるのか

　外国人労働者は、日本人労働者と違い、適法な在留資格がなければ就労が認められません。雇用契約中に、在留期間が更新されなかった場合や取り消された場合は就労を継続できず、本国に帰国しなければなりません。そこで、外国人労働者を雇用する使用者は、就業規則の中で、適法な在留資格を失った外国人労働者については、雇用契約を取り消すという内容の条項を入れておく必要があります。

■ 外国人労働者と就業規則の周知義務 ……………………………

8 労働時間をめぐる問題点に ついて知っておこう

外国人労働者も過度な長時間労働に注意が必要である

労働時間の原則と例外

　労働基準法には「法定労働時間（週40時間、１日８時間）を超えて労働者を業務に従事させてはならない」との原則があります。

　平成30年（2018年）に働き方改革法（働き方改革を推進するための関係法律の整備に関する法律）が成立し、長時間労働の是正については令和元年（2019年）４月から施行されています。働き方改革法に伴う労働基準法改正では、長時間労働の是正策として、罰則付きの時間外労働の上限規制などが設けられました。たとえば、原則として月45時間、年360時間という時間外労働の上限（限度時間）が明示されています。

　使用者は法定労働時間を守らなければならないのが原則ですが、災害などによる臨時の必要があり許可を得ている場合や、三六協定の締結・届出がある場合は、例外的に法定労働時間を超えて労働者を業務に従事させることができます。法定労働時間を超える労働を時間外労働といい、時間外労働に対しては割増賃金の支払いが必要です。

　もっとも、就業規則で定められた終業時刻後の労働すべてに割増賃金の支払が必要となるわけではありません。たとえば、就業規則で９時始業、17時終業、昼休み１時間と決められている場合、労働時間は７時間なので、18時まで「残業」しても８時間の枠は超えておらず、時間外労働にはなりません。この場合の残業を法定内残業といい、法定内残業は時間外労働ではないため、使用者は割増賃金ではなく通常の賃金を支払えばよいわけですが、法定内残業について使用者が割増賃金を支払うことも可能です。

さらに、前述のように、働き方改革法に伴う労働基準法改正により、原則として月45時間、年360時間という限度時間が明示されました。しかし、特別条項付き協定により、これらの限度時間より長い時間外労働の上限を定めることができます。ただし、その場合でも、①年720時間を超えてはならない、②月45時間を超える月数は1年に6か月以内に抑えなければならない、③1か月100時間未満に抑えなければならない、④複数月の平均を月80時間以内に抑えなければならない、という上限規制に従わなければなりません。

　なお、③と④の上限規制は、時間外労働に加えて「休日労働」の時間を合計した規制であることに注意が必要です。たとえば、③の上限規制は、時間外労働と休日労働の時間を合計して月100時間未満に抑えなければならないことを意味しているということです。

　また、上記①〜④の長時間労働の上限規制に従わないと、罰則の対象になることも明示されました。

■ 特別条項付き協定 ………………………………………

| 原則 | 三六協定に基づく時間外労働の限度時間は月45時間・年360時間 |

↓

```
1年につき6か月を上限として限度時間を超えた
時間外・休日労働の時間を設定できる
```

特別条項付き協定

【特別な事情（一時的・突発的な臨時の事情）】が必要
① 予算・決算業務
② ボーナス商戦に伴う業務の繁忙
③ 納期がひっ迫している場合
④ 大規模なクレームへの対応が必要な場合

【長時間労働の抑止】
※1か月につき100時間未満で時間外・休日労働をさせることができる時間を設定
※1年につき720時間以内で時間外労働をさせることができる時間を設定

変動的給与計算のための時間管理

時間外手当・休日労働手当・深夜労働手当などの残業手当や、精皆勤手当などは変動的給与と呼ばれます。変動的給与は、毎日の出退勤状況や残業時間に応じて、給与を支給するたびに金額が異なるため、日々の出勤・欠勤の状況、労働時間・残業時間などを管理する必要があります。

時間管理のガイドラインとして、平成29年（2017年）1月20日に策定された「労働時間の適正な把握のために使用者が講ずべき措置に関するガイドライン」が参考になります。ガイドラインでは、労働時間の考え方や労働時間の適正把握のために使用者が講ずべき措置が示されています。具体的には、使用者は、労働者の労働日ごとの始業・終業時刻を確認し、適正に記録することが必要です。その際の確認は、タイムカードやICカード、パソコンの使用時間の記録など客観的な方法によることを推奨しています。

なお、出勤簿またはタイムカードは、最後に記入した日から5年間（経過措置として当面の間は3年間）、事業場（会社）に保存しておく必要があります。

日本人と扱いは同じである

外国人労働者も、労働時間に関する法令の適用にあたり、日本人労働者と異なるところはありません。三六協定を結び、労働基準監督署に届け出ており、就業規則に残業に関する条項を設けている場合、使用者は、外国人労働者にも時間外労働を命じることが可能です。外国人労働者は正当な理由がない場合には、時間外労働つまり残業を拒否することは許されません。ただし、働き方改革法に伴う改正労働基準法により、三六協定を結んで時間外労働を行わせる場合でも、前述した①〜④の長時間労働の上限規制に従わないと罰則の対象になるため、使用者は注意しなければなりません。

休日・休暇の取扱いをめぐる問題点について知っておこう

外国人労働者にも休日や有給休暇の取得が認められる

休日の原則について

労働基準法の規定により、使用者は、労働者に対し、毎週少なくとも1回の休日を与えなければなりません。この「週1日」の休日を法定休日、それ以外の休日を所定休日、法定休日の労働を休日労働といい、休日労働は原則禁止されています。法定休日は労働者が人間らしい生活をするために最低限必要といえるからです。一方、週休2日制を採用している場合、2日の休みのうち1日は法定休日ではなく所定休日であり、所定休日に労働させても休日労働には該当しません。

使用者は、休日労働について割増賃金の支払義務が生じますが、たとえば、週休2日制を採用する場合の土曜日のように、就業規則で所定休日としている日の労働について、休日労働に対する割増賃金の支払義務はありません（時間外労働に対する割増賃金の支払義務が生じる場合はあります）。

労働基準法は法定休日の曜日を指定していませんが、曜日を決めて法定休日とするのが望ましいといえます。多くの会社では、就業規則の中で「何曜日（たいていは日曜日）を法定休日にする」と決めています。現在は週休2日制が一般的ですが、労働基準法は週休1日制を採用しており、週休2日制にすべきとは規定していません。しかし、1日8時間労働であれば5日で40時間です。1週40時間制の労働基準法は週休2日制をめざしていく考え方に基づいています。

なお、法定休日については、労働者に毎週1日以上の休日を与えるのではなく、4週を通じて4日以上の休日を与えるとする制度をとることもできます。この「4週4日」の休日の制度を変形週休制といい

ます。変形週休制は休日のない週があってもよく、結果として労働者に４週４日以上の休日が与えられていればよいというものです。

休暇（有給休暇）の原則について

労働者の申し出により労働が免除される日を休暇といいます。とくに、年次有給休暇とは、労働者が申し出て取得する休みのうち、給料（賃金）の支払いが保障されたものです。一般に「有給休暇」「年休」「有休」などと略して呼ばれます。労働基準法は有給休暇の積極的な活用を推進しています。

有給休暇の権利（年休権）は、①入社時から付与日まで（最初の有給休暇は入社時から６か月以上）継続して勤務していること、②付与日の直近１年（最初の有給休暇は入社時から６か月）の全労働日の８割以上出勤したこと、という２つの条件を満たすことで、定められた日数の有給休暇が自動的に付与されます。

■ 休日についてのルール ……………………………………

休日の定め

①週１回以上の休日を与えなければならない → 例外として、４週を通じて４日以上の休日を与えることもできる（変形週休制）

②法定休日の労働を命じることはできない → 例外として、災害などの避けられない事情によって臨時の必要がある場合や、三六協定を結んだ場合は、休日労働が許される

※法定休日とは「週１日の休日」または「４週４日の休日」（変形週休制を採用する場合）のこと。

→ ただし、割増賃金を支払わなければならない

したがって、労働者が有給休暇を取得する際には、「いつからいつまで有給休暇をとります」と具体的に休暇時期を使用者に申し出るだけで十分です。原則として労働者が使用者に申し出た日が、そのまま有給休暇の取得日になります（時季指定権）。

　なお、10日以上の年休が付与されている労働者に対して、使用者は、法定基準日（雇入れ日の6か月経過した日から1年ずつ経った日に）から1年以内に、時季を指定して5日以上の有給休暇を与えることが義務づけられています。ただし、労働者の時季指定による有給休暇の日数分や計画年休の日数分で5日以上の有給休暇を取得した場合は、使用者の時季指定義務が発生しません。

▍休暇取得を拒否できる場合があるのか

　外国人労働者も日本人労働者と同様のルールに従って、有給休暇の取得が認められます。とくに、外国人労働者が望む有給休暇の取得スタイルが連続した労働日にあたる場合でも、休暇が連続していることを理由に、使用者が有給休暇の取得を拒否することは、原則として許されません。

　ただし、使用者からすれば、忙しい時に労働者に有給休暇を一斉に取得されたのでは困る場合があります。そこで、労働基準法は、両者の調整を図り、労働者が請求した時季に有給休暇を与えると事業の正常な運営に支障をきたす場合、使用者は他の時季に振り替えて有給休暇を与えることを認めています。これを時季変更権といいます。原則としては、外国人労働者を含めすべての労働者は、任意の時季に有給休暇を取得することが可能なはずですが、指定した時季による有給休暇の取得を使用者から拒否される場合がある（別の時季に有給休暇をせざるを得なくなる場合がある）ということです。

　そして、事業の正常な運営に支障をきたすかどうかは、労働者の所属する事業場（事務所・店舗・工場など）を基準に、事業の規模・内

容、当該労働者の担当する作業の内容・性質、作業の繁忙、代行者の配置の難易、他の年休請求者（時季指定権を行使した労働者）の存在など、総合的に考慮して判断します。

無断欠勤をした場合の対応

　労働者が無断欠勤を行った場合、雇用契約上の義務に違反しています。しかし、多くの企業では、無断欠勤を1日行った程度では、簡単な口頭での注意など、柔軟な対応を行うことが多いといえます。外国人労働者の場合には、言語上の問題もあり、日本の労働慣習が十分に理解できず、無断欠勤を行った場合に、とくに注意などがなされない場合には、黙認されていると誤解して、無断欠勤を繰り返すおそれもあります。雇用契約や就業規則を示して、無断欠勤が許されない行為であることを明確に伝える必要があります。

■ 有給休暇取得日数 ……………………………………………

労働日数 ＼ 継続勤務年数	0.5	1.5	2.5	3.5	4.5	5.5	6.5以上
①通常の労働者（週の所定労働時間が30時間以上の労働者）	10	11	12	14	16	18	20
②週の所定労働時間が30時間未満の労働者							
週の所定労働日数が4日または1年の所定労働日数が169日〜216日までの者	7	8	9	10	12	13	15
週の所定労働日数が3日または1年の所定労働日数が121日〜168日までの者	5	6	6	8	9	10	11
週の所定労働日数が2日または1年の所定労働日数が73日〜120日までの者	3	4	4	5	6	6	7
週の所定労働日数が1日または1年の所定労働日数が48日〜72日までの者	1	2	2	2	3	3	3

Q 外国人労働者から、旧正月を祝いたいので休日が欲しいといわれました。使用者は、休日を与える義務を負うのでしょうか。

A 旧正月とは、毎年1月下旬から2月上旬に訪れる、太陰暦に基づく新年にあたる日を祝う習慣をいいます。日本における正月は1月1日ですが、旧正月は時期に若干のずれがあります。中国や韓国、フィリピンなどでは、多くの場合、旧正月に盛大な祝いのイベントが行われます。

　日本とは異なる文化的習慣に基づいて、外国人労働者が休日の取得を希望する場合も少なくありません。この場合、使用者としては、休日の取得を希望した外国人労働者に対し、原則として法定休日や所定休日を除いた休日を与える法的義務を負わないといえます。しかし、外国人労働者の文化的習慣を考慮せず、その希望を無視するのは、円滑な雇用契約を維持する上で望ましいことではありません。

　そこで、使用者としては、旧正月を祝うために休日の取得を望む外国人労働者に対し、有給休暇（年次有給休暇）の取得を検討することになるでしょう。有給休暇は、労働者の心身のリフレッシュなどを目的に、原則として労働者の請求した時季に与えなければならない、労働基準法に基づく休日の一種といえます。有給休暇を取得した労働者は、休日の間も給与の支払いを受けることができます。

　外国人労働者にも労働基準法は適用されるため、有給休暇の取得が可能です。ただし、有給休暇を取得することによって使用者の業務の円滑な遂行に支障が生じないように、有給休暇の取得時季などについて、使用者に認められる時季変更権を行使するなどして、調整を行う必要があります。

10 賃金をめぐる問題点について知っておこう

適正な賃金が支払われるよう配慮が必要になる

契約締結時に賃金について明記しておくこと

外国人労働者が日本で働く場合、自国での賃金の算定方法や支払方法などの違いに戸惑うことが少なくありません。そこで、外国人労働者と雇用契約を締結する時点で契約書などに書面化し、以下の事項を中心に外国人労働者の承諾を得ておく必要があります。

・会社における賃金体系（基本給、割増賃金、諸手当、賞与など）
・賃金の算定方法（基本給の算定方法が仕事給・属人給・総合給のいずれかなど）
・賃金の算定期間（毎月1日～末日を算定期間とするなど）
・賃金の支払日に関する事項（翌月25日に賃金を支払うなど）
・税金や社会保険料などの控除に関する事項

給与の範囲は法律によって異なる

法律によって「給与」の範囲が異なる場合もあります。

たとえば、労働基準法では、労働契約・就業規則・労働協約などによって支給条件があらかじめ明確にされている退職金や結婚祝金・慶弔金などは、給与（労働基準法では給与のことを「賃金」といいます）に含めます。

一方、社会保険（健康保険や厚生年金保険）では、退職金や結婚祝金・慶弔金などは、労働契約・就業規則・労働協約などによってあらかじめ支給条件が明確にされていても、給与（社会保険では給与のことを「報酬」といいます）に含めません。

おおまかにいうと、労働基準法では、給与の支払確保のため、給与

の範囲を広くとっていると考えられます。その他、労働保険（労災保険と雇用保険は給与の範囲が同じ）、社会保険（健康保険と厚生年金保険は給与の範囲が同じ）、源泉所得税などにおいて、少しずつ給与の範囲が違うということです。

▍賃金支払いの原則

　労働基準法では、労働者保護の観点から、労働者が提供した労働に対して、確実に賃金（給与）を受けとることができるようにするためのルールを定めています。以下の5つのルールですが、まとめて賃金支払いの5原則と呼ばれています。

① **通貨払いの原則**

　賃金は日本円の通貨で支払わなければなりません。日本円以外のドルなどの外国の通貨で支払うことはできません。ただし、労働協約に基づく現物支給などが例外として認められます。

② **直接払いの原則**

　賃金は労働者本人に支払わなければなりません。配偶者や子などの家族であっても、本人の代理人として賃金を受け取ることは許されません。なお、本人の同意に基づく本人名義の銀行口座への振込や本人の使者として賃金を受け取ることはできます。

③ **全額払いの原則**

　賃金は定められた額の全額を支払わなければなりません。ただし、ⓐ社会保険料、所得税、住民税などを法令に基づいて控除することや、ⓑ労使協定で定めたもの（親睦会費、労働組合費、購買代金など）を控除することができます。

④ **毎月1回以上払いの原則**

　賃金は毎月1回以上支払わなければなりません。年俸制を採用している事業場であっても、年俸額を分割して毎月1回以上賃金を支払う必要があります。

⑤　一定期日払いの原則

　賃金は毎月決められた一定の期日に支払わなければなりません。

最低賃金に関して

　賃金の額は使用者と労働者との合意の下で決定されるものですが、景気の低迷や会社の経営状況の悪化などの事情で、一般的な賃金よりも低い金額を提示する使用者もいます。

■ 賃金支払いの5原則の内容 ·······················

原則	内容	例外
❶通貨払い	現金（日本円）で支払うことを要し、小切手や現物で支払うことはできない	**労働協約が必要** ● 通勤定期券の現物支給、住宅貸与の現物支給 ● 外国通貨による支払い
❷直接払い	仕事の仲介人や代理人に支払ってはならない	● 使者である労働者の家族への支払い ● 派遣先の使用者を通じての支払い **労働者の同意が必要** ● 銀行口座への振込み、証券総合口座への払込み、資金移動業者口座への資金移動による支払い（いずれも本人名義の口座に限る） ● 退職金については、上記に加えて、銀行振出小切手、郵便為替による支払
❸全額払い	労働者への貸付金その他のものを控除してはならない	● 所得税、住民税、社会保険料の控除 **書面による労使協定が必要** ● 組合費、購買代金の控除など
❹毎月1回以上払い	毎月1回以上支払うことが必要	**臨時に支払われる賃金** ● 結婚手当、退職金、賞与など ● 1か月を超えて支払われる精勤手当、勤続手当など
❺一定期日払い	一定の期日に支払うことが必要	

そのような場合、賃金をもらって生活をしている労働者の立場では、提示額をそのまま受け入れざるを得ないという状況になり、苦しい生活環境を強いられることも考えられます。

そこで、国は最低賃金法を制定し、賃金の最低額を保障することによって労働者の生活の安定を図っています。最低賃金法の対象となるのは労働基準法に定められた労働者であり、パートタイマーやアルバイトなどの雇用の種類は問いません。また、外国人労働者も当然に含まれます。なお、外国人労働者が雇用契約を締結する時点で、最低賃金よりも低い額の賃金で働くことに同意している場合であっても、そのような合意は無効であり、その場合は、最低賃金の額で雇用契約を締結したものと扱います。

▌強制貯金は禁止されている

賃金は、労働者の生活などを直接的に支える原資であるため、労働者に現実に支払われることに意味があります。そこで、賃金の中から一定の額について労働者に強制的に貯蓄をさせ、貯蓄した金銭について使用者が管理するという強制貯金の契約を結ぶことは禁止されています。強制貯金を認めると、使用者が貯蓄した金銭を不正に利用するおそれがある他、労働者が任意の時期に雇用契約を終了できない原因にもなりかねないからです。なお、技能実習法においては、実習管理者やその役員・職員が技能実習生（技能実習生になろうとする者を含む）との間で強制貯金の契約を結ぶことを禁止しています。

しかし、労働者が使用者に貯金の管理を委託したときは、使用者による貯金の管理が認められる場合があります。そのためには、労働者の過半数を代表する労働組合（ない場合は労働者の過半数を代表する者）との間で労使協定を結び、それを労働基準監督署へ届け出ることが必要です。以上のことは、外国人労働者の場合も、基本的には日本人労働者と異なりません。

11 請負契約や業務委託契約について知っておこう

外国人労働者の雇用体系にも注意しなければならない

■ 請負や業務委託とはどんな契約なのか

「請負」という言葉をよく耳にします。他人（あるいは他社の労働者）による労務の提供を利用することをすべて「請負」と表現して、他人（あるいは他社）との間で請負契約書を取り交わしている場合もあります。もっとも、民法では、「請負は、当事者の一方がある仕事を完成することを約し、相手方がその仕事の結果に対してその報酬を支払う（以下略）」ものと定めています（民法632条）。つまり、請負人による「仕事の完成」を目的にしている契約だけが「請負」に該当します。ここで「仕事の完成」とは、予定された最後の工程まで終わらせて成果物を生み出すことを指します。

これに対し、他人の労務の提供を利用するという点では請負と共通しますが、必ずしも「仕事の完成」を目的にしていない契約を、一般に「業務委託」といいます。業務委託は、民法における「委任」（契約などの法律行為を委託すること）または「準委任」（事務処理などの法律行為以外の行為を委託すること）に該当することが多いです。

■ 労働者にあたるのか

請負契約や業務委託契約を結んだ場合、請負人や受託者（労務を提供する人）は、他の正社員やパートタイマーなどと同様、労働者として扱う必要があるのでしょうか。

雇用契約における労働者は、使用者に「使用」されており、対価としての「賃金」を受け取る者のことを指します。

まず、「使用」されているとは、使用者の指揮監督の下で、業務に

就いているか否かにより判断されます。そして、指揮監督下に置かれているか否かは、おもに以下の事項により判断されます。とくに、業務に関する具体的な指揮・監督を受ける場合には、使用されているといえる場合が多いといえます。また、労働者は原則として他人に業務を代行させることができないため、代行が認められる場合、請負や業務委託にあたると判断されます。

・業務を受けるか拒否するかについて自由が認められるか否か
・業務を遂行する上で指揮監督を受けるか否か
・労働時間による拘束を受けるか否か
・業務の遂行にあたり他人による代行が認められるか否か

　次に、「賃金」を受け取っているといえるか否かについては、報酬が労働時間などの長さに応じて決定されているかなどが重要な要素になります。具体的には、請負や業務委託においては、労働時間に比例して報酬が決定されるのではなく、一般には業務ごとに報酬が決定されています。とくに、仕事の完成を目的に結ばれる請負契約では、その性質が強いといえます。したがって、労働時間の長さに基づき、使用者側が決定した一定の算定方法により、報酬の額が決定されるのであれば、労働者にあたる場合もあります。

　上記の基準を基に、外国人労働者との間で、請負契約あるいは業務委託契約を締結した場合、その外国人労働者が、労働者にあたるといえるか否かについては、契約の名称ではなく、契約の内容に着目して、ケースごとに結論が分かれることになります。

　外国人労働者が業務を遂行する上で、業務を依頼した者の指揮監督の下に置かれており、所定の労働時間などが定められており、それに基づき報酬が算定されているような場合には、労働者にあたると判断されると考えられます。これに対して、外国人労働者が業務の遂行方法やペースなどについて裁量が認められており、労働時間に応じてではなく、業務ごとに報酬を受け取る契約体系になっている場合には、

請負や業務委託にあたると判断されると考えられます。

　なお、「使用」されているといえるか否か、そして「賃金」の支払いを受けているかによって判断できない場合には、以下のような間接的な要素を加味して、労働者にあたるか否かを判断することがあります。

事業者にあたると判断されるか否か

　間接的要素の一つは、労働者にあたらず、事業者であると判断するための要素のひとつといえます。したがって、直接労働者であることの要件にはなりませんが、事業者に該当するか否かを判断する基準に照らし合わせて、もし否定されれば、労働者にあたる可能性が高まります。具体的には、業務に使用する機材などの費用を負担している人については、事業者にあたる場合が多いといえます。したがってこの場合には、労働者にあたるということは困難です。

どの程度専属的に就業することが求められているのか

　もう一つの間接的要素も労働者にあたるか否かを判断する上で絶対的な基準にはなりませんが、業務に従事するにあたって、実質的に他の使用者の下での就業が制限されている場合には、労働者にあたると判断される場合が多いと考えられます。雇用契約の中に、兼業を禁止する規定を盛り込んでいたり、アルバイトをする際に使用者の許可を得るしくみが採用されている場合も少なくありません。そのため、実質的に他の使用者の下で就業することが制限されている場合には、雇用契約が成立しており、労務を提供する者は労働者にあたると考えられます。

税金や社会保険料の負担の有無

　税金などの取扱いを確認することで、労働者にあたるか否かが判断可能である場合もあります。具体的には、労働者は使用者から賃金の

支払いを受けることになりますが、その際に、所得税に関して、源泉徴収といって、賃金から一定の金額が控除されて、労働者に代わって使用者が納入するしくみがとられています。したがって、源泉徴収により賃金から所得税相当額が差し引かれている者は、労働者にあたるといえます。また、同様に賃金から社会保険料などが差し引かれている場合にも、労働者にあたる場合が多いといえます。

▌技能実習生への請負契約の可否

　外国人労働者については、契約体系において注意しなければならない点があります。それは、外国人労働者の在留資格が技能実習である場合です。

　技能実習生は、技能や知識の獲得を目的に、日本の企業などで雇用される中で、必要な技能などを修得することが目的で、日本における活動が認められています。そのため、技能実習生は雇用契約を結んでいる必要があり、請負や業務委託の形式で、技能実習生を受け入れることはできません。

■ 請負と業務委託のしくみ ……………………………………………

請負の特徴	業務委託の特徴
① 他人（請負人）に仕事を完成してもらう	① 他人（受託者）に事務処理をしてもらう
② 注文者は作業者に直接指示することができない	② 委託者は作業者に指示することができない
③ 請負人は仕事を自分の作業場所などで行う	③ 受託者が仕事をする場所は受託した仕事の内容による
④ 請負人は仕事を完成させる義務がある	④ 受託者は受託した作業を遂行する義務を負う
⑤ 請負人は成果物（完成品）を注文者に納品する	⑤ 受託者は受託した作業を遂行するのが仕事で、仕事を完成させるかどうかは問わない
⑥ 請負人は仕事についての結果責任を負う	

偽装請負について知っておこう

労働者派遣法の適用を免れてしまう

偽装請負とは

偽装請負とは、実際には発注者側の企業が請負人側の企業の労働者を指揮監督するという「労働者派遣」に該当する行為が行われているにもかかわらず、発注者側の企業と請負人側の企業との間では「請負契約」を締結していることです。「偽装派遣」「違法派遣」などと呼ばれる場合もあります。

偽装請負の典型的なパターンとして、請負人側の企業が発注者側の企業に労働者を派遣し、発注者側の企業が請負人側の企業の労働者を直接指揮命令することで就労させるというものがあります。

しかし、これ以外にも偽装請負のパターンは存在します。たとえば、請負人側の企業がさらに別の個人事業主に下請をして、その個人事業主を注文者の下に派遣するという場合も偽装請負に含まれます。この場合、請負人側の企業は、労働者の代わりに下請契約を結んだ個人事業主を注文者側の企業に派遣しています。

さらに、請負人側の企業が、さらに別の企業に下請を行わせて、その企業の労働者を注文者側の企業に派遣するというパターンも存在します。この場合、請負人側の企業は、自社で雇用している労働者の代わりに、下請企業の労働者を派遣していることになるため、これも偽装請負になります。

何が問題なのか

発注者側の企業が請負人側の企業の労働者を直接指揮監督する場合には、労働者派遣法の規制を受けることになります。

しかし、労働者派遣法では、港湾運送業務や建設業務、警備業務、医療関連業務（医師や看護師など）、または弁護士などの士業など、派遣労働者を受け入れることが禁止されている業種が規定されています。労働者を派遣する期間についても原則３年の制限があり、その他にも管理台帳の作成をはじめ、労働者派遣法にはさまざまな義務が定められています。このような労働者派遣法の規制を受けないようにするために、あえて請負という形式をとって労働者を受け入れる偽装請負を行う企業が出現しています。

　また、同じ組織単位（原則として「課」が該当します）における、同じ派遣労働者の派遣期間は３年が上限ですが、発注者側の企業がそれを超える期間にわたり労働者を受け入れたいと考えた場合にも、偽装請負が行われます。この場合は、労働者を直接雇用すれば、その労働者を適法に受け入れることが可能ですが、直接雇用によって正社員と同様の賃金規程や年次有給休暇などの権利を与えることや、労働保険や社会保険などの負担が増えることを嫌がる企業が偽装請負を行います。

適法な請負と労働者派遣とはどこが違うのか

　請負と労働者派遣との大きな違いは、自らの責任で仕事を完成させることを契約の目的としているかどうかという点にあります。請負の

■ 偽装請負の構造 ･･････････････････････････････････････

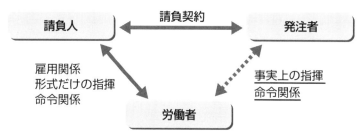

場合は、請負人が注文者から委託された仕事を完成させることを目的にしています。しかし、労働者派遣の場合は、派遣労働者が派遣先からの指揮命令に従って業務を遂行することを目的としており、仕事の完成は直接の目的にしていません。

厚生労働省は、請負と労働者派遣の区別についての告示を出しています。告示の中では、適法な請負となるためには、労働者の管理については、注文者側の企業でなく請負人側の企業が行わなければならないとしています。たとえば、労働者の始業時刻、終業時刻、休憩時間の管理などは、注文者側の企業でなく請負人側の企業が行う必要があります。

適法な請負となるためには、業務を遂行する上での資金の提供先も重要視されます。つまり、資金の提供については、注文者側の企業でなく請負人側の企業が行わなければなりません。資金以外の業務に必要な機械や設備なども、請負人側の企業で用意する必要があります。

▎請負人側の企業の責任

偽装請負は、請負としては認められず、実態からすると労働者派遣事業に該当するということになります。労働者派遣事業を行う場合は、厚生労働大臣の許可を得る必要があります。しかし、偽装請負により労働者を派遣している事業者は、この許可を取得していない可能性が高いということができます。

請負人側が労働者派遣事業の許可を得ないで、労働者派遣事業（偽装請負）を行った場合は、1年以下の懲役または100万円以下の罰金に処せられます。その他、偽装請負の状態を是正するため、厚生労働大臣による立入調査、行政指導、改善命令、違反事実の公表などが行われます。

▎発注者側の企業の責任

労働者派遣事業を行う際に必要な許可を得ていない事業者から労働

者を受け入れた場合は、発注者側に対しても、厚生労働大臣による立入調査、行政指導、改善命令、違反事実の公表などが行われます。さらに、偽装請負は職業安定法が原則禁止する「労働者供給事業」にも該当することがあります。この禁止に違反したことに対する処罰規定（1年以下の懲役または100万円以下の罰金）は、請負人側だけでなく注文者側も対象になります。

コンプライアンスの重要性が高まっている現在、企業名の公表などによって発注者側がダメージを大きく受けることが予想されます。偽装請負をしないような体制を作ることが重要だといえます。

どのように問題を解決すればよいのか

偽装請負による労働者の派遣やその受入れをしている企業は、偽装請負の状態を解消するための措置を講じることが必要です。

まず考えるべき措置は、適法な請負へと切り替えることです。しかし、注文者側（派遣先）が請負人側（派遣元）の労働者を指揮監督する必要性がある場合には、適法な請負への切り替えは、現実的な措置であるとはいえません。

次に考えるべき措置は、適法な労働者派遣へと切り替えることです。しかし、発注者側の業種が派遣可能なものに該当しない（建設、港湾運送など）場合や、派遣可能期間を超えて労働者を受け入れたい場合には、この方策をとることができません。

最終的にとるべき措置は、発注者側が派遣されてきている労働者を直接雇用するという方法です。このとき、発注者側は、労働者に一方的に不利にならない条件で、労働契約を締結することが必要です。

13 労働者派遣のしくみや責任について知っておこう

派遣先・派遣元双方が責任者を選任する

労働者派遣とはどのような労働形態なのか

　労働者派遣は、労働者が雇用される企業と指揮命令を行う企業が異なることが特徴です。具体的には、派遣社員は派遣元企業と雇用契約を交わした上で、派遣先企業で労働力を提供します。派遣社員に対して業務に関連した指揮や命令を出すのは派遣先企業ですが、派遣社員に対する賃金は派遣元企業が支払います。

　なお、実際に労働者派遣が行われることになった場合、派遣元企業と派遣先企業の間で、派遣元企業が派遣先企業に対して労働者を派遣することを約束した「労働者派遣契約」を結びます。

派遣労働者（派遣社員）とは

　派遣労働者（派遣社員）は、ある会社（派遣元）に雇用されながら、他の会社（派遣先）での指揮命令を受けて労働する労働者のことです。そして、労働者派遣事業とは、派遣元で雇用する派遣労働者を、その雇用関係を維持したまま派遣先の事業所で働かせ、派遣先の指揮命令を受けて派遣先の労働に従事させる事業です。

　派遣労働者は、①派遣先の規律を守ること、②派遣先の事業所の秩序を乱さないこと、③派遣先で政治活動などを行わないことが求められます。

特定労働者派遣事業の廃止

　従来、労働者派遣事業は、①一般労働者派遣事業、②特定労働者派遣事業に分類されていました。派遣社員として働くことを希望する者

がスタッフ登録するのが一般労働者派遣事業です。企業から派遣の要請があったときに、派遣会社（派遣元）が適任と思われる登録スタッフを選んで派遣します。つまり、実際に派遣先へ派遣される期間だけ雇用契約を結ぶ形態です。

　これに対して、②の特定労働者派遣事業は、派遣元（派遣会社）がその企業内で常時雇用する者だけを派遣する労働者派遣事業を指します。派遣労働者（派遣社員）は派遣先が決まっていない間も派遣会社（派遣元）に雇用されており、一般労働者派遣事業よりも雇用の状態は安定しています。そのため、特定労働者派遣事業を行うには届出だけでよく更新も不要でした。ところが、派遣労働者の常時雇用が条件のはずの特定労働者派遣事業において、数か月単位の有期雇用契約を繰り返す派遣会社がありました。そこで現在では、派遣労働者の一層の雇用の安定・保護のために特定労働者派遣事業を廃止し、すべての労働者派遣事業を許可制とすることで、労働者派遣事業の形態を一本化しています。

▌派遣元責任者・派遣先責任者とは

　労働者派遣法では、派遣元事業主・派遣先事業主に対し、派遣元責任者・派遣先責任者を選任するよう義務づけています。

■ 労働者派遣とは ・・・

派遣元　←労働者派遣契約→　派遣先
　　　　←派遣料支払→
雇用契約　賃金支払　　業務指示　業務の遂行
　　　　　派遣労働者

派遣元責任者とは、派遣社員への助言や指導、苦情処理などの業務にあたる者です。派遣元責任者講習を受講して3年以内であることや、雇用管理の経験者であることなどの要件を満たした者の中から選任されます。派遣先責任者とは、法令の内容について派遣社員を指揮する関係者に周知させる業務や、苦情処理などの業務にあたる者です。労働関係法令に関する知識があることや、人事・労務管理に関する知識や経験を有することなど、派遣先責任者としての職務を遂行できる能力を持っている者の中から選任されます。

　派遣元責任者・派遣先責任者には、ともに派遣社員から寄せられる苦情処理の業務があります。実際に派遣社員から苦情や相談を受けた場合は、派遣元責任者・派遣先責任者が連携して対応にあたる必要があります。

▎事業者にはどのようなことが求められるのか

　事業者は、事業場（職場）の規模に応じた安全衛生管理体制を整備しなければなりません。派遣社員にとっての事業者は、その派遣社員を雇用する「派遣元企業」を指すのが基本です。しかし、実際に派遣社員が働いている事業場での安全面や衛生面について細かい配慮ができるのは、派遣社員を受け入れた上で就労させている「派遣先企業」だといえます。そこで、労働者派遣法では、派遣先企業を「事業者」とみなし、派遣社員を「労働者」とみなすことで、派遣元企業に加えて派遣先企業にも安全衛生管理上の責任を負わせています。

　そして、安全衛生管理体制について、派遣元企業だけでなく派遣先企業が責任を負担する事項や、派遣先企業のみが責任を負担する事項などの詳細は、労働者派遣法において細かく明示しています。

　たとえば、事業者には、労働者の雇入れ時や、労働者の作業内容を変更させた場合などに、安全衛生教育を行うことが義務化されています。雇入れ時や事業場の変更時には派遣元企業に、作業内容の変更時

は派遣元・派遣先企業双方に、危険な業務に就かせる場合には派遣先企業に、それぞれ安全衛生教育を行うことが義務づけられています。このように、派遣社員の安全衛生を確保するためには、派遣元企業・派遣先企業が連携していくことが最も重要だといえます。

　なお、労働者派遣において労災事故が発生した場合は、派遣元企業・派遣先企業のそれぞれが「労働者死傷病報告」を提出する義務があります。

▌責任の内容や派遣元・派遣先での相違点は

　派遣社員の安全衛生については、上述のように派遣元企業・派遣先企業の双方が責任を負います。一般に安全衛生管理体制を構築する際は、常時使用する労働者数に応じて設置すべきスタッフの種類や人数が決定されます。労働者数のカウント方法について、労働者派遣の場合は、派遣元企業・派遣先企業の双方で、労働者数に派遣社員の数をカウントしなければなりません。

　ただし、派遣先企業と派遣元企業とでは、負担すべき安全衛生管理体制の責任の種類が若干異なります。

　たとえば、雇入れ時の安全衛生教育は派遣元企業が行います。一般的に、派遣労働者は、従事する業務に対する経験が他の派遣先の労働者に比べると短いため、労働災害が発生する確率がやや高い傾向にあります。そのため、安全衛生教育を行うときは派遣先企業の協力も必要です。具体的には、派遣元企業が雇入れ時の安全衛生教育を適切に行えるように、派遣社員が従事する業務についての情報を積極的に提供する必要があります。たとえば、①教育カリキュラムの作成に必要な情報の提供、②派遣先で使用している安全衛生教育用テキストの提供、③派遣先で安全衛生教育を行う際の講師の紹介や派遣、④教育用施設や必要な機材の貸与などが挙げられます。また、派遣元企業から安全衛生教育の委託を受けた場合には、その申し出にできる限り応じ

るように努める必要があります。

　とくに外国人労働者の場合、言葉が通じない場合に備えて、緊急事態が発生した際、一定の身振りを示した場合には退避することや、特定の掛け声をかけた場合には即時に作業を中断することなどの取り決めをしておくなどの配慮が必要です。

　雇入れ時の健康診断や一般健康診断（年1回）なども派遣元企業が行います。一方、派遣先企業は、一定の有害業務に常時従事する派遣労働者に対する特殊健康診断を行います。

　さらに、機械等の定期自主検査、危険・健康障害防止措置、作業環境測定、化学物質の有害性の調査など、実際の業務に即した事項は、派遣社員を就労させる派遣先企業が行います。

▌契約書にはどんな事項を明記する必要があるのか

　労働者派遣法では、契約の際に定めるべき内容として従事する業務

■ 派遣先責任者のおもな業務 ……………………………………

1	次の事項を派遣労働者の業務の遂行を指揮命令する者等に周知させること ① 労働者派遣法等 ② 労働者派遣契約の定め ③ 派遣労働者の氏名、健康保険被保険者資格取得確認等
2	労働者派遣契約の締結後に派遣期間を定めまたは変更したときに、派遣元事業主に対し、派遣可能期間に抵触することとなる最初の日を通知すること、および派遣先管理台帳に関すること
3	派遣労働者から申し出を受けた苦情処理にあたること
4	派遣労働者の安全および衛生に関し、事業所の労働者の安全および衛生に関する業務を統括管理する者および派遣元事業主との連絡調整を行うこと
5	派遣元事業主との連絡調整に関すること

の内容や就業場所、派遣期間などを規定している他、安全衛生に関する事項についても定めるように求めています。安全衛生に関する事項としては、おもに以下のものがあります。

・危険または健康障害を防止するための措置に関する事項

・健康診断の実施等健康管理に関する事項

・換気、採光、照明等作業環境管理に関する事項

・安全衛生教育に関する事項

・免許の取得、技能講習の修了の有無等就業制限に関する事項

・安全衛生管理体制に関する事項

・その他安全衛生を確保するために必要な事項

労災事故が発生した場合の対処法

　労働者派遣法では、派遣社員が被った業務災害の補償責任は派遣元企業にあるとしています。これは、派遣社員と雇用契約を結んでいるのは派遣元企業であるためです。派遣先企業の業務で労災事故にあって死亡した場合や負傷した場合には、派遣元企業の労災保険が適用されます。ただし、労働安全衛生法に基づく労働者死傷病報告は、派遣先企業・派遣元企業の双方に提出義務があります。被災した派遣社員の補償責任は派遣元企業にあるものの、実際の被災状況を把握しているのは派遣先企業であるためです。

　具体的な手順としては、労災事故が発生した際の状況を把握している派遣先企業が労働者死傷病報告を作成し、所轄労働基準監督署長に提出し、その写しを派遣元企業に送付します。派遣元企業は、その写しの内容を踏まえて労働者死傷病報告を作成し、所轄労働基準監督署長に提出します。

14 住宅や寄宿舎について知っておこう

外国人労働者の住宅を確保する必要がある

外国人労働者の住宅を確保するには

　外国人労働者にとって慣れない日本で生活を営んでいく上で、安心して宿泊できる住宅を確保することが重要です。そこで、外国人労働者の住宅について、使用者が一定の配慮を行うことが求められます。

　具体的には、使用者が持っている寄宿舎などに外国人労働者を宿泊させる方法や、あるいは、外国人労働者が不動産会社などとの間で住宅の賃貸借契約を結ぶ際に、その仲介や契約に必要な費用を使用者が一部補助をするといった方法が考えられます。

寄宿舎などがある場合に注意すること

　使用者が持っている寄宿舎に外国人労働者を宿泊させる場合の問題点を見ていきましょう。寄宿舎は、労働基準法では「事業の附属寄宿舎」とされています。ここにいう寄宿舎とは、常態として相当人数の労働者が宿泊し、共同生活の実態を備えるもので、かつ、事業経営の必要上その一部として設けられているような事業との関連をもつものをいいます。寄宿舎に当たるかどうかは、事業関連の有無や労務管理上の共同生活の要請の有無、場所等から総合的に判断されます。

　使用者は、次のいずれかの条件に該当する工事に伴い寄宿舎を設置する場合は、寄宿舎設置届を、周囲の状況および四隣との関係を示す図面、建築物の各階の平面図、断面図を添えて、所轄の労働基準監督署長に提出しなければなりません。

① 　常時10人以上の労働者を就業させる事業

② 　厚生労働省令で定める危険な事業または衛生上有害な事業

その他、寄宿舎設置届とは別に、寄宿舎規則の届出や管轄の消防署への防火対象物使用開始届の提出が必要です。

　その上で、使用者は、寄宿舎規則において事業主や寄宿舎の管理者を明らかにし、寄宿舎の出入口など見やすい場所にこれらの氏名・名称を掲示しなければなりません。また、寄宿舎の管理者は、1か月以内ごとに1回、寄宿舎を巡視する必要がありますが、外国人労働者の私生活への過度な干渉にならないような配慮が求められます。

　なお、一般に「社員寮」と呼ばれるものについては、寄宿舎に当たる場合と、あたらない場合があります。労働者が独立して自身の生活を営むことができ、共同生活の実態がないときは、一般に寄宿舎にあたらないといえます。しかし、寄宿舎にあたらない場合でも、それに準じた適切な管理が使用者には求められます。

▌入居差別を受けたらどうする

　外国人労働者が不動産会社などとの間で住宅の賃貸借契約を結ぶ際に、その仲介や契約に必要な費用を使用者が一部補助する場合を見ていきましょう。とくに、日本の住居費用は海外より割高である場合も少なくないため、雇用契約の中で、住居費用の補助を提供するなどの配慮を行うことが重要です。

　また、使用者が賃貸借契約の仲介などを行うにあたって、外国人労働者が不当な入居差別を受けていないかの確認も重要です。外国人労働者が、使用者が持っている寄宿舎などとは異なり、民間の不動産業者などとの間で住居の賃貸借契約を結ぶことも少なくありません。外国人労働者自身が契約を結ぶ場合もあれば、使用者が契約の仲介を行う場合もあります。その際、外国人であることを理由に入居拒否を行う業者がありますが、このような入居拒否は許されませんので、契約の仲介を使用者が行う場合には注視すべきです。

15 外国人労働者の退職・転職と在留資格の取消し

退職後、在留資格を取り消される場合がある

■外国人労働者が転職するとどうなる

　入管法の目的のひとつに、中長期在留者の在留管理が挙げられます。具体的には出入国在留管理庁は、旅行者など、原則として３か月以下などの短期間に渡り日本に滞在する外国人を除き、就労目的などで日本に滞在する外国人が、適法に在留しているか否かを確認する必要があります。そこで、就労する場所（所属機関）に変更があった場合には、届出を行うしくみが整えられています。その典型例として、転職の際の届出が挙げられます。転職の際に届出を義務づけることにより、在留者に関する情報の変更点を把握することが可能になり、出入国在留管理庁において、在留者に関する正確な情報の管理につながります。

　なお、転職先の会社など（所属機関）は、転職により新たに外国人労働者を受け入れる場合には、受入れ後14日以内に、出入国在留管理庁などへの届出義務を負いますが、この義務は、努力義務（怠ったとしても制裁などが科されることがないもの）にとどまります。

　外国人労働者自身が転職を行う際には、原則として14日以内に出入国在留管理庁に届出をしなければなりません。192ページに掲載している契約機関に関する届出（新たな契約の締結）に関する書式は、それ以前に働いていた会社などとの雇用契約を終了し、転職先の会社などと新たに雇用契約を締結したことについて、１つの書式で届出を行う際に用いる書式を掲載しています。転職ではなく、まったく新たに雇用契約を締結する場合などには、新たな契約の締結の届出に関する書式が別途用意されていますので、注意が必要です。

　外国人が在留して行うことのできる活動は、在留資格により異なる

ため、在留資格別に見ていく必要があります。たとえば、「技術・人文知識・国際業務」や「技能」などのように、在留資格により定められた範囲で就労が認められている場合には、転職により、それ以前と異なる職種に就く可能性があります。

　この場合、転職後の職種が同じであれば、そのまま在留期間満了まで就労することができます。職種が同じであるかどうかが、不安であれば、法務大臣が就労資格を証明するために発行する就労資格証明書（190ページ掲載の就労資格証明書交付申請書などを提出します）の交付申請を行うとよいでしょう。就労資格証明書は、勤務先に提出するなど、使用目的を記載した上で、就労を希望する活動内容を具体的に記載しなければならないため、就労資格証明書の交付を受けていれば、安心して転職先において、記載している活動内容に関する業務に就くことができます。

　これに対して、転職後の職種が以前の職場での業種と異なるのであれば、在留資格変更許可申請を行わなければなりません。

　なお、「留学」や「家族滞在」など就労が認められていない場合で

■ 転職 ……………………………………………………………………………

（例１）在留資格が「技能」の場合　　（例２）在留資格が「留学」の場合

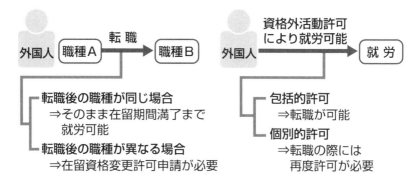

も、資格外活動許可を受けていれば、就労が可能です。ただし、あくまでも臨時的に許容されるにすぎないため、就労活動が、留学など、本来の在留活動を十分行うのに支障が出る場合には、許可を受けることはできません。

　資格外活動許可には、包括的許可と個別的許可があります。包括的許可は、週28時間以内や風俗関係の仕事以外などの条件のもと、就労先を特定せずに就労を認める制度です。この場合、包括的許可の内容に反しないのであれば、転職し、就労することができます。

　個別的許可は、就労先を特定するため、転職する場合は、もう一度許可を得なければなりません。

■ 外国人労働者が退職するとどうなる

　どの在留資格であっても、退職しても在留期間満了までは適法に日本に滞在することができます。

　ただし、在留資格により定められた範囲で就労が認められている場合は、雇用契約終了に関して、地方出入国在留管理局に届け出る必要があります。具体的には、雇用契約終了後14日以内に、191ページに掲載している契約機関に関する届出（契約の修了）の必要事項に記載の上で届出をする必要があります。

■ 無職期間が長くなった場合

　在留資格により定められた範囲で就労が認められている場合、無職期間が長くなると、在留資格が取り消されることがあります。在留資格が取り消される場合は、「正当な理由なく就労活動を3か月以上行っていないとき」です。そのため、退職後3か月以上就労を行っていないと在留資格が取り消される可能性があります。

　しかし、ハローワークに通って就労先を探しているなど事情があれば、正当な理由があると認められます。

別記第二十九号の五様式（第十九条の四関係）

日本国政府法務省
Ministry of Justice, Government of Japan

就 労 資 格 証 明 書 交 付 申 請 書
APPLICATION FOR CERTIFICATE OF AUTHORIZED EMPLOYMENT

出入国在留管理局長　　殿
To the Director General of the　　Regional Immigration Services Bureau

出入国管理及び難民認定法第19条の2第1項の規定に基づき、次のとおり就労資格証明書の交付を申請します。
Pursuant to the provisions of Paragraph 1 of Article 19-2 of the Immigration Control and Refugee Recognition Act, I hereby apply for a certificate of authorized employment.

1 国 籍・地 域　　中国
Nationality / Region

2 生年月日　　1984 年 ○○ 月 ○○ 日
Date of birth　　Year　Month　Day

3 氏 名　　WANG XIANG XIANG（王　香香）
Name

4 性 別　男・女
Sex　Male/Female

5 住居地　　東京都渋谷区○○町○－○
Address in Japan

電話番号　　03-0000-0000
Telephone No.

携帯電話番号　　080-0000-0000
Cellular Phone No.

6 旅券 (1)番 号　　ZZ 0000000
Passport　Number

(2)有効期限　　20○○ 年 ○○ 月 ○○ 日
Date of expiration　Year　Month　Day

7 在留の資格　　技術・人文知識・国際業務
Status of residence

在留期間　　3 年
Period of stay

在留期間の満了日　　20○○ 年 ○○ 月 ○○ 日
Date of expiration　Year　Month　Day

8 在留カード番号 / 特別永住者証明書番号　　AB00000000YZ
Residence card number / Special Permanent Resident Certificate number

9 証明を希望する活動の内容　　Desired activity to be certified

　　○○株式会社海外事業部で貿易における翻訳業務をしています。

10 就労する期間
Period of work

from 20○○ 年 ○○ 月 ○○ 日 から 20×× 年 ○○ 月 ○○ 日まで
Year　Month　Day　to　Year　Month　Day

11 使用目的　　勤務先に提出するため。
Purpose of use

12 法定代理人（法定代理人による申請の場合に記入）　Legal representative (in case of legal representative)
(1)氏 名
Name

(2)本人との関係
Relationship with the applicant

(3)住 所
Address

電話番号
Telephone No.

携帯電話番号
Cellular phone No.

以上の記載内容は事実と相違ありません。I hereby declare that the statement given above is true and correct.
申請人（法定代理人）の署名／申請書作成年月日　Signature of the applicant (legal representative) / Date of filling in this form

王　香香

20○○ 年 ○○ 月 ○○ 日
Year　Month　Day

注 意 申請書作成後申請までに記載内容に変更が生じた場合、申請人（法定代理人）が変更箇所を訂正し、署名すること。
申請書作成年月日は申請人（法定代理人）が自署すること。
Attention In cases where descriptions have changed after filling in this application form up until submission of this application, the applicant (legal representative) must correct the part concerned and sign their name.
The date of preparation of the application form must be written by the applicant (legal representative).

※ 取次者 Agent or other authorized person
(1)氏 名
Name

(2)住 所
Address

(3)所属機関等
Organization to which the agent belongs

電話番号
Telephone No.

✎ 書式4　契約機関に関する届出（契約の終了）

参考様式1の5（新たな契約の締結）
(Contracting organization: new conclusion)

契 約 機 関 に 関 す る 届 出
NOTIFICATION OF THE CONTRACTING ORGANIZATION

① 届出人 Applicant

英 字 氏 名　　　WANG XIANG XIANG（王　香香）　　　性別　　女
Name on the residence card　　　　　　　　　　　　　　　　　　Sex

生 年 月 日　1984 年 ○○ 月 ○○ 日　　国籍・地域　　中国
Date of Birth　　　　Year　　　Month　　　Day　　Nationality/Region

住　居　地 〒 000-0000　東京都渋谷区○○町○－○
Address in Japan

在留カード番号　A B 0 0 0 0 0 0 0 0 0 Y Z
Residence card No.

在 留 資 格
Status of residence

② 届出の事由（新たな契約機関との契約の締結）
Item of notification（Conclusion of a contract with a new organization）

新たな契約を締結した年月日　20○○ 年 9 月 1 日
Date of conclusion　　　　　　　　　　Year　　Month　　Day

機 関 の 名 称　従前の機関　○○株式会社　　　新たな機関
Name of the organization　Previous Org.　　　　　　　　New Org.

機関の法人番号(13桁)　従前の機関　　　　　　　新たな機関
Corporate number　Previous Org.　　　　　　　New Org.

機 関 の 所 在 地　従前の機関 〒000-0000 東京都新宿区○○町○－○ （電話 tel.　　　　　）※
Address of the organization　Previous Org.

　　　　　　　　　　新たな機関 〒　　　　　　　　　　　（電話 tel.　　　　　）※
　　　　　　　　　　New Org.

新たな機関における活動の内容
Details of activities at the new organization

③ 届出人（本人）の署名　Signature of the applicant

　　　王　香香　　　　20○○ 年 9 月 10 日
　　　　　　　　　　　　　　　　Year　　Month　　Day

④ 届出人の連絡先　Contact telephone number of the applicant

電話番号 Telephone No. 03-0000-0000　　携帯電話番号 Cellular phone No.

⑤ 提出者（本人以外の者が提出する場合に記入）submitter (in case of representative, agent or other)

氏　　名　　　　　　　　　　　　　本 人 と の 関 係
Name　　　　　　　　　　　　　　Relationship with the applicant

住　　所　　　　　　　　　　　　　電話番号
Address　　　　　　　　　　　　　Telephone or Cellular phone No.

⑥ 届出年月日　　　　　年　　　月　　　日
Date of notification　　Year　　Month　　Day
　　※ 届出内容の確認のため、連絡させていただく場合があります。

第3章　雇用や労務管理の法律問題　191

参考様式1の7（複数届出：「契約終了」と「新たな契約締結」）
(Contracting organization: termination・new conclusion)

契約機関に関する届出
NOTIFICATION OF THE CONTRACTING ORGANIZATION

① 届出人　Applicant

英字氏名　Name on the residence card　WANG XIANG XIANG（王 香香）　性別 Sex　女

生年月日　Date of Birth　1984 年 Year ○○ 月 Month ○○ 日 Day　国籍・地域 Nationality/Region　中国

住居地　Address in Japan　〒000-0000　東京都渋谷区○○町○－○

在留カード番号　Residence card No.　A B 0 0 0 0 0 0 0 0 Y Z

在留資格　Status of residence

② 届出の事由　Item of notification

「契約機関との契約の終了」及び「新たな契約機関との契約の締結」
Termination of the contract with the organization and conclusion of a contract with a new organization

A　契約機関との契約の終了　Termination of the contract with the organization

契約終了年月日　Date of termination　20○○ 年 Year 9 月 Month 1 日 Day　法人番号（13桁）Corporate number

契約が終了した機関の名称　Name of the organization　○○株式会社

契約が終了した機関の所在地　Address of the organization　〒000-0000　東京都新宿区○○町○－○　（電話 tel. 03-0000-0000）※

B　新たな契約機関との契約の締結　Conclusion of a contract with a new organization

契約年月日　Date of conclusion　20○○ 年 Year 9 月 Month 10 日 Day

機関の名称　Name of the organization　従前の機関★ Previous Org.　同上　新たな機関 New Org.　株式会社□□

機関の法人番号（13桁）Corporate number　従前の機関★ Previous Org.　同上　新たな機関 New Org.

機関の所在地　Address of the organization　従前の機関★ Previous Org.　〒000-0000　東京都台東区○○町○－○　（電話 tel. 03-0000-0000）※

新たな機関 New Org.　〒　（電話 tel.　）※

新たな機関における活動の内容　Details of activities at the new organization

通訳

③ 届出人（本人）の署名　Signature of the applicant

王 香香　20○○ 年 Year 9 月 Month 9 日 Day

④ 届出人の連絡先　Contact telephone number of the applicant

電話番号 Telephone No.　03-0000-0000　携帯電話番号 Cellular phone No.

⑤ 提出者（本人以外の者が提出する場合に記入）submitter (in case of representative, agent or other)

氏名　Name　本人との関係　Relationship with the applicant

住所　Address　電話番号　Telephone or Cellular phone No.

⑥ 届出年月日　Date of notification　年 Year 月 Month 日 Day

※ 届出内容の確認のため、連絡させていただく場合があります。

16 契約更新について知っておこう

外国人であっても労働契約法に反する雇止めはできない

雇止めには予告が必要か

　期間の定めがある雇用契約の契約期間満了時に、使用者が契約更新を拒絶することを雇止めといいます。雇止めは解雇とは異なり、解雇に関する規定は適用されません。日本人労働者と同様に、外国人労働者も雇止めの対象に含まれることがあります。

　雇止めを行う際、3回以上雇用契約を更新している場合や1年を超えて継続勤務している場合は、契約期間満了の30日前までに予告が必要です（雇止めの予告）。また、雇止めの予告をされた労働者が雇止めの理由の証明書を請求した場合、使用者はこれを交付しなければなりません。その際、契約期間満了とは別の理由の明示が必要です。

雇止めが認められない場合と無期転換ルール

　雇止めは無制限に認められるわけではありません。以下の①～③のすべての要件を満たす場合、労働契約法19条により、雇止めが認められません（雇止め法理）。

① 契約期間満了までに労働者が契約更新の申込みなどを行った
② ⓐ雇用契約が過去に反復して更新されたことがあり、雇止めを行うことが、期間の定めのない雇用契約を締結している労働者に解雇の意思表示をし、雇用契約を終了させることと社会通念上同視できること、または、ⓑ雇用契約が更新されると労働者が期待することについて合理的な理由があると認められる
③ 雇止めが、客観的に合理的な理由を欠き、社会通念上相当であると認められない

たとえば、過去に雇用契約が何度も更新されており、契約締結のときに原則として契約更新をするつもりである、という趣旨の説明をしていれば、雇止めが認められない可能性が高くなります。

　また、雇用契約が通算して5年を超えて反復更新されており、労働者が雇用契約満了日までに、期間の定めのない雇用契約への転換の申込みをした場合、使用者はこの申込みを承諾したとみなされます（労働契約法18条）。これは無期転換ルールと呼ばれています。注意が必要なのは、パートタイマー、派遣社員などを問わず、すべての有期雇用の労働者が無期転換ルールの対象になることです。

■ 雇止め法理・無期転換ルールなど ………………………………

雇止めの予告が必要な場合
・3回以上雇用契約を更新している場合や1年を超えて継続勤務している場合 　⇒雇用契約満了の30日前までに予告が必要 ※労働者が、雇止めの理由について証明書を請求したときは、交付が必要
雇止めが認めらない場合（雇止め法理）
① 契約期間が満了する日までの間に、ⓐ労働者が契約の更新の申し込みか、ⓑ契約期間満了後に遅滞なく雇用契約の締結の申し込みをした場合
② ⓐ雇用契約が過去に反復して更新されたことがあり、更新拒絶が解雇と同視できる場合や、ⓑ労働者が雇用契約が更新されると期待することについて合理的な理由がある場合
③ 更新拒絶が客観的に合理的な理由を欠き、社会通念上相当であると認められないとき
期間の定めのない労働契約へ転換できる場合（無期転換ルール）
雇用契約が通算して5年を超えて反復更新されており、労働者が雇用契約満了日までに、期間の定めのない雇用契約への転換の申込みをした場合

17 海外で就業する場合の注意点

日本の労働関係法令を適用するには取り決めが必要

外国人労働者を海外の支店に勤務させる場合

たとえば、自社が海外に支店を設置する場合を考えてみましょう。雇用している外国人は、その支店で勤務してもらう予定です。外国人労働者を海外の支店で勤務させることは可能でしょうか。

日本の会社で雇用する外国人労働者を、その会社が設置した海外の支店に勤務させることは、わが国および支店のある国が定めた諸手続きを経ることによって可能です。しかし、その際に適用される労働基準法などの労働関係法令は、労働者が労働力を提供する場所におけるものが適用されるのが原則です。つまり、海外の支店では日本の労働関係法令が適用されないのが原則であるということです。

前述したケースでは、日本の会社との間で締結した雇用契約を維持しながら、海外に設置する支店で勤務するものであるため、雇用契約の中でどのように取り決めがされているかがポイントになります。

① 雇用契約の中で取り決めがない場合

外国人労働者が海外勤務を行う場合で、雇用契約で労働関係法令の適用について取り決めていないときは、原則として日本の労働関係法令は適用されません。

ただし、外国人労働者が海外勤務に従事する期間中であっても、その給与を日本の会社が支払う場合、日本の会社にはわが国の労働関係法令が適用されるため、時間外労働や休日労働の際に支払うべき割増賃金などのルールに関して、日本の会社は従わなければなりません。

② 雇用契約の中で取り決めがある場合

雇用契約の中で、海外勤務の際に日本の労働関係法令が適用される

ことを取り決めていた場合は、例外的に日本の労働関係法令が適用されるのが基本となります。

外国人労働者を海外の関連会社に出向させる場合

　外国人労働者が海外の関連会社である出向先で就業した場合、日本の会社に籍を残したままとはいっても、日々の労働の指揮・監督権限は出向先の企業が持ちます。また、賃金も出向先の企業が支払う場合があります。労働者に適用される労働基準法などの労働関係法令については、前述したように、原則として労働者が労働力を提供する場所におけるものが適用されます。したがって、出向中の外国人労働者に対しては、原則として出向先の国の労働関係法令が適用されます。

　出向元である日本の会社としては、出向中の外国人労働者が日本の労働関係法令の適用を望む場合には、雇用契約の中で出向時の労働関係法令の適用関係を取り決めておくことが重要です。日本の労働関係法令を適用するとの取り決めがあれば、基本的にはその取り決めが優先される（日本の労働関係法令が適用される）からです。

　一方、取り決めがない場合であっても、出向中は外国人労働者の籍が日本の会社に残されたままなので、労働者への指揮・監督命令、賃金の支払いなどの点で日本の会社が出向先の企業に影響を与えている場合に、日本の労働関係法令の適用を認めたケースがあります。

　日本の労働関係法令が適用されるケースでは、出向中の労働者についても、日本の会社は労働基準法などの違反に留意しなければなりません。出向中の労働者は、出向先の労働者と比較して給与水準が決定される傾向があります。しかし、日本の労働関係法令の適用が認められる場合には、日本国内の他の労働者と比較して給与水準を決定する必要があるため、出向先の労働者に合わせて給与水準を決定しないようにすることが求められます。

　以下では、日本の労働関係法令が適用されることを前提に、就業規

則に給与水準の引下げなどについて規定がある場合と、そのような規定がない場合とに分けて見ていきましょう。

① 就業規則に給与水準の引下げなどについて規定がある場合

　就業規則に規定がある場合には、出向先の給与水準が出向前と比較して低下することが認められる場合もあります。ただし、賃金は雇用契約における労働者の基本的な権利で、生活の基盤になる重要な労働条件といえます。このような重要な労働条件を一方的に引き下げる場合には、それが認められるような合理的な理由が必要です。

　たとえば、出向先での大規模災害が発生といった急激な事情の変動により、給与水準を引き下げなければ会社の事業を継続できないなど、例外的な場合にのみ給与水準の低下が認められると考えられます。それ以外の事情により給与水準を引き下げることは、合理的な理由がなく認められないことはもちろん、場合によっては出向自体が違法と判断される可能性があります。

② 就業規則に給与水準の引下げなどについて規定がない場合

　就業規則に規定がない場合には、合理的な理由があっても、使用者が一方的に給与水準を引き下げることはできません。例外的に、労働者自身が給与水準の引下げに同意した場合に認められる可能性があります。

　ただし、労働者の基本的な権利を基礎づける労働条件の引き下げは、使用者側が十分な説明を尽くした後に、トラブルを回避するため、必ず書面により労働者の同意を得ておく必要があります。とくに賃金については、労働者が同意をしたからといって、際限なく引き下げることはできません。賃金については雇用契約に基づき、完全に当事者が自由に決定できるのではなく、最低賃金法により、最低限度の額は労働者に確保させなければならないからです。

Q 海外に在住している外国人労働者を雇用して、できるだけ早く日本で働いてもらうためには、どのような点に注意すべきでしょうか。

A 外国人労働者を雇い入れるにあたり、すでに日本に滞在しているのではなく、雇用契約を締結した段階で、海外に在住している場合、できるだけ早期に日本で働いてもらうために、使用者として配慮すべき点がいくつかあります。

外国人労働者が入国するためには、上陸基準（上陸許可基準）を満たしている必要があります。その中には、日本で行うことが予定されている活動が虚偽ではなく、在留資格のいずれかに対応している活動であることという上陸基準があります。この上陸基準を満たすか否かは、原則として外国人労働者本人が、出入国在留管理庁に対して証明しなければなりません。しかし、外国人労働者が日本の入管法の内容を理解して、在留資格に適した活動を行う予定であることや、それが虚偽ではないことを証明することは容易なことではありません。

そこで、これらの事項を証明する制度として、入国手続きなどの際に在留資格認定証明書を提出するという運用が行われています。そして、在留資格認定証明書の交付を希望する外国人自身が海外にいる場合には、その代理人として、その外国人が働く予定である日本の使用者（会社など）が交付を申請することが可能です。

使用者が在留資格認定証明書を外国人の代理人として請求し、その交付を受けることで、外国人労働者が在留資格に基づく活動を正当に行うことについて証明することが可能になり、すみやかな入国手続きの進行につながります。また、在留資格認定証明書を取得しておくことで、外国人労働者は査証（ビザ）の申請もすみやかに進み、日本での早期就業につながります。

18 解雇について知っておこう

解雇の適法性は厳格に判断されるため、注意が必要

解雇とは

　解雇は、雇用契約の契約期間中、使用者が労働者に対して行う一方的な解約の告知のことです。一般的には、就業規則に業績不良や能力不足など解雇する場合が規定されています。使用者は、労働者を解雇する権利（解雇権）をもっていると考えられていますが、解雇は自由にできるわけではありません。

　もし、使用者と労働者の関係が対等であれば、解雇権を制限する必要はないといえます。民法は契約当事者を対等な関係と想定しているため、雇用契約の当事者は、いつでも解約の申入れをすることができると規定しています（民法627条1項）。

　しかし、使用者と労働者の関係は対等といえません。労働者にとって就労は生活の基盤となっており、解雇されるのは重大な不利益となります。一方、使用者は、労働者が減るため不利益になりますが、労働者の不利益に比べると、自らの不利益は大きくありません。

　そこで、労働関係法令では、労働者の権利を守るため、解雇を制限する規定を設けています。これは労働者が外国人の場合も同様です。

　なお、使用者が労働者の解雇を行った場合、通常の退職の場合と同様に、労働者が、使用期間、就業していた業務の種類、役職などの地位、賃金に関する事項、解雇の理由について、証明書の交付を請求することができます。証明書の交付の請求を受けた使用者は、証明書を作成して（労働者の請求しない事項は記入しない）、それを労働者に交付しなければなりません。

解雇予告とは

　労働者を解雇する場合は、事前に解雇の理由を明確にし、それが就業規則や雇用契約書に定められている解雇事由に該当する（後述する「客観的に合理的な理由」がある）ことを確認します。さらに、法律上解雇が禁止されているケースに該当しないことも確認します。

　これらの確認を経て、はじめて労働者の解雇を実行に移すことができます。ただし、労働基準法20条により、使用者は、解雇を実行に移す際に、原則として、少なくとも30日前までに解雇予告をするか、30日分以上の解雇予告手当を支払わなければなりません。

差別的な解雇にあたらないように注意する

　労働基準法３条では、使用者は、労働者の国籍・信条・社会的身分を理由として、労働条件について差別的取扱いをしてはならないことを規定しています。ここにいう「差別的取扱い」とは、国籍などを理由とした異なる取扱いのすべてをしてはならないという意味ではありません。不合理な差別を禁止する趣旨の規定です。

　たとえば、外国人労働者を能力不足という理由で解雇するとします。雇用契約の締結時に求めていた能力がまったく足りておらず、外国人か日本人かに関係なく、業務をほぼ遂行できない状況であれば、国籍に基づく不合理な差別とは判断されず、解雇が適法とされる可能性があります。

　しかし、能力不足が日本語能力の不足である場合は、不合理な差別となる可能性があります。一般に外国人は日本人に比べて日本語能力が劣っており、その日本語能力は契約締結時にわかっています。そのため、日本語能力の不足のみを理由とした解雇は、国籍に基づく不合理な差別と判断され、解雇が無効とされる可能性があります。

　もっとも、日本語能力の不足を理由とした解雇について、使用者が日本語習得のための研修や勉強会などを行い、日本語が習得できるよ

うにしたにもかかわらず、本人がまったく努力せず、日本語能力を上達させようという素振りも見えなかった場合には、不合理な差別ではないと判断されることも考えられます。

「客観的に合理的な理由」があれば解雇できる

解雇事由は就業規則の絶対的必要記載事項（必ず記載すべき事項）であるため、就業規則にはどのような場合に解雇できるかを規定しているはずです。労働者を解雇する場合、就業規則に定めた解雇事由に該当する必要があるかという問題があり、限定列挙説と例示列挙説という２つの考え方があります。限定列挙説は、解雇を行うには就業規則に定めた解雇事由に該当する必要があるとする立場です。例示列挙説は、就業規則に定めた解雇事由に該当しなくても、客観的に合理的な理由があれば解雇ができるとする立場です。

どちらの立場であっても、解雇を行うには客観的に合理的な理由が必要です。労働契約法16条にも、客観的に合理的な理由を欠き、社会通念上相当であると認められない場合には、解雇は無効になると規定されています（解雇権濫用法理）。

■ 差別的な解雇 ···

| 労働基準法3条 | 使用者は、労働者の国籍などを理由に、差別的取扱いをしてはならない ⇒ 不合理な差別を禁止する規定！ |

（例）外国人の労働者の能力不足による解雇

雇用契約を締結した時に求められていた能力が不足する場合

⇒ 解雇が適法となる（不合理な差別ではない）可能性がある

日本語能力の不足が理由の場合

⇒ 解雇が無効となる（不合理な差別となる）可能性がある
∵契約締結時に外国人が、一般的に日本人に比べて日本語能力が劣っていることはわかっているため、国籍に基づく差別といえる

解雇について客観的に合理的な理由があるかどうかは、使用者の規模や職務内容、労働者の採用理由や勤務成績・勤務態度、使用者からの指導の方法などを総合的に検討して判断されます。ただし、後のトラブルを避けるために、可能な限り、就業規則などの所定の手続きに沿って解雇を行うべきです。

　たとえば、就業規則に、業務遂行能力がないことが解雇事由とされており、これに該当するとして解雇する場合、客観的に合理的な理由があるかは厳格に判断されます。裁判例においては、労働者の業務遂行が平均的な水準に達していないというだけでは不十分であり、著しく労働能率が劣り、しかも向上の見込みがないときでなければ解雇できないとしたものがあります。

　業務遂行能力についてPIPという計画があります。PIPとは、業務遂行能力が低いと判断された労働者に対し、指導の一環として、一定の期間、具体的な業務目標などを設定し、使用者と労働者がお互いに状況を確認しながら進める改善指導のことです。PIPを行ったとしても解雇が有効になるわけではありません。裁判例においても、労働契約上労働者に求められる業務遂行能力の内容を検討し、努力反省の機会が与えられていたのに改善されなかったか、今後の改善可能性の見込みの有無などを総合的に考慮して判断するとしています。

▌退職勧奨から解雇への移行

　退職勧奨を行う場合も注意が必要です。退職勧奨は、労働者の任意の退職を促す説得ですが、あくまで退職の意思は任意になされる必要があります。たとえば、退職をしなければ、解雇すると説得し、労働者が退職した場合、労働者の任意の意思とはいえず、退職の適法性を問われる可能性があります。

　通常、会社が人員整理を検討する場合、退職勧奨を対象者の上司が行います。退職勧奨を行うのが経営者である場合は、会社のために、

ある程度割り切って冷静な判断ができると思われます。しかし、会社勤めである上司が、外国人労働者を含めて、自分と同じ会社勤めである他の労働者に退職勧奨を行うのは、両当事者ともに心情的につらいものですから、退職勧奨に固執せずに解雇の手続きに移行する方がよい場合もあります。退職勧奨の他にも、希望退職を募っている場合、それが一段落ついた後に解雇を実施するのがよいでしょう。

　一方、工場の閉鎖など、会社の一部門を丸ごと閉鎖するような場合には、他の部署に異動させたり、関連会社や他社に出向や転籍させない限り、その部門に所属している労働者を対象に解雇を行うことになります。この場合、部門を閉鎖する日が決定した段階で、早めに解雇を実施した方が、その対象となる労働者のためです。早い段階で整理解雇を行うことを伝えれば、対象者も早めに再就職に向けて活動ができるからです。ただ、あまりに早いタイミングで知らせてしまうと、解雇予定日までの間にモチベーションの低下によって生産性の低下を招いたり、重大な事故になりかねないので、注意が必要です。

▌在留資格が更新されない場合どうする

　外国人労働者が在留資格を更新せずに就労を続けた場合、不法就労活動に該当します。もし、使用者が外国人労働者の就労が不法就労活動に該当することを知った上で就労させていた場合、その使用者は不法就労助長罪にあたります。また、使用者が外国人であれば、退去強制事由にあたり、強制退去させられる可能性もあります。

　そのため、外国人労働者の在留資格が更新されない場合に、その外国人労働者を解雇することは、客観的に合理的な理由があり、無効にはならないと考えられます。

　なお、不法就労助長罪は過失の場合は成立しません。つまり、使用者が外国人の就労が不法就労活動に該当すると知らなかった場合は、不法就労助長罪になりません。

Q 就労が認められている在留資格に基づいて働いている外国人労働者が失業した場合、在留資格に影響を与えることがあるのでしょうか。

A 就労が認められている在留資格に基づいて日本で働いている外国人労働者が、自身の退職・解雇や会社の倒産などにより失業することで、在留資格に基づく活動を行っていない状態になる場合があります。たとえば、在留資格のうち「技術・人文知識・国際業務」に基づいて来日している外国人労働者は、在留資格に対応する活動をするために会社などとの間で雇用契約を結び、専門的な知識を用いて就労することが想定されています。

　そのため、外国人労働者が失業状態に陥った場合、在留資格に基づく活動を行っていないことになります。外国人労働者が注意しなければならないのは、失業期間が継続し、在留資格に基づく活動を行っていない状態が正当な理由なく3か月以上続く場合は、在留資格の取消しの対象になる点です。在留資格が取り消された場合、その外国人労働者は日本で活動する根拠を失いますので、帰国せざるを得ない状態になる可能性が高くなります。なお、正当な理由なく、在留資格に応じた活動を行っておらず、かつ、他の活動を行いまたは行おうとして在留している場合も、在留資格の取消しの対象になります。

　そこで、失業した外国人労働者が引き続き日本で活動を継続していくためには、何よりも在留資格に対応した新しい就職先を早期に決定することが重要です。新しい就職先が見つかれば、在留資格に基づく活動を継続することができます。しかし、新しい就職先が早期に見つからない場合は、在留資格の取消しを防ぐため、在留資格を「短期滞在」に変更して就職活動を行う期間を確保する方法があります。

外国人労働者の不法就労について知っておこう

不法就労者の雇用者にも刑罰が科せられる

不法就労とは

不法就労とは、おもに、不法滞在と資格外活動のことをいいます。

不法滞在とは、密入国のように、上陸許可を取得することなく日本国内に滞在している場合や、オーバーステイのように在留期間満了後も日本国内に滞在している場合のことです。

資格外活動とは、在留資格によって認められた範囲を超えて就労を行うことです。

外国人は本来、日本に入国・滞在する自由はなく、入国許可や在留資格を得た場合に限って日本国内での活動が認められているのです。日本の適正な出入国管理行政の実現のために、不法就労は入管法で厳格に規制されており、不法就労者には罰則が科されます。

不法就労に該当するかどうかの確認方法

不法就労に該当するかどうかは、上陸許可や在留資格によって判断することができます。

まず、上陸許可を取得しているかは、パスポート（旅券）や在留カードの有無によって判断することができます。適法に入国した外国人であれば、パスポートを所持しており、また、在留カードの交付対象となっている外国人の場合は、在留カードの所持が義務づけられているからです。

さらに、在留期間が経過しているかについても、パスポートや在留カードを確認することにより、判断することができます。

資格外活動にあたるかは、在留カードを確認することにより判断す

ることができます。在留カードには、在留資格や就労制限の有無が記載されているからです。

　たとえば、在留資格が「留学」である場合は、原則として就労することができません。また、在留資格が「技術・人文知識・国際業務」や「高度専門職」などである場合は、在留資格で認められた範囲でしか就労することができません。

　ただし、就労制限がされている外国人であっても、資格外活動許可を受けている場合は、その許可の範囲内で就労することができます。資格外活動許可の有無は、在留カードに記載されます。

　資格外活動許可について、在留カードの資格外活動許可の欄に「資格外活動許可書に記載された範囲内の活動」と記載されている場合もあります。このときは、資格外活動許可書についてもその記載内容を確認する必要があります。

　また、日本に在留している外国人は、出入国在留管理庁に交付申請を行うことによって、「就労資格証明書」の交付を受けることが可能です。就労資格証明書の交付を受けている場合には、この証明書によって、資格外活動許可書によらずとも、就労活動が可能であるか否かを確認することができます。

不法就労者および不法労働者の雇用主の責任

　不法就労を行った外国人は、専従資格外活動罪（入管法70条）または非専従資格外活動罪（入管法73条）にあたる他、退去強制事由にも該当し、強制的に国外に退去させられることになります。

　また、事業活動に関して外国人に不法就労をさせた者や、不法就労させるために外国人を自らの支配下に置いた者、業として不法就労のあっせんを行った者などについては、不法就労助長罪（入管法73条の2）にあたり、3年以下の懲役や300万円以下の罰金が科されます。これらの行為をしたのが、不法就労者が就労する会社の代表者や従業

員である場合、その会社にも同様の罰金刑が科されます（入管法76条の2）。注意すべきなのは、雇用する側が、その外国人が不法就労であることを知りながら雇用した場合だけでなく、不法就労であることを知らなかった場合であっても、不法就労助長罪が成立するという点です。そのため、外国人を雇用するにあたっては、本人から在留カードの原本の提示を受けて確認することなどが必要となります。

　以上のように、不法就労を行った外国人本人に加えて、その外国人を雇用した会社などの側にも刑罰を科すことによって、不法就労を抑止しようとしています。

■ 不法就労

種類	不法滞在	・上陸の許可を取得することなく、日本国内に滞在している場合（密入国） ・在留期間満了後も日本国内に滞在している場合（オーバーステイ）
	資格外活動	在留資格で認められた範囲を超えて行う就労
不法就労に当たるか否かの確認方法		・上陸許可の有無 ⇒パスポートや在留カードの有無により確認
		・在留期間経過の有無 ⇒パスポートや在留カードにより確認
		・資格外活動にあたるか否か ⇒在留カードにより確認
不法就労者や雇用主の責任		不法就労者 ・専従資格外活動罪・非専従資格外活動罪が成立する可能性 ・退去強制事由に該当し、強制的に国外に退去させられる 不法就労者の雇用主など ・不法就労助長罪が成立する可能性 　⇒外国人に不法就労をさせた場合 　　不法就労させるために外国人を自らの支配下に置いた場合 　　業として不法就労のあっせんを行った場合　など

なお、外国人を雇用した者は、その外国人の在留期間や在留資格などをハローワーク（公共職業安定所）に届け出る必要があります（155ページ）。この届出をしない場合や、虚偽の届出をした場合は、罰金刑が科されます。

使用者が不法就労者を雇用しないようにするには

　前述のように、使用者が雇用する外国人労働者が不法就労者に該当すれば、その使用者刑罰を科される可能性があります。そのため、雇用する外国人労働者の在留資格や在留期間などを十分確認しておく必要があります。これらはパスポートや在留カードで確認できます。確認の際は、必ず本人から原本の提出を求めるようにしましょう。

　在留資格については、会社における外国人労働者の就労内容が、その外国人労働者がもっている在留資格で認められているものであるかどうかを必ずチェックしましょう。たとえば、「技術・人文知識・国際業務」の在留資格で認められる就労内容は、専門的な職務への従事です。この在留資格をもつ外国人労働者に、レジ打ちや工場での単純作業にあたらせると、資格外活動となり、不法就労と判断されるおそれがあります。

　外国人を雇用する際に不安や疑問を抱いた場合は、出入国在留管理庁や、入管業務を行う行政書士や外国人の雇用・就労問題に詳しい弁護士などの専門家に相談するとよいでしょう。

第 4 章

社会保険・労災・安全衛生・家族の法律問題

社会保険・労働保険について知っておこう

外国人労働者についても社会保険加入は義務である

社会保険、労働保険とは

　原則として「労働保険」とは労働者災害補償保険（労災保険）と雇用保険のことを、「社会保険」とは健康保険、厚生年金保険、介護保険などのことをいいます。

　社会保険のうち健康保険は医療保険、厚生年金保険は年金保険です。健康保険と厚生年金保険は給付目的や内容が異なるものの、適用事業所などの部分で共通点があることから、手続きを同時に行うケースが多くあります。

　労災保険は、業務災害や通勤災害が起こった際に労働者を保護するための保険です。正社員やパート、日雇労働者などの雇用形態は関係なく、労働者であればすべての人に適用されます。

雇用したときにどんな手続きが必要になるのか

　外国人労働者を雇い入れた場合、後述のように社会保険の加入手続きが必要な場合と、不要な場合とがあります。その際に、雇用する期間の長さや労働時間が重要な要素になるため、それらの事項を正確に把握・確認する必要があります。また、外国人労働者が本国で社会保険に加入している場合などに、日本の社会保険に加入する必要がない場合もあります。

　そこで、本国での社会保険の加入状況を確認する必要があります。以下では、原則として正社員として外国人労働者を雇い入れた場合に、使用者がとるべき手続きについて見ていきましょう。

・社会保険に関する手続き

　外国人労働者を正社員として雇い入れる場合、通常は、健康保険と厚生年金保険の手続きを同時に行うことが多いといえます。使用者は、健康保険・厚生年金保険被保険者資格取得届を年金事務所に対して提出する必要があります。

・労働保険に関する手続き

　まず、すべての労働者が対象である労災保険については、事業開始時に保険関係成立届を提出している場合には、労働者雇用時の届出は必要ありません。また、雇用保険については、公共職業安定所（ハローワーク）に雇用保険被保険者資格取得届などの必要書類を提出しなければなりません。なお、雇用保険対象外の外国人については、外国人雇用状況届を提出することになります。

どんな場合に社会保険に加入するのか

　会社などの法人の場合は、事業の種類に関係なく１人でも従業員がいれば、社会保険への加入義務が発生します。加入手続きは日本人労働者の場合と異なるところはありません。具体的には、年金事務所に各種社会保険の被保険者資格取得届などの必要書類を提出します。

■ 雇用したときに必要な手続き ……………………………

① 雇用契約（正社員として）

使用者　　　　　　　　　　　　　　　　　　外国人労働者

②

健康保険・厚生年金保険被保険者資格取得届の提出
【社会保険に関する手続き】 ━━━━→ 年金事務所

雇用保険被保険者資格取得届など
【労働保険に関する手続き】（雇用保険）━━━→ 公共職業安定所（ハローワーク）

労災だけが適用される場合もある

外国人労働者が、アルバイトなどの場合に、社会保険の適用対象に含まれる労働時間よりも短い就業時間のみ働く場合には、社会保険に加入する必要はありません。

留学生については、昼間学生の場合は、日本の学生同様に社会保険の加入要件に該当しません。そのため、従業員が100人以下（令和6年10月からは50人以下）の会社などでアルバイトをする場合でも、社会保険への加入は不要です。

社会保険加入を拒否している場合

社会保険の加入条件を満たす外国人労働者について、社会保険への加入は、使用者の義務であり、任意に選択できないことを説明する必要があります。また、途中で帰国する場合にも、厚生年金保険の脱退一時金の給付を受けることも可能であることを説明することも忘れてはいけません。

■ 労災だけが適用される場合 ·······················

社会保険　加入条件を満たす労働者については強制加入

↓

∴社会保険の 加入要件 を満たさない外国人労働者は加入不要
　⇒アルバイトなどの短時間労働者で、1週の所定労働時間または
　　1月の所定労働日数が常時雇用者の4分の3未満の場合は、
　　①週の所定労働時間が20時間以上、②月額の賃金が8.8万円以上、
　　③学生でないこと、が加入要件（従業員が101人以上の会社など）

(例)
留学生の
アルバイト

外国人留学生で昼間学生の場合は、上記の③に該当しないため、従業員が101人以上の会社などでは社会保険の加入要件を満たさない（労災保険のみ）

2 労働災害や私傷病について 知っておこう

外国人労働者が負傷や疾病にかかった場合の対応

労災保険とは

　労災保険（労働者災害補償保険）は、労働者災害補償保険法に基づき、仕事中や通勤途中に発生した労働者の負傷（ケガ）、疾病（病気）、障害、死亡に対して、迅速で公正な保護をするために必要な保険給付を行うことをおもな目的としています。

　おもな保険給付としては、①傷病（負傷や疾病）の療養に必要な補償を行う療養補償給付（療養給付）、②休業期間中に得られない賃金を補償する休業補償給付（休業給付）、③ケガなどについて障害が残る場合の障害補償給付（障害給付）、④被災労働者が死亡した場合に遺された家族の生活を考慮した遺族補償給付（遺族給付）、⑤死亡した被災労働者の葬祭費用を補償する葬祭料等（葬祭給付）などがあります。

　労災保険は、労働者を1人でも使用する事業を強制的に適用事業とすることにしています。労働者を雇用した場合には、自動的に労災保険の適用事業所になります。届出があってはじめて労災保険が適用されるわけではありません。労災保険の適用対象については、その事業場で働いているすべての労働者に労災保険が適用されます。したがって、外国人労働者についても、労災保険の対象に含まれます。

どんな場合に労災保険の適用があるのか

　業務災害とは、業務中に起因した事故による負傷・疾病・障害・死亡のことをいいます。しかし、どのような行為が「業務」に該当するかを判断することは難しい場合もあります。

仕事とは直接関係なくても、事業主から参加を強制された行為中（宴会中など）に発生した傷病等は業務災害に含まれる点に注意が必要です。労災保険にいう「業務」は、傷病等が業務に起因して発生したのか否かにより判断されます。その際、事業主の管理・支配が及んでいたのかどうかが重要なポイントです。事業主の管理・支配の下で業務に従事する中で、労働者が直面した危険な行為に基づく傷病等は「業務」に含まれます。

　とくに、外国人労働者の就労場所が建設現場などである場合には、労働災害の発生率が高くなっています。それは、外国人労働者が日本人労働者を含む他の労働者とコミュニケーションが十分にとることが困難な場合も多く、危険性が伝わらない場合があることが挙げられます。また、労働に関する慣習の違いから、外国人労働者が独特な作業方法で就業している場合に、より危険性が高い作業方法を用いたために労働災害が発生するというケースも少なくありません。

　そこで、外国人労働者の労働災害の発生を防止するためには、使用者は、日本人労働者にも行う安全衛生教育の他に、コミュニケーション方法を含む、日本人労働者などと共同して就業する場合の、危険回避方法を教育しておく必要があります。

▌傷病手当金は受給できるのか

　労働者（被保険者）が業務外の病気やケガで働くことができなくなり、その間の賃金を得ることができない場合は、健康保険より傷病手当金が支払われます。そのため、社会保険に加入している外国人労働者であれば、日本人労働者と同様に、傷病手当金の支給を受けることが可能です。ただし、社会保険に加入する条件を満たさない外国人労働者については、傷病手当金の受給資格は認められませんので、注意が必要です。

　傷病手当金の給付を受けるためには、療養のために働けなくなり、

その結果、連続して3日以上休んでいたことが要件となります。「療養のため」とは、療養の給付を受けたという意味ではなく、自分で病気やケガの療養を行った場合も含みます。「働くことができない」状態とは、病気やケガをする前にやっていた仕事ができないことを指します。なお、軽い仕事だけならできるが以前のような仕事はできないという場合にも、働くことができない状態にあたります。

　傷病手当金の支給を受けるには、連続して3日間仕事を休んだことが要件となりますが、この3日間はいつから数える（起算する）のか

■ 労災保険給付（保険給付）の内容 ……………………………………

目的	労働基準法の災害補償では十分な補償が行われない場合に国（政府）が管掌する労災保険に加入してもらい、保険料は使用者の全額負担によって補償がより確実に行われるようにする	
対象	業務災害と通勤災害	
業務災害（通勤災害）による労災給付の種類	療養補償給付（療養給付）	病院に入院・通院した場合の費用
	休業補償給付（休業給付）	療養のために仕事をする事ができず給料をもらえない場合の補償
	障害補償給付（障害給付）	傷病が治ったときに、体に障害がある場合に障害の程度に応じて補償
	遺族補償給付（遺族給付）	労災で死亡した場合に遺族に対して支払われるもの
	葬祭料（葬祭給付）	葬儀を行う人に対して支払われるもの
	傷病補償年金（傷病年金）	療養開始後1年6か月を経過しても治らず、一定の障害に該当する場合に休業補償給付または休業給付に代えて支給されるもの
	介護補償給付（介護給付）	介護を要する被災労働者に対して支払われるもの
	二次健康診断等給付	二次健康診断や特定保健指導を受ける労働者に支払われるもの

を確認する必要があります。3日間の初日（起算日）は、原則として病気やケガで働けなくなった日です。たとえば、就業時間中に業務とは関係のない事由で病気やケガをして働けなくなったときは、その日が起算日となります。また、就業時間後に業務とは関係のない事由で病気やケガをして働けなくなったときは、その翌日が起算日となります。

　傷病手当金の支給額は、1日につき支給開始日の直近12か月間の標準報酬月額の平均額÷30の3分の2相当額です。ただ、会社などから賃金の一部が支払われたときは、傷病手当金と支払われた賃金との差額が支払われます。傷病手当金の支給期間は、欠勤した日（実際に受給した日）を通算して1年6か月です。

■ 傷病手当金の支給期間 ·······························

支給開始日

待期期間 （3日間）	欠勤 （傷病手当金受給）	出勤	欠勤 （傷病手当金受給）	出勤	欠勤 （傷病手当金受給）

支給開始日から通算して1年6か月まで

※支給期間中に途中で就労するなど、傷病手当金が支給されない期間がある場合には、支給開始日から起算して1年6か月を超えても、繰り越して支給可能になります。

Q 外国人労働者に対して、使用者が就労資格証明書の提出を求める場合とはどのような場合でしょうか。

A 就労資格証明書とは、外国人が日本で就労活動を行うことができることを証明する文書を指します。就労資格証明書は、外国人自身が出入国在留管理庁に申請を行い、交付を受ける必要があります。就労資格証明書を提示することで、外国人労働者は、使用者に対し、自らが就業資格を持っているのを示すことができます。そのため、外国人労働者が日本で働く場合に、使用者に対し、自らが在留資格に基づいて正当に就業可能であることを証明する手段として、就労資格証明書を提出することになります。

　外国人労働者が、在留カードの交付を受けている中長期滞在者などの場合には、在留カードの記載により、在留資格に基づく就労活動を行うことが可能か否かを知ることが可能です。しかし、使用者側にとっては、在留カードの記載内容から、使用者の事業に関する業務に外国人労働者を就業させることが認められるのかを判別するのが容易ではないケースもあります。また、在留カードやパスポート（旅券）については、使用者側が外国人労働者に対して提出を強制することは認められていないので、外国人労働者が在留資格に基づき就労可能であるか否かを確かめる手段として、就労資格証明書の提出を求める必要があります。

　もっとも、就労資格証明書の提出は任意で求めることができるのみで、使用者が外国人労働者に提出を強制することはできません。就労可能な業務が明確であるにもかかわらず、在留資格証明書の不提出を理由に外国人労働者を不利益に取り扱うのは、入管法により禁止されていますので、使用者は注意が必要です。

3 外国人労働者の安全衛生教育について知っておこう

コミュニケーションをとり、十分に理解させることが重要

どんな問題が考えられるのか

使用者（雇用者）は、労働者に対して、安全配慮義務を負っています。安全配慮義務とは、業務の遂行や、施設や器具などの設置管理について、労働者の生命や健康などを危険から保護するように配慮すべき義務のことです。使用者は、安全配慮義務を負っていることから、労働者に危険な業務を行わせる場合や、就労中の精神的なストレスについて、十分に配慮しなければなりません。

外国人労働者については、とくに注意が必要です。外国人の場合、言語、習慣、宗教などの違いから、さまざまな問題が考えられます。

たとえば、労働条件を説明したり、危険な業務を行わせる場合でも、日本語能力が不十分であると、使用者と労働者の理解に食い違いが生じることがあります。そのため、本来伝えたかった内容とは異なった理解をしてしまい、危険性が増すことがあります。

また、言語が異なり、十分にコミュニケーションがとれないだけでも精神的なストレスになりかねません。文化が異なることから、日本人にとっては当たり前なことも、外国人にとっては理解困難な文化と感じることもあります。

どのように対応したらよいのか

労働条件の説明や危険な業務を行わせるとき、精神的なストレスを軽減させるというどの点においても重要となるのは、コミュニケーションを十分にとることです。ただし、コミュニケーションの方法にも配慮する必要があります。たとえば、日本人に説明するよりも、よりわかり

やすい表現に努めることや、ときには通訳を交えることなどが必要です。

　コミュニケーションをとる際に気を付けなければならないのは、お互いの言語、習慣、宗教などが国によって異なるため、そもそも異なった文化をもっていることを理解することです。お互いに違う部分があることを十分に理解し、丁寧なコミュニケーションを心がけるようにしましょう。

　精神的なストレスについては、職場だけでは解決できない場合があり、そのときは医療機関の受診も勧めるようにしましょう。場合によっては休業などの措置をとることも重要です。

▌外国人指針を確認する

　厚生労働省は、外国人労働者を雇用する雇用者のために、外国人指針を公表しています。これは、外国人労働者が適切な労働条件や安全衛生の下、就労において能力を発揮できるように、使用者が努めるべきことが記載されています。安全衛生の確保については、以下の7つの努力義務が記載されています。

① **安全衛生教育の実施**

　使用させる機械や原材料などの危険性や有害性、取扱い方法について、母国語等を用いて確実に理解できるように教育を実施すること

② **労働災害防止のための日本語教育等の実施**

　労働災害防止のための指示を理解するために必要な日本語や基本的な合図などの習得について努めること

③ **労働災害防止に関する標識・掲示等**

　事業場内における労働災害防止に関する標識・掲示などについて、図解などを用いて外国人労働者が内容を理解できるように努めること

④ **健康診断の実施等**

　健康診断（1年以内ごとに1回、深夜業労働者等は6か月ごとに1回）、面接指導、ストレスチェック（1年以内ごとに1回）を実施すること

⑤　健康指導及び健康相談の実施

　産業医、衛生管理者などによる健康指導や健康相談を行うように努めること

⑥　母性保護等に関する措置の実施

　外国人労働者が女性である場合、産前産後休業、妊娠中及び出産後の健康管理に関する措置など必要な措置を講ずること

⑦　労働安全衛生法等の周知

　労働安全衛生法等の内容の周知を行い、母国語等を用いてその理解を促進するよう努めること

■ 外国人労働者を雇用する雇用者のための外国人指針 …………

項　　目	おもな内容
①安全衛生教育の実施	・使用する機械や原材料などの危険性や有害性、取扱い方法に関する教育
②労働災害防止のための日本語教育等の実施	・労働災害防止のための指示を理解するなど必要な日本語や合図などの習得
③労働災害防止に関する標識・掲示等	・事業場内における労働災害防止に関する標識・掲示などの理解促進
④健康診断の実施等	・健康診断（1年以内ごとに1回、深夜業労働者等は6か月ごとに1回）、面接指導、ストレスチェック（1年以内ごとに1回）の実施
⑤健康指導及び健康相談の実施	・産業医、衛生管理者などによる健康指導や健康相談の実施
⑥母性保護等に関する措置の実施	・外国人労働者が女性である場合、産前産後休業、妊娠中及び出産後の健康管理に関する措置などの必要な措置
⑦労働安全衛生法等の周知	・労働安全衛生法等の内容の周知など

Q 外国人労働者が精神的に不安定な状態に陥った場合、どのように対応するのが適切なのでしょうか。

A 使用者は、労働者のメンタルヘルス対策を講じる義務を負っており、これは外国人労働者に限らず、使用者の重要な義務のひとつといえます。具体的には、使用者は、メンタルヘルスの不調を招くような職場環境であれば、その改善に取り組む必要があります。労働者が過度な長時間労働や、劣悪な環境の下で就業しなければならないような状況にないか点検を行うとともに、必要な改善を行わなければなりません。また、労働者にメンタルヘルスの不調が認められるときには、産業医などの医師や、医療機関の診察を受けさせなければなりません。とくに、症状が深刻な場合には、休職などを命じる必要があります。そして、休職から復帰した際にも、軽作業へと配置換えするなど、適切な配慮をするようにしましょう。

もっとも、外国人労働者については、日本人労働者とは異なる配慮が必要な場合があります。まず、外国人労働者が、言語の違いが原因でストレスを抱えるおそれがあることを認識する必要があります。また、宗教上の理由や、日本人労働者とは異なる事情から、特定の職場での行動にストレスを感じる場合もあります。

そこで、使用者としては、外国人労働者に通じる言語の修得に努める他、外国人労働者の文化の違いを尊重し、文化的な差を尊重した職場環境の実現に努力するべきです。また、休職制度などについて、外国人労働者が十分に理解していないため、解雇などの措置をおそれて、メンタルヘルスの不調をそのままにしようとする外国人労働者も少なくありません。休職制度の利用などについて、理解を求めるとともに、早急なメンタルヘルス対策の必要性を説明する必要があります。

Q 外国人労働者が、他の外国人労働者からセクシャル・ハラスメントを受けたという被害を訴えてきました。どのように対応するべきでしょうか。

A 国籍を問わず、セクシャル・ハラスメントをはじめとする、職場におけるハラスメントが許されない行為であることはいうまでもありません。会社側は、自社内でハラスメントが行われている場合には、被害に遭った者の訴えを受けて、迅速かつ正確に調査を行い、結果としてハラスメントの存在が事実であれば、被害者に対する配慮の措置、ハラスメントを行った者に対する厳正な処分、ハラスメントの再発防止・対策を行う義務を負っています。

とくに、外国人労働者同士でのハラスメントの問題など、トラブルが生じた場合には、文化の違いを忘れてはいけません。国によっては、主張するべきことを躊躇せずに主張することが、文化として根付いている場合もあります。そのため、日本人労働者以上に、被害に遭った労働者の訴えや、ハラスメントを行ったとされる労働者の反論が、明確な意思表示として示されることも多いといえます。

ハラスメントをめぐるトラブルは、デリケートな問題を抱えていますので、会社側としては、労働者同士が十分に話し合える環境を整えることも重要です。事の性質上、労働者の人権には十分に配慮する必要があります。場合によっては、訴訟などに発展するケースもありますので、弁護士の紹介などをスムーズに行うことも必要です。さらに、ハラスメント相談窓口をあらかじめ設けること、相談窓口について外国人労働者に周知することが必要です。また、外国人労働者が十分に意思を伝えられるように、通訳が可能な人材を確保しておくことも重要です。

4 外国人労働者の家族をめぐる法律問題について知っておこう

外国人労働者の家族も在留許可を得て日本に在留する

家族はどんな場合に滞在できるのか

日本への上陸が許可され、在留資格を有する外国人の家族であっても、当然に滞在ができるとは限りません。その家族もそれぞれ在留許可を取得する必要があります。

家族が日本に滞在しているからこそ取得することができる在留許可もあります。それが、短期滞在と家族滞在です。

短期滞在は、日本に短期滞在して行う活動に対する在留許可です。活動には、観光やスポーツなどがありますが、そのうちの1つに親族の訪問があります。短期滞在の在留期間は、90日、30日または15日以内の日を単位とする期間のいずれかです。短期滞在の在留許可を得るためには、居住する国の日本大使館に申請をし、査証発給を受ける必要があります。日本が査証発給の免除を取り決めた国については、査証発給を受ける必要はありません。短期滞在では、最大でも90日しか一緒に生活できないため、長期間生活するためには、家族滞在の在留許可を得る必要があります。

家族滞在の在留許可を取得することができるのは、以下の内容で在留許可を受けている外国人労働者の配偶者または子でなければなりません。

教授、芸術、宗教、報道、高度専門職、経営・管理、法律・会計業務、医療、研究、教育、技術・人文知識・国際業務、企業内転職、介護、興行、技能、文化活動、留学、特定技能2号

配偶者か子でなければならないため、親などは、家族滞在の在留許可を得ることができません。

　ここで、配偶者とは、法律上の婚姻関係にある者のことをいいます。つまり、日本において法律上夫婦と認められる必要があります。内縁の夫婦などは日本においては法律上の夫婦と認められないため、この場合の配偶者にあたりません。

　では、同性婚の場合はどうでしょうか。日本においては、法律上同性婚が認められていないため、同性婚の一方が日本人であれば、法律上の夫婦とは認められません。しかし、外国人同士の同性婚で、それぞれの本国で法律上有効な同性婚がなされていれば、同性婚の一方に「特定活動」という在留資格が認められます。

　また、子については実子の他に、非嫡出子や養子も対象に含まれます。ただし、扶養者の配偶者の子で、扶養者の在留資格を持たずに在留する場合には、対象外になります。

住居をめぐる法律問題

　外国人労働者が日本で賃貸住宅を借りることが難しいことがあります。それは、賃貸にあたり、日本人の保証人をたてなければならないことや、文化や宗教が異なることから賃貸人が貸すことをしぶることがあるからです。家族とともに日本において生活するとなると、ある程度の広さの住居が必要になります。そこで、使用者は住居を問題なく借りることができるようにサポートする必要があります。

　住居を提供するにあたり、会社で住宅を借りて、外国人労働者に提供する会社もあります。この場合に、給料から賃料を天引きするのには、注意が必要です。なぜなら、給料は、原則として全額を支払わなければならないからです。

　例外的に天引きが許容されるのは、労働組合や労働者の過半数を代表する者と書面で協定を締結するなど手続きを経なければなりません。

扶養手当をめぐる法律問題

扶養手当とは、配偶者や子がいる社員に対して支給される賃金のことです。扶養手当は、法律上支給しなければならない賃金ではありません。支給するか否かは、会社により自由に決めることができます。この点は外国人の場合も同様です。外国人労働者に扶養手当を支給するかどうかは会社が自由に決めることができます。福利厚生や手当を充実させることは、優秀な人材の確保につながります。また、会社に対する帰属意識も高まり、仕事に精を出すことにもつながります。そのため、扶養手当は会社にとっても利益となりうるでしょう。

扶養手当を支給するとしても、家族滞在を取得した家族に限るなどのルールは必要です。

■ 家族の滞在

短期滞在	日本に短期滞在して行う活動（観光やスポーツなど）に対する在留許可
	短期滞在の在留期間は90日・30日・15日以内の日を単位とする期間のいずれか
	短期滞在の在留許可を得るためには、居住する国の日本大使館に申請をし、査証発給を受ける必要がある
家族滞在	以下の内容で在留許可を受けている外国人労働者の配偶者・子が家族滞在の在留許可を取得できる 「教授」「芸術」「宗教」「報道」「高度専門職」「経営・管理」「法律・会計業務」「医療」「研究」「教育」「技術・人文知識・国際業務」「企業内転職」「介護」「興行」「技能」「文化活動」「留学」「特定技能2号」
	親などは家族滞在の在留許可を得ることができない

日本人配偶者との離婚と在留資格の変更について知っておこう

離婚した日から6か月以内に在留資格の変更が必要となる

外国人労働者が日本人配偶者と離婚した場合

たとえば、「日本人の配偶者等」という在留資格を有し、日本の会社で就労している外国人労働者が、日本人配偶者と離婚した場合には、在留資格の問題が生じ日本の会社で働くことができなくなるのでしょうか。

外国人が日本で就労するにあたっては、単なる在留資格があればよいのではなく、日本で就労を行うことができる在留資格が必要です。そのような在留資格の例として、「日本人の配偶者等」というものがあり、この在留資格は、日本で就労することについて制限がなく、どのような仕事に就くことができるものです。そして、会社は、外国人労働者を雇い入れる際には、その外国人の在留資格を確認する義務を負っています。在留資格を有していない、または在留資格を失った外国人は、原則として、日本での活動の根拠を失うため、会社は在留資格の消滅した外国人労働者を継続して雇用することは許されません。

それでは、本ケースのように、外国人労働者が日本の会社で就労した後に日本人の配偶者と離婚したことによって、雇い入れた時点では存在していた「日本人の配偶者等」という在留資格は直ちに消滅し、会社はもはやその外国人労働者の雇用を続けることができなくなるのかというと、そうではありません。

「日本人の配偶者等」という在留資格を有している外国人が離婚した場合、直ちに在留資格が消滅して日本に在留できなくなるとされているのではなく、離婚した日から14日以内に、在留審査を行う最寄りの地方出入国在留管理局にその旨を届け出た上で、6か月以内に他の在留資格に変更しなければならないとされています。離婚によって、

「日本の配偶者等」という立場ではなくなるものの、離婚した日から6か月の間は、引き続き日本に在留し、これまでの会社で就労し続けることが認められているのです。ただし、他の在留資格に変更することなく6か月を経過してしまうと、在留期間がどれだけ残っていても在留資格が取り消さたり、もはや他の在留資格への変更が認められなくなってしまいます。

そこで、会社側としては、定期的に外国人労働者の在留資格を確認して、本ケースのように、「日本人の配偶者等」という在留資格に基づき就労している外国人労働者が離婚した場合には、その外国人労働者に対し、迅速に在留資格の変更許可を受けるように促す必要があります。

なお、変更後の在留資格については、日本における就労が許可されているものであっても、就業できる業種に制限がある場合もあります。そのため、会社としては、自社での業務がその外国人労働者の変更後の在留資格によって就労可能な業種に含まれていることを確認する必要があります。

たとえば、在留資格を「定住者」に変更して、離婚後も引き続き日本で働き続けることが可能となるケースがあります。「定住者」の在留資格は、「日本人の配偶者等」と同様に、就労に関する制限はありませんので、日本の会社で働き続けるにあたって、資格外活動許可を取得する必要はありません。ただし、「定住者」への在留資格変更の申請を行えば、必ずしも変更が認められるわけではなく、さまざまな事項を考慮して変更の許可が判断されます。

なお、外国人労働者が、日本人の配偶者と正式な離婚の手続きはとっていないものの、実質的には日本人の配偶者との婚姻が解消されている状況にあるなど、婚姻の実態がない期間が6か月以上続く場合、法務大臣が「日本人の配偶者等」の在留資格の取消しを行う場合があることにも注意が必要です。

Q 外国人労働者といっしょに日本に滞在している外国人配偶者やその子どもについても、日本の会社で雇用することは可能なのでしょうか。

A 日本の会社で雇用するにあたっては、配偶者、子どもの在留資格を確認する必要があります。これらの者が日本で就労可能な在留資格を有して入れば、日本で就労することが認められます。

　外国人労働者の在留資格が「教授」「芸術」「宗教」「高度専門職」「経営・管理」「法律・会計業務」「医療」「研究」「教育」「技術・人文知識、国際業務」「企業内転勤」「介護」「興行」「技能」「文化活動」「留学」「特定技能2号」などに該当する場合には、その配偶者や子については「家族滞在」という在留資格が認められている場合があります（なお、「家族滞在」の在留資格は、外国人労働者の両親は対象外であることに注意が必要です）。

　「家族滞在」の在留資格を有する者は、外国人労働者の扶養を受ける者としての「日常的な活動」の範囲において、日本での滞在が認められています。「家族滞在」の在留資格を有している場合、それだけでは日本で就労することはできませんが、出入国在留管理庁から資格外活動の許可を得ている場合には、一定の条件・制限のもとで、日本で就労することができます。ただし、「家族滞在」の在留資格では、週28時間を超える労働をすることはできないため、一般的な雇用形態としては、パートやアルバイトとなるでしょう。また、風俗営業関連の仕事に従事することもできません。これらの制限に違反した場合、不法就労となり、3年以下の懲役・禁錮や300万円以下の罰金が科せられる可能性があります。この場合、使用者の側も、不法就労助長罪となり、同様の罰則を受ける可能性があります。使用者の側が不法就労となることを知らなかったとしても、在留カードを確認していなかった等の過失がある場合には、この処罰を免れることはできないので、使用者としてはよく確認しておく必要があります。

Q 雇い入れた外国人労働者が、トランスジェンダーであることが判明しました。会社のトイレや更衣室などの使用について何らかの配慮をしなければならないのでしょうか。

A トランスジェンダー（性同一性障害）の問題は、今や世界中で取り組むべき共通した問題です。そのため、職場における性的マイノリティーの保護を考慮しなければならず、トランスジェンダーであることを理由に、雇い入れた外国人労働者を解雇することは、不当な差別に該当するため許されません。これは、外国人労働者に限らず、国内の労働者を雇い入れる場合であっても、同様に取り扱わなければなりません。

　企業が直面する問題として、トイレや更衣室の使用に関する問題点が挙げられます。たとえば、雇い入れた外国人労働者について、パスポートに記載されている性別は男性ですが、精神的には自らが女性であるという認識を持っている場合、その外国人労働者は、会社の男性用トイレ・更衣室ではなく、女性用トイレ・更衣室の使用を希望すると考えられますが、女性用のトイレ・更衣室の使用を許可すると、他の女性労働者とトラブルになるおそれがあります。そのため、今日では、男女共用のトイレなどを設置するなどの対応が求められています。

　では、性的マイノリティーの外国人労働者の雇用に際して、会社が共用トイレ・更衣室の設置などを怠った場合、法的なペナルティを科されることがあるのでしょうか。現在、性的マイノリティーに対するトイレや更衣室に関する配慮は、会社の法的義務ではありません。しかし、海外では、日本よりも性的マイノリティーに対する配慮が先進的な国もあります。とくに、そのような国から来日して日本の企業に就職した外国人労働者は、働きづらさを感じたり、他の労働者とトラブルになる可能性があります。会社側が積極的に、トランスジェンダーの労働者が働きやすい設備・環境を整えるなどの配慮をすることが望まれます。

Q イスラム教徒の外国人労働者の採用を考えていますが、本人から、勤務時間中に「礼拝」を行うことを認めて欲しいとの要望がありました。この場合には、どのように対応するのが適切でしょうか。

A さまざまな宗教を信仰している外国人労働者の雇用にあたっては、使用者は、その宗教文化についても可能な限り尊重し、一定の配慮をする必要があります。

外国人労働者と宗教文化に関する問題として、イスラム教徒をはじめとする「礼拝」の問題が挙げられます。宗教上の理由で、1日のうち複数回、礼拝を行う必要がある外国人労働者について、その時間が勤務時間中である場合に、勤務時間中の礼拝を認めるか否か、そして、礼拝に必要な時間について勤務時間から除外し、賃金の算定において考慮するか否かという点が問題となります。

本来、日本では就業時間中の宗教行為は禁止されるものですが、イスラム教徒のように宗教上の理由から日々の礼拝が欠かせない外国人労働者に対して、勤務時間中の礼拝を一切禁止にするというのは、外国人労働者の理解が得られないでしょう。会社において、礼拝などの宗教行為を一切禁止にするのであれば、そもそも勤務時間中に宗教行為を必要とする外国人を採用するべきではありません。このような外国人労働者を採用するのであれば、宗教的配慮として、業務に多大な支障を与えるなどの例外的な事情がない限り、勤務時間中に礼拝を認めるべきでしょう。

次に、礼拝に要する時間を賃金から差し引くべきかという点も問題になります。会社においては、勤務時間中にトイレや飲み物をとってくるなどのために、少々席を空けることは日常的なものであることから、短時間の礼拝についてのみ賃金から差し引くという扱いをするのは、不当な差別に該当しかねません。そのため、一般的には、短時間であれば、賃金から差し引くべきではないと考えられます。

第 5 章

トラブルになった場合の
相談先と解決法

労働者からの要望や申入れを放置してはいけない

労働者が就業するにあたって、使用者に対して、さまざまな要望や申入れを行うことがあります。雇用契約の建前は、両当事者は対等でなければなりませんので、労働者の要望や申入れに対して、使用者は誠実に対応しなければなりません。

ましてや外国人労働者は、文化や習慣などが母国と異なる日本において就業する中で、日本語能力が不十分であるため、日本人労働者以上に自身の要望や申入れを十分に伝えることができない、という場合も少なくありません。使用者としては、とくに注意して、外国人労働者の要望や申入れを聴取する手段を講じる必要があります。

まず、外国人労働者が直属の上司などに相談する形で、要望や申入れを行う場合があります。会社の中に要望や申入れを受け付ける窓口（部署）を設けている場合には、その制度を利用して、外国人労働者が要望や申入れを伝えることが可能なケースもあります。しかし、使用者側に要望や申入れを伝えることは、容易なことでありません。

そこで、外国人労働者が労働組合を結成したり、既存の労働組合に所属する場合もあります。この場合には、外国人労働者が所属する労働組合と使用者側との間で、おもに労働条件をめぐって交渉を行うことになります。使用者としては、個別の労働者の意見に耳を傾けることも重要ですが、とくに労働組合を通じた交渉に対して誠実に対応しない場合には、労働組合法が禁止している不当労働行為にあたると判断されることがあるため、十分に注意が必要です。

辞めてほしい場合にどう対処すべきか

　勤務成績が芳しくない、勤怠不良が著しいなど、さまざまな理由があって、使用者が外国人労働者に対して、会社を辞めてほしいと考える場合もあります。しかし、労働関係法令に基づき、労働者の解雇を行う際には、解雇予告をはじめとする正当な手続きを経る必要がある他、解雇の無効事由である解雇権の濫用にあたらないこと（客観的で合理的な理由があって社会通念上相当として是認できる解雇であること）も必要であることはいうまでもありません。

　さらに、解雇をはじめとした雇用慣行が異なる外国人労働者については、日本人労働者以上に権利意識が強い場合もあり、解雇の有効性をめぐってトラブルに発展することが多い傾向が見られます。そのた

■ 労働トラブルの相談先 ‥‥‥‥‥‥‥‥‥‥‥‥‥‥‥‥‥‥‥‥‥‥‥

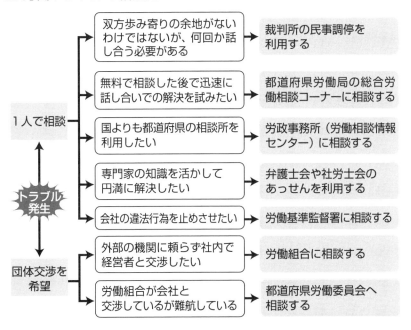

め、解雇予告の通知を必ず書面で行うようにするなどして、労働関係法令に従った解雇の手続きを踏まえていることや、解雇理由が客観的で合理的であることを証明できる手段を確保する必要があります。

▌あっせんや労働審判の手続き

当事者同士の話し合いや、会社窓口による対応などでは、労使間のトラブルを解決できない場合には、次のステップとして、あっせんや労働審判を利用することが考えられます。

具体的には、都道府県労働局に設けられている紛争調整委員会によるあっせんや、裁判所における手続きでも、通常の訴訟とは異なる労働審判を利用することも可能です。労働審判の手続きでは調停も試みられますが、調停による解決に至らなければ、事案の実情に応じた柔軟な解決を図るための労働審判が言い渡されます。

■ 個別労働紛争のあっせん制度のしくみ ……………………………

解雇・不当な長時間労働・賃金未払いといったトラブルの発生

▼

総合労働相談コーナーであっせん申請書を提出する

▼

都道府県労働局長が紛争調整委員会にあっせんを委任

▼

あっせんの期日の決定と紛争当事者への期日の通知

▼

あっせんの実施

▼

あっせん案の受諾、または その他での合意の成立	当事者の合意が不成立
トラブル解決	あっせんは打ち切られるが、 他の紛争解決方法を示してくれる

2 訴訟や労働審判による解決法について知っておこう

個別労働関係紛争の場合は訴訟の前に労働審判が利用されている

労働審判による解決

　労働審判は、労働契約などに関する労使の紛争につき、裁判官（労働審判官）1名と専門的知識をもつ労働審判員2名で組織する労働審判委員会が調停を試み、解決しない場合に、審判によって実情に即した解決を図る制度です。労働審判の申立てができるトラブルは、労働者個人と使用者間で生じた労働に関する紛争が対象になります（個別労働関係紛争）。労働審判は原則として、3回以内の審理で終了します。3回以内の審理でトラブルが解決しそうにないケースの場合には、労働審判ではなく別の手続きを利用した方がよいでしょう。

　審判の申立ては、地方裁判所に対して書面で行います。申立手数料は通常の民事訴訟の半額です。たとえば、80万円の未払い賃金の支払いを求める場合には4000円の手数料が必要です。当事者の意見陳述の聴取や争点・証拠の整理はすばやく行われます。審判手続きは、非公開で行われ、労働審判委員会が相当と認めた者だけが傍聴することがきます。原則として話し合いである調停による解決をめざします。

　調停に至らないときは、一定の法的拘束力をもつ審判がなされます。審判に不服のある者は、2週間以内に異議申立てをすることができ、異議申立てがあれば訴訟手続きに移行します。

使用者側の労働審判

　労働審判が行われる場合、使用者による不当な解雇や雇止めなどに関わるトラブルが圧倒的に多く、労働者側から申し立てることが多いといえます。

しかし、労働審判を使用者が申し立てることも可能です。使用者が労働審判を申し立てる場合として、労働者側の過度な要求に対する予防策として用いることが考えられます。たとえば、金員の横領を理由に解雇された労働者が、自らの解雇が不当であると毎日のように会社に押しかけることで、会社の業務に支障が生じている場合、労働者の地位不存在確認のために労働審判を申し立てることがあります。

▌提出書類など

労働審判を申し立てる場合、必要事項を記入した上で、労働審判申立書などを裁判所に提出します。とくに外国人労働者が当事者になる場合には、申立書などの記載内容を十分に理解できるように、日本語での訳文の添付を求めることがあります。

また、審判手続きの中で、証拠資料として提出される雇用契約書などの書類が、外国人労働者との間で取り交わされているために、外国語で記載されている場合も少なくありません。その場合には、迅速な審判手続きの実現のために、日本語訳の提出が求められる場合もありますので、準備しておく必要があります。

▌訴訟による解決

外国人労働者を含む労働者と使用者との間のトラブルが、当事者同士の交渉や労働審判などにより解決することができなかった場合には、最終的には訴訟によって解決を図ることになります。

わが国では、労働関係のトラブルだけを専門に扱う裁判所はありません。そのため、労使間のトラブルが発生した場合には、多くの場合は労働者が原告になって、使用者を被告として民事訴訟を提起することになります。なお、東京・大阪・名古屋などの大都市にある地方裁判所には、労働関係に関する訴訟手続きを一手に引き受ける専門部または集中部が置かれています。

民事訴訟を提起した場合には、他の事件と同様、民事訴訟法が規定する手続きに従って、両当事者が主張・反論を行い、争いのある事実について、証拠による証明が求められます。通常の民事訴訟では、裁判官による公平なジャッジを受けることができる反面、多くの時間や費用が必要になるというデメリットがあります。

　そこで、以下の保全訴訟や少額訴訟のように、通常の民事訴訟の手続きよりも時間や費用が少なくて済む方法があります。

■ 労働審判手続きにおける調停と審判 ……………………………

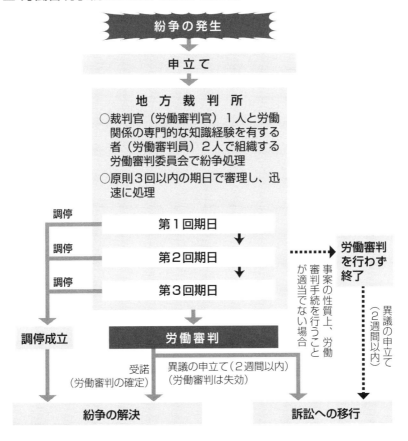

・保全訴訟

　保全訴訟とは、通常の民事訴訟の手続きが最終的な解決に至るまでに時間を要することから、原告の権利を暫定的に保護するために設けられた訴訟手続きです。仮差押や仮処分により、原告が求める救済を暫定的に実現することが可能です。通常の民事訴訟の手続きに比べて簡易・迅速に結論が出されるので、長期間の審理の過程で原告の救済が実質的に図れなくなるのを避けることが可能です。

　たとえば、不当解雇を主張する労働者が、使用者に対し、労働者としての仮の地位保全や賃金仮払いを求めて保全訴訟を利用するケースが考えられます。

・少額訴訟

　少額訴訟とは、原則として1回の口頭弁論により審理が行われる訴訟手続きです。少額訴訟の手続きは、支払いの請求の対象になっている金銭の額が60万円以下の場合に利用することが可能です。

　したがって、賃金の支払いなどを求める労働者が少額訴訟の手続きを利用できる場合には、通常の民事訴訟の手続きよりも、迅速な審理を受けることが可能です。

帰国後に裁判を起こされることはあるのか

　外国人労働者についても、日本人労働者と同様に各種の訴訟手続きを用いることができます。また、使用者が注意しなければならないことは、外国人労働者が帰国後に訴訟を提起してくる可能性があるということです。外国人労働者は、在留中に生じた使用者とのトラブルにつき、日本にいる弁護士に依頼することで、帰国後も訴訟手続きを利用することが可能だからです。

【監修者紹介】

服部　真和（はっとり　まさかず）

1979年生まれ。京都府出身、中央大学法学部卒業。京都府行政書士会所属（参与）特定行政書士。日本行政書士会連合会 デジタル推進本部委員。服部行政法務事務所所長。経済産業省認定 経営革新等支援機関。シドーコンサルティング株式会社 代表取締役。synclaw 株式会社 代表取締役。景観整備機構 NPO 法人京都景観フォーラム 理事。一般社団法人民泊観光協会 監事。NPO 法人京都カプスサポートセンター 理事長。京都市「民泊」地域支援アドバイザー。

ギター弾きと IT コーディネータの兼業という異色の経歴から、行政書士に転向する。ソフトウェアやコンテンツなどクリエイティブな側面における権利関係を適切に処理する契約書や諸規程の作成を得意とする。新規事業創出の場面を中心に、補助金や融資などの資金調達、経営改善、その他許可申請などの行政手続きを通して企業活動全般と法規制に関するコンサルティングを行っている。

監修書に『最新版　許認可手続きと申請書類の書き方』『不動産ビジネスのための許認可のしくみと手続き』『民泊ビジネス運営のための住宅宿泊事業法と旅館業法のしくみと手続き』『図解と Q&A でわかる　住宅宿泊事業法のしくみと民泊の法律問題解決マニュアル』『民泊ビジネスのための手続【届出・登録・許可申請】と書式実践マニュアル』『建設業法と建設業許可申請のしくみと手続き』など（小社刊）がある。

服部行政法務事務所
http://www.gyoseihoumu.com/

小島　彰（こじま　あきら）

1957年生まれ。石川県出身。特定社会保険労務士（東京都社会保険労務士会）。就業規則等の作成から労働保険・社会保険の手続き業務といった代行業務、労務相談、IPO（株式上場）支援コンサルテーション、労務監査などを数多く手掛けている。労務相談については、企業側からの相談に留まらず、労働者側からの相談も多い。また、IPO（株式上場）のコンサルティングにおいては、昨今の IPO での労務関係の審査の厳格化に対応するための適切な指導を行っている。IPO 関連のセミナーの実績多数。

著作に、『パート・契約社員・派遣社員の法律問題とトラブル解決法』『解雇・退職勧奨の上手な進め方と法律問題解決マニュアル』『労働基準法と労働条件の基本がわかる事典』『 労働安全衛生をめぐる法律と疑問解決マニュアル108』『労働時間と給与計算のしくみと手続き』『改訂新版　労働安全衛生法のしくみ』（監修、小社刊）などがある。

こじまあきら社会保険労務士事務所
会社の設立時の新規適用申請から労働保険・社会保険の手続き代行、給与計算代行、就業規則の新規作成および改正業務、その他労務関連の諸規定の整備、IPO（株式上場）労務コンサルテーションなど幅広く対応している。また、電話とメールを活用した相談サービスやセミナー講師、原稿執筆なども積極的に行っている。
ホームページ　http://www.kojimaakira-sr.com

事業者必携
最新　入管法・出入国管理申請と外国人雇用の法律知識

2023年12月30日　第1刷発行

監修者　　服部真和　小島彰
発行者　　前田俊秀
発行所　　株式会社三修社
　　　　　〒150-0001　東京都渋谷区神宮前2-2-22
　　　　　TEL　03-3405-4511　FAX　03-3405-4522
　　　　　振替　00190-9-72758
　　　　　https://www.sanshusha.co.jp
　　　　　編集担当　北村英治・斎藤俊樹
印刷所　　萩原印刷株式会社
製本所　　牧製本印刷株式会社

©2023 M. Hattori & A. Kojima Printed in Japan
ISBN978-4-384-04930-5 C2032

JCOPY 〈出版者著作権管理機構 委託出版物〉

本書の無断複製は著作権法上での例外を除き禁じられています。複製される場合は、
そのつど事前に、出版者著作権管理機構（電話 03-5244-5088　FAX 03-5244-5089
e-mail: info@jcopy.or.jp）の許諾を得てください。